尤里卡文库

Ärztliche Seelsorge

Viktor E. Frankl

我们活着的理由
弗兰克尔论生命的意义

[奥]维克多·弗兰克尔 著

王琳琳 译

岳麓书社

目录

引言 001

I 从心理治疗到意义疗法 015

精神分析和个体心理学 017

存在的真空和心灵性神经症 030

克服心理主义 034

基因还原论和泛决定论 042

人的形象 048

心理主义的心理发生机制 055

II 从精神分析到存在主义分析 065

A. 一般存在主义分析 067

1. 生命的意义 067
2. 痛苦的意义 166
3. 工作的意义 177
4. 爱的意义 191

I

B. 特殊存在主义分析 234

1. 焦虑神经症心理学 236
2. 强迫症心理学 244
3. 忧郁症心理学 288
4. 精神分裂症心理学 297

III 从世俗忏悔到医者心灵关怀 325

医者和牧师的心灵关怀 329

被操纵的关系和对抗性相遇 335

引导病人权衡利弊的存在主义分析
技术 343

最后的援助 349

结语 359

关于人格的十个命题 375

引言 [1]

舍尔斯基（Schelsky）曾在一本名为《怀疑的一代》的书中对当时社会青年人的状况进行了描述，我认为这一描述也适用于今天的心理治疗师。我们变得小心翼翼，充满怀疑，特别是对我们自己，对我们自己取得的成就和认识充满怀疑。这种谦虚和冷静可以表达整整一代心理治疗师的生活感悟。无论使用什么方法或技术，治愈三分之二到四分之三的病例，或至少有实质性的改善，这早已经不是什么秘密了。

然而，我们也要对任何煽动性的结论保持警惕。因为所有心理治疗的彼拉多[i]问题还没有得到解答。什么是健康？什么是恢复？什么是治疗？但有一点是毋庸置疑

---

i 本丢·彼拉多（？—41），罗马帝国犹太行省总督（26—36）。根据《圣经·新约》所述，曾多次审问耶稣。——本书所有脚注皆为译者注

的：如果使用各种不同的方法最终获得的成功率几乎同样高，那么相关治疗的成功就不应该首先归功于技术。弗朗茨·亚历山大（Franz Alexander）曾指出："在所有形式的心理治疗中，治疗师的人格是他的主要工具。"但这是否意味着我们就可以**藐视技术**？我宁愿同意哈克（Hacker）的观点，他警告说不要把心理治疗简单地看作一种艺术。这种简单的等同会让江湖骗术大行其道。心理治疗当然可以说是艺术和技术的结合。但我想超越这一点并大胆断言，**单纯的艺术或技术方式的心理治疗**，只是一种人造物，它们其实只存在于理论当中，而真正的实践往往在二者**之间**的区域中发生。在艺术和技术的两极之间，形形色色的方法和理论都具有自己特定的价值。最接近艺术一端的是真实的存在性相遇（雅斯贝尔斯和宾斯万格意义上的"存在性交流"），而更接近于技术一端的则是精神分析意义上的移情，正如博斯（Boss）在他最近的一部作品中所指出的那样，要说"施行"，而不说"操控"[德瑞克斯（Dreikurs）]。离技术一端较远的是舒尔茨所说的自生训练[i]，

---

[i] 自生训练是指练习者按照自己的意愿，使自身产生某种生理变化的一种训练。该方法由德国神经病理学家沃格特（Oskar Vogt）于1890年提出，由德国精神病学家舒尔茨（Wolfgang Schultz）完成，是一种广为流传的自我调节方法。

而离艺术一端最远的可能是类似唱片催眠的东西。

哪种方法和技术合适，不仅取决于病人，也取决于医生，因为并不是每个病例都与治疗方法完全契合[2]，也并不是每个医生都能很好地运用每种技术。我曾以方程的形式向我的学生解释这一点：

$$\psi = x + y$$

也就是说，每一种心理治疗方法的选择（ψ）都是一个有两个未知数的方程式，如果不考虑病人的独特性和唯一性以及医生的独特性和唯一性的话，它就无法成立。

这是否意味着，我们可能会陷入一种懒惰和廉价的折中主义？不同的心理治疗方法之间的矛盾应该被掩盖吗？这些根本都不是问题。我们的思考和权衡在于，任何心理疗法都不应再声称具有排他性。**只要我们无法获得绝对的真理，我们就必须满足于对相对真理的相互纠正，也要有勇气面对单一性**，即意识到自身的单一性。

如果乐团中的长笛手不吹奏长笛，而是去演奏其他乐器，那是不可想象的。因为他不仅有权利，而且几乎有义务，在乐团中专门吹奏长笛——但仅限于在乐团中吹奏。一旦他回到家，他就会小心翼翼地不让他的邻居在家中、在管弦乐队之外被他所演奏的长笛打搅。在心理治疗这部复调交响乐中，我们不仅有权利，而且有义务去坚持**一种对自身保持自觉的单一性**。

艺术曾经被定义为多样性中的统一；我认为人类可以被定义为**统一中的多样性**。尽管存在统一性和整体性，但人的本质会延伸到多个维度当中，心理治疗也必须一同进入这些维度之中。心理治疗不能忽视任何东西——无论是身体的、心理的还是精神上的，**它必须在雅各布天梯**[i]**上来回移动**，既不能无视自己的元临床问题，也不能失去其脚下临床经验主义的坚实基础。一旦心理治疗"迷失"在某种奥秘之中，我们就得让它回归原位。

与动物一样，人类也分为生物和心理维度。无论人身上的动物性如何被他的人性所超越和影响，动物性在某种程度上一直存在。这就如同一架飞机也会像汽车一样在机场跑道上行驶。它只有升入空中，才能证明它是一架真正的飞机。同样地，人是一种动物。但他也在自由的维度上无限地超越了动物。人的自由根本不是一种摆脱任何东西的自由，而是一种**面对任何东西的自由**，即在一切条件限

---

i 《圣经·创世记》第 28 章第 11—19 节中，雅各布做梦见到从天堂来的天梯。后人便把这梦想中的梯子称为雅各布天梯。

制面前**采取立场**的自由。一个人只有在进入自由的维度时才能证明他是一个真正的人。

从上述情况可以看出，在理论上，伦理学方法可能和实践中的药理学方法一样合法。精神药物是否可以取代心理治疗，或者只是让心理治疗更容易或更困难，我想暂时搁置这个问题，只说一点，那就是，最近有人担心，精神药物治疗会像电击治疗一样，可能导致精神病治疗的机械化，病人将不再被当作人来对待。不得不说，我不明白为什么会出现这种情况。心理治疗从来不是取决于某种技术，而总是取决于处理技术的人，取决于处理技术的精神。[3] 基于某种精神的**心理治疗**技术被以一种"非人格化"的方式应用到病人身上。这种方式不再关注疾病背后的人格，只关注其发生的心理机制：人被**重新定义**——人被变成了一个物体——或者甚至被**操纵**，成为达到目标的一种手段。[4]

例如，在我看来，借助精神药物治疗内源性抑郁症是相当合适的。有人说，内疚感不应该被"安抚掉"，因为它们是基于真正的内疚，这种说法在我看来并不恰当。在某种存在意义上，我们每个人都有内疚；但内源性抑郁症患者的这种内疚感过于深重，导致他们走向绝望和自杀。**退潮时礁石显现了出来，然而没有人会说礁石是退潮的原因。**

同样，在内源性抑郁症阶段，所有存在基础上的内疚感以一种扭曲的形式显现了出来，这并不意味着这种存在性的内疚感是内源性抑郁症的原因。很奇怪的是，在一个具体的病例中，这种存在性的内疚感仅在1951年2月至4月，1956年3月至6月期间具有致病性，之后很长一段时间又不具有致病性了。我还想说的是，让一个人偏偏在内源性抑郁阶段去面对他的存在性内疚，这难道合适吗？这就如同火上浇油，非常容易导致自杀。在这种情况下，我认为我们不应该剥夺病人通过药物缓解痛苦的权利。

而当我们面对的不是内源性抑郁症而是心因性抑郁症，不是抑郁性精神病而是抑郁性神经症时，情况就不同了：药物治疗很可能会变成医疗事故。在这种情况下，它很可能成为一种掩盖病因的假性治疗——就像在治疗阑尾炎时使用吗啡一样。心理治疗也一样——通过心理治疗，医生也可能找不到病因。我们生活在一个精神病学，甚至医学都在经历一个功能性变化的时代。鉴于以下事实，这种危险就更具有现实意义了。最近哈佛大学的法恩斯沃思（Farnsworth）教授在美国医学协会发表的一次演讲中指出："医学现在面临着扩大功能的任务。在这个危机时期，医生们有必要参与到哲学之中。我们这个时代最大的疾病是无目的、无聊、缺乏意义。"这样一来,医生所面临的问题并不是真正的医学问题,而是他们几乎毫无准备的哲学性问题。病人求助于精神病医生,是因为他们怀疑自己生活的意义,甚至对找到生活的任何意义感到绝望。我通常把这种情况叫作存在性挫折。它本身根本不是什么病态;如果我们非要说它是某种神经症的话,它就是一种新型的神经症,我称之为**心灵性神经症**(noogene Neurose)。根据一致的统计数据,它约占患者总数的20%,在美国,无论是哈佛大学还是佐治亚州哥伦布市的布拉德利中心,都已经开展了区分心灵性神经症和心因性神经症(以及体源性假性神经症)的相关测试。[5]医生如果不能做出这种鉴别诊断,就有可能放弃了心理治疗的武器库中一直存在的最重要的武器:即**人对意义和价值的追求**。[6]很难想象,缺乏对某项任务的奉献精神,会成为**精神疾病的唯一原因**。然而,我坚信,积极的意义取向是一种**治疗手段**。

有人会反对说,这种方式会造成病人负担过重。但是,在如今这个充满存在性挫折的时代,我们要担心的不是人的负担过重,而是人的负担过轻。不仅有一种压力病理学,还有一种**解脱病理学**。1946年,我根据当时的集中营囚犯的发病率描述了这种解脱病理学。后来,舒尔特

（W. Schulte）采取了同样的路线，他将解脱视为一种"植物性的"避风港。最后，我的观察得到了曼弗雷德·普弗兰茨（Manfred Pflanz）和图尔·冯·于克斯屈尔（Thure von Uexküll）的证实。人不需要不惜一切代价避免紧张。相反，**我认为，人类需要一定程度上的、健康的紧张**。我们所讨论的不是不惜一切代价的稳态平衡（Homöostase）而是心灵动力（Noodynamics），也就是我所说的，在人和他所期待的意义实现的两极之间所形成的张力，这是不可消除、绝对必要的。在美国，已经有越来越多的人提出希望了解以下问题，即**心理治疗的伊壁鸠鲁时代即将结束，取而代之的是斯多葛时代**。现在，我们绝不能把一个人对意义和价值的追求当作"不过是防御机制或继发的合理化"而搁置一旁。至于我个人，我不希望因为我的防御机制或我的继发合理化的缘故，而将我的生命置于危险之中。当然，在个别的、特殊的情况下，一个人对其存在意义的关注背后会有其他东西。但在一般情况下，它是人类的真正关切，我们应该认真对待，而不是一味地强制它去适应专业的感知框架。这个专业的感知模式会轻而易举地通过分析或者精神安抚，让我们忽视人类对存在意义的关注——**只有人类才能提出意义问题，才可以质疑存在的意义**。在以上两

种情况下，我们都是在进行一种假性治疗。

心灵动力不仅与心理治疗有关，也与心理卫生有关。在美国，科琴（Kotchen）在测试调查的基础上证明，意义取向（意义疗法的基本概念）——一个人对意义和价值世界的取向——与心理健康成正比。戴维斯（Davis）、麦考特（McCourt）和所罗门（Solomon）再次证明，在感觉剥夺实验[i]过程中出现的幻觉，绝不可能通过传递单纯的意义数据，而只能通过重建正确的意义参照来避免。

这种对意义参照的排除，不仅是实验性精神病的基础，也是集体神经症的基础。我指的是当今社会愈演愈烈的无意义感，或者叫**存在的真空**。今天的人不仅缺乏直觉，还要忍受传统丧失的痛苦。直觉不再告诉他必须做什么，传统也不再告诉他应该做什么。[7]很快他就将不知道自己想要什么，然后开始简单地模仿他人，随波逐流。在美国，精神分析学家们抱怨他们正在应对一种新型的神经症，其最显著的特点是缺乏主动性。常规治疗在这些病人身上根本没有效果。患者对生命意义的呼唤也得到了医生的回应，

---

[i] 感觉剥夺实验就是通过夺去有机体的感觉能力而进行研究的方法。对人来说，感觉剥夺是暂时让被试的某些（或全部）感觉能力处于无能为力的状态，把人放在一个没有任何外部刺激的环境中进行研究，从而探索其生理心理的变化。

他们呼吁采用新的心理治疗方法。由于存在的真空是一种集体现象，这种呼吁越发迫切。在我给德国、瑞士和奥地利学生做的德语讲座中，大约40%的人承认自己曾有过强烈的无意义感。在用英语给美国学生做的讲座中，这个数字是80%。当然，这并不意味着存在的真空主要困扰着美国人，甚至也不意味着我们把它归咎于所谓的美国化。相反，这只意味着，这种现象似乎是高度工业化社会形式的一个特征。如果说博斯把无聊视为未来的神经症的话，我想补充一下："未来已经开始。"是的，不止如此：叔本华在19世纪就已经预言，人类显然注定要在痛苦和无聊这两个极端之间永恒地摇摆。无论如何，我们精神病学家已经注意到，极端的无聊已经给我们带来了麻烦。

但心理治疗是否为这一切做好了准备？我认为，它必须或多或少地成长为一个新角色。它几乎没有摆脱——用弗朗茨·亚历山大的话说——被机械师心态支配的那个阶段。弗朗茨·亚历山大说得没错，我们所取得的巨大成就要归功于旧医学的机械主义和物质主义导向。我想说的是，**我们没有什么可遗憾的，但有很多要弥补的。**

弗洛伊德对这种弥补进行了第一次尝试。他的精神分析标志着现代心理治疗的诞生。随着弗洛伊德移居国外，心理治疗也被他带出国。事实上，在他的演讲遭到历史悠久的维也纳医师协会嘲笑的那天，他的内心就已经"移民"了。几年前，我在美因茨医学会做了一次题为"将心理治疗带入医学"的演讲。今天，在我看来，已经到了关注那次演讲中提到的一些事情的时候了，现在是时候从中得出这样的结论，即有一大堆心理医生的任务在等待着全科医生。然而，医疗实践往往仍然是机械化的，病人在其中被"非人格化"。事实上，在许多情况下，临床实践有倾向僵化的官僚主义的危险。如果放任这种错误的话，心理治疗将被这种过度技术化的医学感染，它会热衷于弗朗茨·亚历山大所抨击的灵魂工程师的技术理想。然而，我想我可以说，我们正处在消除这种危险的过程中。

心理治疗在整个医疗学的子宫里找到了家园。这一归宿将改变心理治疗和医学的面貌。心理治疗将不得不为其进入医学而付出代价，这个代价就是**揭开心理治疗的神话面纱**。

将心理治疗带入医学最终会产生什么影响？它真的会导致不受限制的"医学心理学化"吗？我不这么认为。我认为，将要发生的，并不是医学的心理学化，而是**医学的重新人性化**。

结　论

　　就像医生和病人之间的人际关系可能对心理治疗至关重要一样，我们也绝不能轻视技术。并非方法本身使病人非人化，而是运用方法的精神，以及对病人进行重新定义和操纵的诱惑存在于心理治疗，至少是精神药物治疗当中。[8]就心灵性神经症而言，身体治疗会忽视真正的病因，而心理治疗并不会比身体治疗高明多少，日益普遍的存在真空需要新的（意义）治疗方法。心理治疗只有回到与弗洛伊德一起"移民"的整体医学中去，才可以对其任务的多面性做出正确合理的评价。它的回归将改变其自身以及医学的面貌，一方面揭开心理治疗的神话面纱，另一方面使医学重新人性化。

注　释

1 作者作为副主席在第 5 届国际心理治疗大会（维也纳，1961 年）发表的总结报告。

2 神经衰弱概念的创造人朔恩·比尔德（Schon Beard）说："如果一个医生以同样的方式治疗两个神经衰弱病例，那么其中一个病例的治疗方法肯定是错误的。"

3 是应用一种仪器，还是把病人视为一种仪器和机制，这是两码事。

4 参阅 W.v. Baeyer（*Gesundheitsfürsorge-Gesundheitspolitik* 7, 197, 1958）："当我们只对病人的身体功能感兴趣或者只把他们看作心理学研究、比较和操纵的对象时，病人就会感到自己的人性被忽视。"

5 参阅注释 4，第 326 页及以下。

6 通常情况下，人类也会意识到自己的意义取向。奥地利一家工会组织的一项统计调查显示，1500 人中有不少于 87% 的年轻人认为"心怀理想生活才有意义"。俄亥俄州监狱的事例很有说服力：虽然参加医学实验、被注射癌细胞没有任何报酬，报名的志愿者人数却是医生原来需要的 3—4 倍。其他监狱也出现了类似的热潮。

7 实际上，早在1925年，罗伯特·赖宁格（Robert Reininger）就提到了这种解释："只有当生命的本能安全或对其传统解释有可能丧失或已经丧失，并且这种丧失被痛苦地感受到时，生命的意义问题才会被提出来。"

8 "当我还是个孩子时，"约瑟夫·B.法布里回忆说，"我们的家庭医生每周都来拜访我的祖母，这样她就可以倾诉所有的痛苦和烦恼。现在，我每年都要进行一次彻底的体检，在体检的整整3小时过程中，我被从一个护士转到另一个护士，从一台机器转到另一台机器，然后要回答问卷上的150个问题，最后在计算机的帮助下做出诊断。我知道，我在诊所接受的医疗服务比我祖母的家庭医生所能提供的条件要好得多，但在这种医疗技术的进步中，有些东西已经丢失了。当我听到弗兰克尔在美国演讲后被问到的问题时，我感到，这种东西在现代心理治疗中同样缺失了。"(*Das Ringen um Sinn: Logotherapie für den Laien*, Paracelsus Verlag, Stuttgart 1973)法布里的话再次告诉我们，心理治疗中的非人格化和非人性化从来都没有停止，更加痛苦的是："不仅有科学医学的冷酷客观主义，还有心理学的冷酷客观主义和浸淫着心理学的医学的冷酷的客观主义。"(W. von Baeyer, *Gesundheitsfürsorge-Gesundheitspolitik* 7, 197, 1958)。

I 从心理治疗到意义疗法

精神分析和个体心理学

提到心理治疗，我们就不得不提弗洛伊德和阿德勒，还必须反复提及他们各自的精神分析和个体心理学理论。这两种理论展现了心理治疗领域独一无二的宏大系统。系统构建者的贡献在心理治疗的发展史上举足轻重。无论精神分析或者个体心理学的基本原理如何扩充，弗洛伊德和阿德勒的学说都是研究的基础。斯特克尔（Stekel）曾经绝妙地表达了这一事实，在谈到自己与弗洛伊德的关系时，他说，一个站在巨人肩膀上的矮人可以比巨人本身看得更远，看得更多。[1]

如果接下来我们要试图超越以往所有心理治疗的界限，那么就有必要先将这些界限确定下来。在我们讨论是否有必要超越界限，以及如何超越界限这个问题之前，我们先要确认的是，心理治疗中是否真的存在这些界限。

弗洛伊德将精神分析的主要成就与须德湾的排水[i]进行了比较：哪里原先有水，哪里的土地就会更加肥沃。同理，通过精神分析，原先的"本我"会转化为"自我"，无意识会被意识取代。通过消除"压抑"，无意识的行为会变为有意识的行为。精神分析关注的是将压抑行为的结果变成逆转无意识行为的过程。无论如何我们在这里看到，"压抑"这一概念在精神分析中具有中心意义，即有意识的自我被无意识的本我限制。因此，在神经系统中，精神分析将意识中的自我剥夺视为一种威胁，精神分析疗法总是试图从无意识中夺取被压抑的经验，将它们归还给意识，从而使自我不断获得力量。

如同"压抑"之于精神分析，"安排"[ii]这个概念在个体心理学中占据核心地位。在这种"安排"中，神经症患者试图为自己辩解；他们的意图并不是将某事变成无意识，而是不让自己承担责任；症状在某种程度上承担了责任，从而减少了患者的责任。在个体心理学领域，这种症状表

---

[i] 须德湾是北海上的一个浅水湾，位于荷兰。1932年建在该湾入口处的大坝竣工，自那时起，须德湾大部分区域被排干并开垦为圩田。

[ii] 阿德勒认为，当个体在潜意识中感到无法实现为自己设定的目标时，就会出现神经症。他认为这种神经症是一种掩盖失败的"伎俩"和"安排"。

征了病人面对群体（"安排"）或自己时（所谓的疾病合法化）的辩护意图。个体心理治疗的目的是让神经症患者为自己的症状负责，将症状纳入个人的责任范围，通过责任的增加来扩大自我的势力范围。

因此，我们看到，对于精神分析而言，神经症最终意味着对作为意识的自我的限制，而对于个体心理学而言，它则意味着对作为责任的自我的限制。两种理论的科学视野都存在明显的局限——一个专注于意识，另一个专注于责任。然而如果对人类存在的原始基础进行公正考量，我们会发现，正是意识和责任共同构成了存在的两个基本事实。用基本的人类学公式表达就是，人之为人意味着有意识并承担责任。精神分析和个体心理学都只看到了人的一个侧面和人的生存的一个瞬间——只有将意识和责任结合起来才能构建真实的人的图像。在人类学的起点上，精神分析和个体心理学是对立的；但在此处，二者的对立是相辅相成的。在这样的科学理论分析基础上可以得出以下结论：心理治疗领域的两种具有代表性的学派观点并非思想史上巧合的产物，而是系统的必然性产物。

精神分析和个体心理学各自侧重于人的存在的一个方面；意识和责任的统一也反映在人类的语言中，如在法语和英语里，"意识"和"良心"（与"责任"很相近的概念）具有类似的表达方式（有共同的词根），词语的统一性也表明了存在的统一性。

意识和责任合并成一个统一体——构成了人存在的整体性——这一事实可以从本体论上得到解释。为此，我们想指出：所有的存在本质上都是一种"他者性存在"（Anders-sein）。我们无论从其余的存在中挑选什么样的存在者[2]，都只能根据存在者的可区分性这一事实来划定。只有将一个存在者与"他者性存在者"联系起来，两者才会被完全建构。存在就是"他者性存在"，"他者性存在"就是关系；实际上仅仅"是"关系。[3]因此，我们也可以表述如下：**所有的存在都是相关性（Bezogen-sein）。**

"他者性存在"可以是并置的，也可以是相继的。意识预设了主体和客体的并置，即空间维度上的"他者性存在"。而责任则预设了不同状态的相继，未来存在与当下存在的分离，时间维度上的"他者性存在"：变成他者。在这一过程中，意志作为责任的承担者努力将一种状态转化为另一种状态。"意识-存在—责任-存在"这一对概念的本体论一致性根植于作为"他者性存在"的存在首次分割为并置和相继这两个可能的维度。建立在上述本体论事实之上的人类学观点的两种可能性,被精神分析和个体心理学各占其一。但我们需要意识到,我们或多或少要将发掘心理存在的整体维度这个功劳归于弗洛伊德。[4]哥伦布当年发现美洲,却以为到了印度,而弗洛伊德之于他的发现,就如同哥伦布之于美洲。弗洛伊德认为,精神分析的本质是压抑和移情等机制,而事实上,它是通过存在性的相遇来传递更深刻的自我认知。

然而,我们必须有足够宽广的胸怀来保护弗洛伊德不被他的自我误解所伤害。如果我们不考虑19世纪的社会历史局限,那么精神分析最终意味着什么?精神分析的大厦建立在两个基本概念上,即压抑和移情。就抵抗压抑而言,在精神分析的框架内,它是通过变得有意识、变得有知觉来实现的。我们都知道弗洛伊德那句骄傲的、普罗米修斯式的名言:"凡本我所在之处,都应变成自我的领地。"但就第二个原则,即移情原则而言,我认为它实际上是**存在性相遇的一个载体**。可接受的精神分析的精髓仍然允许如下表述,它概括了意识和移情两个原则:凡本我所在之处,都应变成自我的领地,但**"自我"只有在"你"那里才成为"自我"**。

矛盾的是,工业社会中的大众化带来的却是一种亟须表达出来的孤独感,在美国这个充斥着孤独人群的大陆上,心理治疗的功能发生了变化,精神分析被推到了前台。但美国也是清教徒和加尔文主义传统的发源地,性行为在集体层面上被压抑,现在,一种被误解为泛性主义的精神分析学却松开了这种集体压抑的枷锁。当然,**在现实中,精神分析根本不是泛性主义**,而只是泛决定论的。

实际上,精神分析从来都不是泛性主义的。今天,它的泛性主义成分甚至比以往任何时候都要少。关键在于,弗洛伊德将爱视为一种单纯的附带现象。而在现实中,它**是人的存在的一种原始现象**,不仅仅是一种附带现象,无论是在所谓的目标抑制(zielgehemmter)的努力还是在升华的意义上。从现象学角度可以证明,只要有类似升华的东西发生,它就是爱,它的可能条件总会先于这种升华出现。因此,爱的能力是升华的**前提**,而不可能是升华过程的**结果**。换句话说,只有在一种存在性的、原初的爱的能力的背景之下,升华,以及将性行为纳入人的整体这一事实才是可以理解的。一言以蔽之,**只有想要"你"的"自我"才能整合"本我"**。

舍勒(Scheler)曾毫不留情地指出,个体心理学实际上只适用于非常特殊的一类人,即追求者类型的人。个体心理学宣称，只要奋斗和追求，总会达到目的，这种观点忽视了这样一个事实，即许多人可能被一种比简单的野心更为激进的野心所激励——这种不断追求的野心根本不满足于世俗的荣誉，而是争取更多，追求更多，追求某种形式上的自我永生。

现在，人们已经创造出了"深度心理学"这个词。那么，不仅包括追求快乐的意志，还包括追求意义的意志的"高度心理学"在哪里呢？[5]我们必须认识到，在心理治疗中，不仅要看到人类存在的深度，而且要看到人类存在的高度。因此，要有意识地超越身体和心理阶段，进而将精神领域囊括其中。

迄今为止的心理治疗还没有让我们对人类的精神现实有足够的洞察力。精神分析和个体心理学之间的另一个对比是众所周知的：精神分析在因果关系的范畴下审视心理现实，而在个体心理学的视野中，占据主导地位的则是目的性范畴。在此不能否认的是，目的性在某种程度上属于更高的范畴，在这个意义上，个体心理学与精神分析相比，代表了心理治疗的更进一步发展，是心理治疗发展史上的一个进步。然而，在我们看来，只要还有更高的阶段出现，这一进步就是开放的。我们必须自问，上述两个范畴是否已经穷尽了可能的范畴?或者说,是否有必要在"必须"(出于因果关系)和"想要"(出于心理上的目的性)的基础上增加"应该"这个新范畴?

这种考量乍一看似乎不太现实,但其实不然,对医生,尤其是心理治疗师来说正是如此。他们最终想要以某种方式从病人身上获得一种最可能的东西。这种最可能的东西大概并不是什么秘密,而是人的价值。歌德的一句话也许可以被认为是任何心理治疗的最高格言:"如果我们接受人们本来的样子,那么我们会让他们变得更糟;如果我们按照他们应该的模样来对待他们,那么他们就能够变成更好的人。"

除了人类学视角和精神病理学范畴,我们现在可以确定,精神分析和个体心理学对心理治疗的最终目标也持不同的态度。然而,在这里,我们也不再是处理一个纯粹矛盾,而是面对一种阶梯式的序列——又出现了一个梯子,我们相信,这个梯子还没有爬完。让我们考虑一下世界观方面的目标,不管是有意的还是无意的,它很少得到承认,但总是隐含地成为精神分析的基础。精神分析最终想在神经症患者身上达到什么目的呢?其预设的目的是在他的无意识要求和现实要求之间实现妥协。它试图让个体、他的本能适应外部世界，与现实和解，依据这种"现实原则"，这往往无情地要求所谓的"本能压抑"。相比之下，个体心理学的目标更为广泛。个体心理学超越了单纯的适应，它要求病人勇敢地塑造现实。它将本我一面的"必须"与自我一面的"想要"进行对比。但我们现在必须自问，这一系列目标是不是完整的？是否不允许或甚至没有必要冒险进入一个更深的层面？在其他情况下，是否允许或甚至需要在这个维度上进行调整？换句话说，如果我们想对"人"的身体—心理—精神的现实进行适当的描述，就必须在适应和塑造的范畴之外再加上第三个范畴，只有这样，我们才能把信任我们、把自己托付给我们的受苦的人们带到真正的现实当中。我们认为，这最后的范畴应该是实现的范畴。外在生活的塑造和人的内在实现之间存在着本质的区别。如果说生命的塑造是标量式的，那么，生命的实现则是矢量式的。它是有指向性的，指向每一个独特的人格先在的、保留的、放弃的价值可能性，实现这种可能性就是生命的意义所在。

为了说明所有的区别，让我们举一个例子：一个在贫困环境中长大的年轻人——他不满足于"适应"这些环境的狭隘和限制——把他的个人意志强加于环境，并以这样一种方式"塑造"自己的生活,例如,他可以去上大学,以便从事一份体面的职业。让我们进一步假设,他将根据自己的能力和喜好学习医学,成为一名医生。然后他有机会获得一个经济上非常可观的职位,该职位将同时帮助他完成一个崇高的实践,他可以掌控自己的生活,并将其塑造成一种外表丰富的存在。但是,我们也可以假设,这个人仅在其专业的一个特殊领域富有才能,尽管他的生活表面上看起来很成功,但其内在的实现却被剥夺了。这个人拥有自己的房子,驾驶豪华的汽车,开昂贵的派对,但无论他多么富有,表面上看起来多么幸福,只要偶尔深思,他就必定在某种程度上发现自己的生活是失败的。例如,他不得不面对另一个人的身影,这个人放弃了外部财富和诸多生活的舒适,忠实于自己的真实的命运。此时此刻,这个表面富有的人会用黑贝尔(Hebbels)的话坦承:"现在的我,悲伤地面对那个可能成为的我。"相反,那个我们想象出来的人,放弃了体面的职业,放弃了许多财富,退守到一个由他的才能所决定的较窄的专业领域,在也许只有他才能做得最好的事情中找到生活的意义和内心的满足。有鉴于此,许多扎根于具体环境的"渺小"的乡村医生,在我们看来可能比他在大城市的许多同事更"伟大"。

许多站在偏远的科学研究岗位上的理论家可能会比许多站在"生命之中"、与死神斗争的实践者站得更高。因为在科学的前线，他们开始或继续与未知事物的斗争。理论家虽然只占据了前线的一小部分，但在那里，他可能会取得一些不可替代的成就，这种人格成就的独特性是不可替代的。他已经找到了他的位置，完成了他的任务，并在这一过程中**实现了自己**。

这样一来，我们就会获得一种纯粹推论性的东西，或者说是心理治疗的科学空间中的一个空缺；我们将成功地证明，有一个等待填补的空位。毕竟，我们已经表明需要用一种心理治疗方法来补充以前的心理治疗，可以说，这种方法超越了恋母情结和自卑感，或者更笼统地说，超越了所有一般的情感动力。现在缺少的是这样一种心理治疗，它可以追溯到这种情感动力的背后，并在那里意识到神经症患者心理痛苦背后的精神斗争。因此，这是一种"从精神角度"进行的心理治疗。

当人们开始看到身体症状背后的心理原因，即发现其心理成因时，心理治疗就诞生了。但现在我们有必要迈出最后一步，在心理成因的背后，超越神经症的情感动力，去观察处于精神困境中的人类——以便从这里提供帮助。

我们绝不能忽视这样一个事实：医生在帮助病人的过程中充满了问题，即那些因对病人的评估而产生的问题，而这些评估又是必要的。在踏上"从精神角度进行心理治疗"的领域的那一刻，医生的整个精神态度、他的具体世界观立场，就变得明确了——而在此之前，它只是隐藏在简单的医疗行动中。对健康价值的肯定，是所有医疗活动的先验和默认的基础。将这种价值视为医学的最终指导原则是没有问题的，因为医生可以在任何时候担负起人类社会的委托，以维护其健康利益。

我们所设想的对心理治疗的扩展——将精神纳入心理疾病的治疗——隐藏着困难和危险。在这一过程中，我们必须处理医生将个人世界观强加给病人这样的危险，探讨此类问题是否可以避免。我们所要求的对心理治疗进行补充的基本可能性的问题也必将得到回答。只要这个问题还没有解决，"从精神角度进行心理治疗"就只是一个愿望。这种心理疗法本身的立足点和落脚点在于，我们能够超越对其理论必要性的推导，证明其可能性，并证明将精神（而不仅仅是心理）纳入医疗的原则合理性。因此，如果我们不想在批判"单纯的"心理治疗时有越轨之嫌，那么我们就必须在心理治疗中展示价值的可能性。然而，在我们开始这项事业之前——见本书最后一章——在我们已经指出了所有医疗行动中价值的真实性之后，我们要研究价值的必要性；不是它的理论必要性——这个问题之前我们已经讨论过了——而是它的实践必要性。

事实上，经验主义证实了我们先前试图以推论的方式力求获得的东西：精神角度的加入使心理治疗焕然一新。事实上，心理治疗师在日常实践和具体的咨询中，时时刻刻都要与世界观问题打交道。对他们来说，迄今为止"单纯"的心理治疗教给他们的一切，都被证明是远远不够的。

存在的真空和心灵性神经症

医生的任务是帮助病人树立起他们自己的价值观和世界观，完成这一任务在当今显得越发紧迫。20%的神经症是由无意义感引发的，我称之为"存在的真空"。人不会像动物那样按照本能行事。今天，人的行为也不再遵照传统的教导，很快，他将不知道自己究竟想要什么，而是更愿意做别人想让他做的事，换句话说，他将变得容易受到专制主义者和极权主义者的影响。

今天，病人求助于精神病学家，他们对自己人生的意义产生了怀疑，甚至因找不到人生的意义而绝望。这种状况在意义疗法中被称为存在性挫折。这一状况本身并不是什么病态。我知道一个病例，病人是一位大学教授，他由于对存在的意义感到绝望而被介绍到我的诊所。谈话过程表明，他实际上处于一种内源性抑郁症的状态。事实证明，他对生命意义的怀疑和绝望，并不像我们所猜测的那样发生在抑郁期。在抑郁期，他总是心事重重，以至于他不可能去思考这样的事情。相反，只有在健康的间歇期他才会产生这些想法！换句话说，精神痛苦和心理疾病在具体的病例身上甚至存在着相互排斥的关系。而弗洛伊德却是另外的观点，在给玛丽·波拿巴的信中，他说："在人们问及思考生命的意义和价值的那一刻，他就已经生病了。"[6]

我们要感谢哈佛大学社会关系系的罗尔夫·冯·埃卡茨伯格（Rolf von Eckartsberg）进行的一项跨越20年的广泛纵向研究。这项研究涉及100名前哈佛大学学生，正如我从与罗尔夫·冯·埃卡茨伯格的个人通信中了解到的那样，"25%的人自发报告了他们生活中的'危机'，这种'危机'与他们的人生意义问题有关。尽管他们中的一些人在其专业领域（一半是在商业领域）非常成功并且收入很高，但他们抱怨自己的生活中缺乏一项特殊任务，一份他们做出独特和不可替代贡献的工作。他们在寻求一种'使命'和个性化的价值"。

当下，我们面临着一种新型的神经症，在意义疗法中我们称之为心灵性神经症。在美国，无论是在哈佛大学还是在佐治亚州哥伦布市的布拉德利中心，都已经开发了相关测试，以区分心灵性神经症和心因性神经症。詹姆斯·C. 克伦博（James C. Crumbaugh）和伦纳德·T. 马霍利克（Leonard T. Maholick）将他们的研究结果总结如下："对1151名受试者的研究结果一致支持弗兰克尔的假设，即一种新型的神经症——他称之为心灵性神经症——在临床上与传统形式的神经症同时存在：有证据表明我们实际上是在处理一种新的综合征。"[7]

如果心灵性神经症存在，意义疗法就可以提供一种特殊治疗。当这种神经症显露出某些征兆，却被某位医生断然反对时，我们就有理由怀疑，这是一种由于害怕面对自己的存在真空而做出的反应。

面对我们称为"心灵性神经症"的存在性问题，片面的心理动力学和分析性的心理治疗往往会对病人的"悲剧性存在"［阿尔弗雷德·德尔普（Alfred Delp）］进行慰藉，而意义疗法则选择直面这种"存在"，严肃认真地对待它，并放弃所谓的"只不过是防御机制和反应形式"的错误的心理学和病理学阐释。或，我想引用美国精神分析学家伯顿（Burton）的话[8]，有的医生把病人对死亡的恐惧降格为某种阉割恐惧，从而使死亡在存在意义上变得微不足道。这难道不是安慰，或者说是廉价的安慰吗？如果我只是被阉割恐惧所困扰，而不是被我的生命在死亡时刻是否有任何意义这样的焦虑和怀疑所折磨，那我又有什么好失去的呢？

心灵性神经症的出现，不仅扩大了心理治疗的视野，也使其客户群发生了改变。现在，医生的诊所已经成为所有那些对生活绝望、怀疑生命意义的人的避难所。正如格布萨特尔（Gebsattel）所言："西方人的心灵守护者正从牧师逐渐转换成心理医生。"心理治疗正承担着一种监护者的角色。

事实上，今天的人们无须抱怨生活缺乏意义，因为只要放眼望去就会发现，当我们享受富裕便利的生活时，当我们为自由欢呼雀跃时，还有很多人在困苦中挣扎。我们对他人的责任在哪里？几千年前，人类开始信仰上帝，这是一种一神教（Monotheismus）。但是，我们对人的认识，我想称为**纯人类主义**（Monoanthropismus）的东西，即对人的统一性的认识，一种超越所有多样性（无论什么肤色，什么派别）的统一性，这种东西又在哪里？

克服心理主义

每个心理治疗师都知道,在心理治疗的过程中,有关生命意义的问题会被频繁提出。虽然我们知晓一个病人对生命意义的怀疑和对世界的绝望在心理上如何发展,但这对我们没有什么用处。我们告诉他自卑感是他的精神痛苦的心理根源,我们相信能够将病人对生活的悲观看法"追溯到"某种情结,并让病人自己相信——事实上,我们跟病人谈论的这一切都跑题了。我们就像一个根本不做心理治疗的医生一样,并没有触及问题的核心,只是满足于实行一些身体上的治疗措施,或者忙着开药。与此相比,"心病还须心药医"这句箴言要明智得多。

对我们来说,最重要的是要表明,所有这些医学上的处理方式放在一起,同样意味着在病人面前"跑题",只是在某些情况下,这种"跑题"可能被赋予种种医学性和科学性的"形象"。

在这里迫切需要的是回答病人的质疑，我们要学会与病人讨论，并用适当的手段，也就是拿起精神武器进行斗争。我们需要的是，或者更确切地说，神经症病人需要的是，对他可能提出的所有世界观的论据进行一种内在批判。我们必须敢于用反论据真诚地与他的论据作斗争，并拒绝诉诸方便舒服的异质性论证，这种论证的理由往往来源于生物学或者社会学领域。这样做的话，就是在回避内在批判，这将意味着离开提出问题的层面，即精神层面，而不是留在那里，敢于用精神武器为某种精神态度而进行精神斗争。出于一种公平的立场，我们更应该用同样的武器斗争。

毋庸置疑，在病人怀疑生命的意义且极度绝望、濒临自杀的情况下，偶尔以急救的方式进行治疗也是可取的。在这种急救的框架下，一系列疑难问题的学术化一再向我们证明：一旦病人意识到困扰他们的东西与当代存在主义哲学的中心主题相吻合，他们的心灵困苦就变成一种可以接受的精神痛苦，他们不再把它作为一种应该感到羞耻的神经症，而是作为一种可以为之自豪的牺牲。是的，有些病人最后发现困扰他们的问题在这本或那本存在主义哲学著作的某一页得到了解答，这让他们松了一口气，通过将这个问题在理性上客观化，他们得以从情感上与这个问题保持距离。

一个有认识论"家庭教育"背景的医生会拒绝只给一个精神绝望的病人开镇静剂。他更多地会尝试使用一种**以精神为导向的心理治疗**，给病人提供精神上的支持。这很有效，而且尤其适用于所谓的典型神经症世界观。要么病人的世界观是正确的，在这种情况下，如果我们试图通过心理治疗手段来打击它，那就是对病人的不公正，因为一个神经症患者的世界观不允许以"神经症"的理由被拒绝。又或者，病人的世界观不正确，那么从根本上修正他的世界观则需要另外的但不是心理治疗的方法。也可以这么说，当病人的世界观正确的时候，心理治疗就没有必要——我们没有必要去修正一个正确的世界观；但是，如果病人的世界观不正确，那么心理治疗就是不可能的——我们无法通过心理治疗去修正一个错误的世界观。迄今为止的心理治疗都无法解决精神问题——不仅无法解决，而且也不属于它的范畴。如果心理治疗在前面提到的心理现实的整体面前显得不够充分，那么现在它也在精神现实的自主性面前表现得无能为力。

这种无能不仅表现在对世界观的心理治疗尝试中；它

更多地表现在一种被所有心理治疗支持的所谓的"世界观精神病理学"（Psychopathologie）中。实际上，根本不存在，也不可能存在这样的世界观精神病理学。因为精神创造不可以简化为心理的东西，精神和心理不在同一个层次，无法进行比较。一种世界观的内容永远不可能完全来自人的心理基础。不能因为一个人有心理疾病就判定其作为精神实体的世界观是错误的。实际上，那些有关神经症患者的悲观主义、怀疑主义或者宿命论的心理发生的知识对我们来说没什么用处，对病人来说也没有任何帮助。我们必须驳斥他的世界观，只有这样，我们才能绕开对其"思想""心理成因"的研究，不再从他的个人生活史出发去理解他的思想。根本不存在世界观的精神病理学或者心理治疗，最多只是具体的人的精神病理学或者心理治疗，从他们的头脑中产生特定的世界观。

然而，这种精神病理学从一开始就不允许对世界观的正确性或不正确性做出判断［参见阿勒斯（Allers）］。哲学家们的言论与他们的精神病理无关，他们的言论从根本上说只与哲学家本人的人格相关。"健康—疾病"的范畴只适用于人，而不适用于其作品。因此，关于一个人的精神病理学表述永远无法取代和免除对世界观的正确性或不正确性的哲学检查。一种世界观的承载者的心理是否健康不能证明亦不能反驳这种世界观在精神上的正确或不正确性。**$2 \times 2 = 4$，即使是精神分裂症患者也不会答错**。计算错误可以通过验算而不是精神病检查来纠正。我们并不是根据脑软化（Paralyse）的事实推断出计算错误的结果，而是相反，我通过计算错误诊断出脑软化。因此，原则上，对精神内容的评估，与精神内容在心理上如何发生或是不是心理病态过程的产物毫不相干。

这些问题最终涉及的是心理主义的问题。这种伪科学方法试图从一个行为的心理来源推断其精神内容的有效性或无效性。这种企图从一开始就注定失败，因为客观的精神创造不会受到这种异源之物的影响。精神自身固有的规律性不容忽视。例如，将上帝这一概念的诞生归功于原始人对于无比强大的自然暴力的恐惧，以此来怀疑神性本质的存在，这是完全不允许的。再比如，一位艺术家在罹患精神病的情况下创作了一件作品，我们不能据此来推断他的作品具有艺术价值或毫无价值。有时真正的精神成果或文化现象会被用来为与其本质无关的动机和利益服务，即以某种方式被滥用。但即便如此，精神实体本身的价值也绝不会受到质疑。将艺术创作或宗教体验用于神经症的诊断，而忽视其内在的有效性和原始价值，这无异于把婴儿和洗澡水一起倒掉。以这种方式做出判断就像那个第一次见到仙鹤的人，他惊讶道："我还以为没有仙鹤这种东西呢。"就因为仙鹤的形象总是被用在一些众所周知的童话[i]中，这种鸟就不应该在现实中存在了吗？

当然，所有这些并不是要否认精神实体在某种程度上是由心理学因素，进而由生物学和社会学因素决定的；它们在这个意义上"被决定"，而并不是在这个意义上"被引发"。韦尔德（Wälder）正确地指出，所有精神实体和文化现象的局限性正代表着"错误的根源"，由此会产生个别的片面性或夸张性，但绝不会对根本性内容、精神性成果作出积极的解释（每一种这样的"解释"都混淆了人格表达与事物表现）。在个人世界观的形成方面，舍勒已经指出，性格差异和人的整体个性只有在影响选择时才会对世界观发生作用，但它们并不影响世界观的内容。因此，舍勒把这些条件性的因素称为"选择性的"而不是"构成性的"。它们只是让我们理解，为什么某人恰恰有这种看待世界的个人方式。它们永远无法"解释"在这种片面但独特的视

---

[i] 仙鹤在童话中往往被当作送子鸟。

角中所呈现的饱满的世界。每种视角以及世界观的特殊性，都以世界的客观性为前提。最后，我们都知道错误源头的存在和天文观测的局限性，正如它们出现在众所周知的天文学家的"个人方程式"中一样，但是没有人怀疑——在这种主观性之外——真的有像天狼星之类的星体存在。至少出于启发式的原因，我们必须采取以下立场：心理治疗本身并不能解决所有的世界观问题，因为仅凭精神病理学及其对"健康"和"疾病"的分类，在面对一个精神实体的真相内容和有效性问题时是必定会失效的。如果单纯的心理治疗做出这方面的判断，它就会落入心理主义的错误陷阱中。

在哲学史内部，心理主义已经被克服，现在必须通过某种手段克服心理治疗内部的心理主义，这种手段我们称为意义治疗。这样一种意义疗法的任务是我们所说的"精神角度的心理治疗"；它是狭义的心理治疗的补充，填补了我们推论出来的理论空缺，并有待今后的实践验证。只有远离那些心理主义的不恰当批评，真正参与到对病人精神痛苦的客观辩论中时，意义疗法在方法上才是合法的。[9]

意义疗法，就其性质而言，不能也不应该取代心理治疗，而是作为其补充（这也仅仅是在特定的情况下）。事实上，它想要的东西早就反复发生了：或多或少是有意识的，但大部分是无意识的。我们关注的是意义疗法是否以及在多大程度上能够产生价值。为了达到这一澄清的目的，我们必须在方法论的考察中出于启发性的原因区分意义治疗和心理治疗。然而，在这样做的时候，我们从不会忘记，在心理医学的实践中，这两个组成部分是生动地关联在一起的。可以说，它们融合在一个医学统一体中。毕竟，心理治疗或意义治疗的对象是人的心理和精神，二者只能在启发式的意义上相互分离，而在人类整体存在的统一性中，它们是不可分割地交织在一起的。

原则上，精神与心理必须分开。二者代表了两个本质上不同的领域。[10] 而心理主义的错误在于，它武断地从一个层次转换到了另一个层次，忽视了一切精神内在固有的规律性。而这种忽视自然会导向一种概念混淆。[11] 我们要在心理治疗领域避免这种错误，进而在心理治疗内部克服心理主义，这才是我们所推行的意义疗法的愿景和真正关切所在。

基因还原论和泛决定论

今天,我们生活在一个专家的时代,专家们往往会从特定视角和方面来向我们展示现实。**在研究成果这棵大树面前,研究者根本看不到整体现实这片森林**。很多研究成果不仅是片面的,甚至还相互矛盾,很难将它们整合成统一的世界图像和人类图像。无论如何,发展的车轮无法倒转。在团队合作搞研究的时代,专家变得比以往任何时候都宝贵。**但是,危险不在于研究人员的专业化,而在于专家的普遍化**。我们都知道所谓的"可怕的简化者"(terribles simplificateurs)。他们可以加入我所谓的"可怕的一概而论者"(terribles généralisateurs)的行列。这些人把一切都简化了,他们把所有东西都归在同一个框架内,并将他们的研究成果泛化。作为一名神经学家,我认为把计算机视为一个中枢神经系统模型是完全合法的。这里的错误在于,声称人类只不过是一台计算机。没错,人可以被看作一台计算机,但与此同时,他又远远不只是一台计算机。**虚无主义并没有通过空谈虚无揭开自己的面纱,而是通过"不过是"这个短语来伪装自己。**

在这个过程中,在精神分析的影响下被唤起的、被博斯指责的倾向是将心理内部的"权威人格化"。这一过程中充满了诡计和佯攻,以及对它们的揭露。这种苗头已经变成了常态。事实上,这种狂热的分析,正如拉蒙·萨罗(Ramon Sarro)所言,不尊重意义和价值,从根本上威胁和危及心理治疗。美国人将这种情况称为还原论。我可以将这种还原论定义为一种伪科学方法,这种方法把具体的人类现象简化为非人类现象,或从非人类现象来推断人类现象,就像还原论可以被定义为一种**亚人类主义**。在爱的背后,只有所谓的目标抑制本能,良知则只不过是超我(真正的现代精神分析早已不再维持良心和超我之间的同一性,而是承认和接纳了它们之间的区别)。一句话,诸如良知和爱等特有的人类现象变成了单纯的附带现象。精神不过是最高级的神经活动,借用某位著名研究者的著名作品的名称,可以称之为"精神的附带现象学"。

在还原论中产生的学术虚无主义与被解释为存在真空的生活虚无主义形成了对比。还原论将人简化、物化、非人格化的趋势正好有利于存在真空。这听起来好像是一种夸张的表述，但并非如此。让我们听听年轻的美国社会学家威廉·欧文·汤普森（William Irving Thompson）的说法："人类不是椅子或桌子；他们是活生生的，如果他们发现自己的生活已经沦为仅仅是椅子和桌子的存在时，他们就会自杀。"在某些情况下，他们确实如此：我有一次在密歇根州安阿伯大学做讲座时，讨论了有关存在真空的问题，过程中，该校的督学说，他每天都会遇到有存在真空问题的学生，他还准备给我一份由于对生命的意义产生怀疑最终自杀的学生名单。

美国的研究者是第一批对所谓的还原论进行自我批评的人，他们要求承认真相，如他们所说，接受事物的"表面价值"。他们加入了欧洲现象学研究的大合唱。这并不是不承认弗洛伊德的成就；哈佛大学的戈登·W. 奥尔波特（Gordon W. Allport）可能是当今最重要的美国心理学家了，他认为弗洛伊德是"不按表面价值看待动机的专家"。作为例子，奥尔波特研究了弗洛伊德关于宗教的看法："对他来说，宗教本质上是个体的神经症，是个人逃避的方案。父亲形象是问题的根源所在。宗教情绪存在于人格当中，因此，我们不能仅从表面看待宗教情绪。"

奥尔波特同时很公正地指出，这种解释方法实际上已经过时了："克里斯在给美国精神分析协会的信中指出，把对动机的解释限制在本我方面的尝试只'代表了旧的方法'。现代人对自我的关注并非仅仅局限于对防御机制的分析。相反，人们对他所说的'精神层面'给予了更多的尊重。"

所触及的问题不仅有其客观的一面，也有其人性的一面。我们必须自问，在心理治疗的框架下，当病人赖以生存的意义和价值不再被接受为真实的东西，这将会导致怎样的结果？这样一来，作为一个人，病人不再会被认真对待。我们也可以这样表述：他的信仰不再被相信。或者，用奥尔波特的话说："个体失去了被信任的权利。"很难想象，在这种情况下，还如何建立信任关系。

如果我们支持路德维希·宾斯万格（Ludwig Binswanger）的证据，那么，弗洛伊德认为哲学"不过是""被压抑的性欲的最体面的升华形式之一"。一个神经病患者的个人世界观在一个精神分析的追随者看来是多么可疑啊！在这种观点下，哲学不过是变相的神经症的理论化甚至神学化。而反过来，神经症是不是一种错误的哲学的实践，这个问题却被忽略了。

还原论甚至在以下层面上也是不正确的。它做出的遗传和分析性解释，不是基于人的成就，而是局限于对这些成就的干扰和阻碍，例如，还原论认为，一个人失去信仰是由于他的成长经历和环境。它一再声称，在某些具体病例中，上帝形象的扭曲以及对上帝的否定被认为是受到父亲形象的影响。

我的同事们不厌其烦地对24小时内出现的相关病例进行了随机跟踪调查，以了解父亲形象和宗教生活之间可以阐明的相关性。我们在统计调查过程中发现，23人的父亲形象具有彻底的积极特征。而13人的父亲形象则是负面的。奇怪的是，在这23个受过良好教育的受访者中，只有16人后来仍然信仰上帝，7人放弃了信仰。但13个在负面父亲形象下长大的受访者中，只有2人无宗教信仰，剩下的11人几乎都过着有信仰的生活。可见，成年后信教的27个受访者并非都有一个良好的成长环境，而9个无宗教信仰受访者中，并不是所有人都有负面的父亲形象。即使我们能够在父亲形象和上帝形象之间存在关联的情况下看到教养的结果，我们也不得不假设，在父亲形象和上帝形象不一致的情况下，个人决定起到了作用。一个有决定权的人，能够藐视行为的错误决定因子。而在看似无所不能的种种条件面前唤起自由，不失为心理治疗的一项任务。正是被谩骂为"不过是""被压抑的性欲的升华"的哲学，可以为病人指明道路，照亮这种自由。如果我们把哲学作为一种药物来使用，这只是遵循康德的建议。一开始就断然拒绝哲学的做法是不允许的。想想吧！在医学的框架内使用化学也被认为是合法的！

健康的决定论无可厚非。但我们必须反对的是我称为"泛决定论"的东西。[12] 当然，人是被决定的，也就是人受制于条件，无论它们是生物学、心理学或社会学条件，在这个意义上，人绝不是自由的。但是在面对所有的条件时，他可以自由地采取**立场**。这种真正的人的可能性，恰恰是被泛决定论完全忽视和遗忘的。谁也不需要提醒我注意人类的局限性——毕竟，我是神经病学和精神病学这两个学科的专科医生。我非常了解人的生物心理学局限性；但我不仅是一个专科医生，还是经历了四座集中营的幸存者，所以我也知道，人有超越其所有局限性的自由，他们凭借一股力量能够面对最糟糕和最困难的条件和环境。这种力量，我称为精神的反抗力量。

人的形象

在众多致力于拯救人类的还原论学说中,最有名的要数尼古拉·哈特曼(Nicolai Hartmann)的本体论以及马克斯·舍勒的人类学。这些学说区分了诸如肉体、心理和精神等完全不同的级别或层次,每一层次都对应着一门科学:肉体对应生物学,心理对应心理学,等等。这些级别或层次就是科学多元论的源头。那么,人的统一性在哪里呢?人就如同一件满是裂缝的陶器,如何通过"质的飞越"(黑格尔)达到统一?众所周知,艺术是在多样性中的统一,而我认为对人的定义应该是,尽管存在多样性,但也能达到统一。因为虽然有本体论的差异和存在类型的差异,但人类学上的统一性依然存在。人的存在的标志是人类学统一性和本体论差异的共存,统一的人类存在方式(Seinsweise)和人类参与的不同存在类型(Seinsarten)的共存。简而言之,用阿奎那(Aquinas)的说法就是,人类的存在是"多样性中的统一"(unitas multiplex),这既不是多元论也不是一元论,正如我们在斯宾诺莎的《伦理学》中所遇到的情况一样。请允许我在下文中像斯宾诺莎一样,"以几何类比的方式"来勾勒一个人的形象。这是一种维度本体论,它有两条法则,其中第一条法则是,相同的东西,从它自身的维度投射到比自己低的维度时,所展现出来的图像是相互矛盾的。例如,一只酒杯,它从几何学上讲是一个圆柱体,我把它从三维空间投射到底部和侧面的二维平面上,在两个平面上分别得到一个圆形和一个矩形。此外,这种投射也会产生一种矛盾,即两个平面上得到的投影都是封闭的图形,而真实的酒杯却是一个开放的容器。

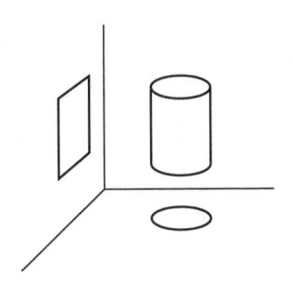

维度本体论的第二条法则是,不同的物体,从它们自身的维度出发投射到同一个比自身低的维度上,得到的图

像是模棱两可的（而不是相互矛盾的），有多种解释。例如，我把一个圆柱、一个圆锥和一个圆球从三维空间投射到一个二维平面上，得到的这三个物体的投影都是一个圆形。影子模糊不清，看起来都一样，以至于我无法确定，它到底是圆柱、圆锥还是圆球。

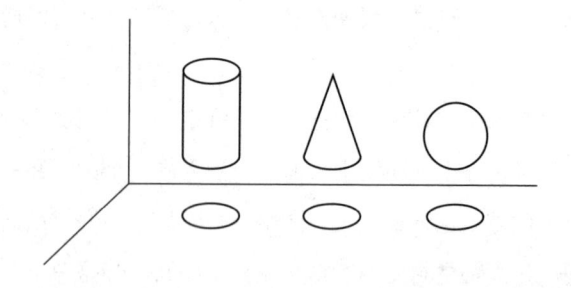

那么，我们如何将这些法则应用于人类呢？现在，我们将人简化为具体的维度，并投射到生物学和心理学层面，在这两个层面上表现出相互矛盾的图像。因为投射到生物学层面的结果是身体现象，而投射到心理学层面的结果是心理现象。从维度本体论来看，这种矛盾与人的统一性并不相悖。就像上面第一个例子中的圆形和矩形投影都与真相不符，但它们是同一个圆柱体的投影。[13] 我们不妨思考一下：人的存在方式的统一性消除了他所参与的不同存在类型（Seinsarten）的多样性，即消除了身心之间的对立，形成了库萨的尼古拉（Nikolaus Cusanus）意义上的对立统一（coincidentia oppositorum），我们总是在人被投射到的平面上徒劳地找寻这种统一，而它却只存在于一个更高的维度之中，在一个独一无二的人的维度之中。

因此不存在解决身心问题这一说。维度本体论很可能揭示了身心问题无法解决的原因。情况类似的还有自由意志的问题。上面提到的那只酒杯的投影在底层平面和侧平面上形成了封闭的图像，与这只杯子的情况相同，人在生物学层面上形成了一个封闭的生理反射系统，而在心理学层面上则形成了一个封闭的心理反应系统。投射出的结果是相互矛盾的。因为这属于人的本质，它是开放的，它"向世界开放"[舍勒、格伦（Gehlen）和波特曼（Portmann）]。人之为人就意味着要超越自己。我想说，人存在的本质，就在于自我超越。人之为人意味着要始终以某事或某人为导向，投身某项他所从事的工作，全身心地去爱他所爱的人或他所信奉的上帝。这种自我超越跳出了一切人的形象的框架，一元论的意义上的人从不超越自身去追求意义和价值（Frankl, *Der Nervenarzt* 31, 385, 1960），他们只对自己感兴趣，只关注自己身心的维持或恢复稳态的问题。事实上,生物学上根本就不存在稳态原则,更不用说心理学了。这一点冯·贝塔朗菲(von Bertalanffy)、戈尔德施泰因(Goldstein)、奥尔波特和夏洛特·比勒(Charlotte Bühler)的理论都可以证明,然而一元论却将其忽略了。根据维度本体论,生理学反射系统和心理学反应系统的封闭性与人性并不矛盾。就像圆柱体的底面和侧面投影的封闭性与圆柱本身的开放性之间不存在矛盾一样。

现在我们也意识到,低维度上的发现在这些维度本身之内仍然是有效的。这个说法适用于巴甫洛夫的反射学、华生的行为主义、弗洛伊德的精神分析、阿德勒的个体心理学等一系列片面研究。弗洛伊德很聪明,他对自己理论的维度局限性心知肚明。他在给路德维希·宾斯万格的信中说:"我只在房子的一层和地下室住过。"弗洛伊德接着补充说:"自从我接触到'人类神经症'这个范畴后,我已经在我低矮的小房子里为宗教找到了一个栖息地。"他在说这番话时屈从了心理主义(或者说是病理主义)形式的还原论诱惑,也正是在这里,他犯了错误。

"低矮的小房子"是一个关键词。必须明确的是,我们在谈到较低或较高的维度时,并不预判位次,也不暗含价值判断。在维度本体论的意义上,更高的维度往往意味着,我们正在与一个**更加包罗万象的**维度打交道,它包括并包容了较低的维度。较低的维度则模糊地(在黑格尔的意义上)"扬弃"于更高的维度之中。因此,人成为人之后,会以某种方式保持动物和植物的身份。一架飞机不会失去像汽车一样在平面上移动的能力。当然,它只有在离开地面飞上天空时,才会证明它作为飞机的本性。专业人员在飞机还没起飞时,就能够从飞机的结构中看出它是否能够飞行,这一点毋庸置疑。在这里我想提一下波特曼,他能证明人性与身体结构紧密相关,因为即使是人的身体,也总是已经被其精神所塑造。

然而,科学不仅有权利,甚至有义务去排除现实的多维性。科学要从现实的光谱中过滤出一个频率。投射不仅是合法的,更是必不可少的。科学家必须维持这种虚构的投射,好像在处理一种单维的现实。但他也必须知道他在做什么,这意味着他必须知晓这些错误的源头,尽力去避免它们。

现在我们来看维度本体论应用于人身上的第二条法则。如果我不把三维实体投射到二维平面,而是把费奥多尔·陀思妥耶夫斯基(Fedor Dostojewski)或贝尔纳黛特·苏比鲁（Bernadette Soubirous）[i]投射到精神病学领域，那么对我这个精神病学家来说，陀思妥耶夫斯基就只不过是一个再普通不过的癫痫病人，贝尔纳黛特只不过是一个带有幻觉的癔症患者。他们除此之外是什么，并没有反映在精神病学层面上。因为不管是艺术成就还是宗教遭遇，都处于精神病学层面之外。而在精神病学层面上，这一切仍然是模糊的，就像这个影子一样，我无法确定影子是圆柱、圆锥还是圆球所投下的。

一切病理都需要一个诊断，一个透视，一个对病态背后的逻辑以及对痛苦所具有的意义的洞察。**一切**症状都需要一个诊断，需要对病源的审视，因为病源在一定程度上是多维的，所以症状才会不明确。

---

[i] 传说1858年，一个名叫贝尔纳黛特的牧羊女看见圣母玛利亚在自己面前显灵。

心理主义的心理发生机制

在这一章的结尾，我们不想放弃让心理主义与它自己作对的机会，把心理主义作为反对它自己的武器，用它自己的武器打败它自己。我们通过对心理主义的发生机制（即动机）的研究，掉转矛头，将心理主义在某种意义上应用于其自身。我们自问：心理主义隐藏的基本态度是什么，它的秘密倾向是什么？答案是：一种贬低心理行为的精神内容的倾向。出于这种贬低的倾向，它不断地想揭开面具，总是急于揭露，总是在寻找不真实的（即神经质的）动机。**它通过从内容领域逃进行动领域的方式**，回避了所有关于有效性的问题——例如在宗教或艺术领域，以及在科学领域——因此，心理主义最终是在逃避大量的认知性事件和决策性任务，是在逃避存在的现实和可能性。

在任何地方，心理主义看到的都是面具；然而，在面具背后，它只愿意承认神经质动机的有效性。在它看来，一切都是假的、不真实的。它想让我们相信，艺术"最终不过是"对生活或爱情的逃避；宗教"不过是"原始人对宇宙强力的恐惧。伟大的精神创造者都是神经症患者或精神病患者。经过这番心理主义的"揭秘"，人们松了一口气，他们终于认识到，像歌德这样的人"实际上只不过是"一个神经病患者。这个学派根本没有看到任何真实的东西。某种东西在某些时候是一个面具，或者是达到某种目的的手段，它就应该永远只是一个面具，只是达到目的的手段吗？真的没有什么直接的、真实的、原初的东西存在吗？个体心理学宣扬勇气，但似乎忘记了谦恭——面对这个世界上的精神造物、面对独立精神世界的谦恭。它们的本质和价值不能简单地、自上而下地投射到心理学层面。谦恭如果是真实的，至少和勇气一样，是一种内在力量的标志。

"揭开"心理治疗的面纱，它归根结底不是一种判断，而是一种判决。如果我们让它在自己的光芒中看到自己，如果我们像照蛇妖一样对着它举起一面镜子，那么我们就会发现，心理治疗——像所有的心理主义一样——回避了世界观和科学领域的有效性问题。

因此，心理主义可以被理解为带有贬低倾向的手段。这样一来，由它主导的研究方向就不再是致力于对某种事物的认知。然而，在我们看来，心理主义是一个更全面的现象的一部分。19世纪末和20世纪初完全扭曲了人的形象，人被认为是处在诸如生物学层面、心理学层面或者社会学层面的多重束缚之中，面对这些束缚，他无能为力。真正的人的自由，是摆脱所有束缚的自由，是精神相对于自然的自由——这才是人的本质，却被忽略了。除了心理主义，还有生物学主义和社会学主义，[14]它们都在同等程度上建构了一个扭曲的人的形象。难怪在思想史上出现了对这种自然主义观点的反应，呼吁关注人类存在的基本事实、人类在自然束缚面前的自由。难怪"负责任"的原初事实再次成为人们关注的中心。另一个原初事实，即"有意识"，至少不能被心理主义否认。存在主义哲学的功劳在于强调人的存在是一种自成一体的存在形式。因此，雅斯贝尔斯称人类的存在是一种"决定性"的存在，它本身并不"是"，而是在每一种情况下决定"它是什么"。

这一事实即使并不总是被承认，却早已被普遍理解，随着这一事实被澄清，对人类行为进行伦理评估才有了可能。因为只有在对抗自然束缚时，人才不再受制于或盲从于生物学（种族）、社会学（阶级）或心理学（性格类型）——也就是在这时他才开始进行道德判断。诸如功劳和罪过等日常概念的意义,在于我们认识到人类的实际能力,而不是将一切束缚简单地当作命运来接受——一味放弃,一味屈服于命运和生活的重压。隶属于特定的民族,从来都不是一种功绩或者罪责。罪责只有在这个民族的特殊天赋没有得到促进或民族文化价值被忽视时才会产生;而功绩的产生则在于这个民族的某些性格弱点被其成员通过有意识的自我教育克服。[15] 很多人都会犯这样的错误,把民族性格弱点作为个人性格弱点的借口。有一则关于小仲马的逸事是这么说的:有一天,一位上流社会的女士对他说:"你父亲这么不守规矩,让你很恼火吧。"年轻的小仲马回答说:"哦,不,殿下;他即使没有成为我的榜样,也足以成为我的借口。"如果儿子将父亲的例子作为对自己的警告,那就无可厚非。还有很多人犯了这样的错误,只是为自己的民族性格感到骄傲,却没有通过个人修养取得个人功绩。无法为之负责的东西,对一个人来说既不能算作功劳,也不能当作罪过。这种观点毕竟是自古有之,在基督教出现以后更是如此。它与异教思想形成了严格而自觉的对比,它主张,只有在人们能自由决定和负责任地行动时才开始进行道德判断,在他不能这样做时就要停止。

我们首先试图从理论上推导出意义疗法的必要性,然后在实践的基础上证明"精神角度的心理治疗"的必要性。前者证明了,从狭义上理解的心理治疗在范畴上是不充分的,而后者证明了,它对所有精神方面的东西都无能为力,或者说它必定沦为心理主义的牺牲品。在下文中我们将证明意义疗法作为一种有意识的"精神角度的心理治疗"的实际可行性,以最终证明其理论上的可能性,也就是回答我们已经触及的问题:是否可以从根本上避免世界观的影响?对于"精神角度的心理治疗"技术的可行性问题,从迄今所讲的内容中可以看出一些重要的提示。因为事实已经反复表明,回归到人类存在的本质,回到作为人类存在基础的"负责任"是非常必要的。我们也将理解,围绕着意义治疗的关键点,心理治疗必须转向存在主义分析,[16]从责任的角度分析人类状况。

注　释

1 毕竟，即使是希波克拉底或帕拉塞尔苏斯的仰慕和崇拜者，我们也不会期望或要求他们严格遵守自己的处方和手术方法。

2 存在也不例外：它恰恰"是"与虚无"不同"。

3 我们可以得出这样的结论，像"红色"现象这样的东西实际上根本不存在——实际上，只会有"红—绿"的完整关系，而且它将是实际的、最后的、原始的现象。这一论断在经验上得到了证实，没有单纯的红色色盲，也没有单纯的绿色色盲，而只有红绿色盲。然而，如上所述，存在与"他者性存在"之间的关系实际上是先于存在的，这一点表现在以下事实中：作为一种关系（Relationen）科学的数学总是先于作为关系者（Relaten）的物理学和天文学。顺带应该指出的是，关系在这里不应该理解为范畴，而是指一种本体论上的东西。

我们对于关系的基本意义的观点在某些动物心理学经验中可以看到。例如，卡尔·比勒（*Die geistige Entwicklung des Kindes*, 4. Auflage, Jena, Gustav Fischer, 1924, S.180）谈到了动物的"关系认识"。W. 克勒在对家鸡进行驯养时，感兴趣的"不是绝对的印象，而是它们之间的关系"（Karl Bühler, "Nachweis einfacher Strukturfunktionen beim Schimpansen und beim Haushuhn", Abhandlungen der Berliner Akademie der Wissenschaften, 1918, Physikalisch-Mathematische Klasse, Nr.2, S.178）。

在某些身体体验中，我们看到了进一步的证据。("Neuorientierung der Physik", *Der Standpunkt*, 9.5. 1952, S.5)："如果我们把对实质性电子存在的信念所依据的经验分析到底，那么就只剩下一个有恒定关系的系统了。因此，我们必须认为这些关系，而不是实质性的粒子才是实际的现实……事物的本质包括……一个结构，这一观点今天得到了一些伟大人物，如伯特兰·罗素、爱丁顿、薛定谔等人的支持；他们都不认为物质中存在着客观现实。"

上面我们谈到了"他者性存在"，或者说存在者与"他者性存在者"之间的关系，特别是"红—绿"关系。是的，红色和绿色是不同的；但黄色和紫色也不同，蓝色和橙色也不同。然而，这几对颜色都以不同的方式"不同"。绿色背景上的一大一小两个红色图形在某种意义上是不同的，方形与圆形图形在某种意义上是不同的。最后，一个空间图形与一个平面图形在某种意义上也是不同的，等等。存在不仅建构了不同，它也按照不同的等级排列——它总是在"他者性存在"的更高维度划分等级！这样一来，世界就可以被理解为一个按等级划分的关系系统。等级划分的"维度"特征表明，某一维的事物之间的关系必须属于下一个更高维度。因此，两点之间的"关系"，即连接它们的直线，属于第一维，而两条一维直线之间的"关系"，即它们构成的平面，则属于第二维，等等。

现在，在每个"他者性存在者"之间建立桥梁的，首先是一种东西：认识。它连接了"他者性存在者"和存在者，创造了它们之间的关系。与此同时，认识本身就是一种关系；毕竟，它是精神存在与其他存在的关系——这种关系也被称为"拥有"。同时，从上面的内容可以看出，认识作为一种关系与这种关系中的关系者不可能属于同一维度。一边是认识的存在者，另一边是被认识的存在者，或者说是存在者和"他者性存在者"之间被认识的关系。由于这个原因，对客体的认识不能与认识的客体同时被认识。因此，对客体的认识是以牺牲认识的客体为代价的，直到它最终不再是客体的认识。

4 Viktor E. Frankl, *Das Menschenbild der Seelenheilkunde*, Hippokrates Verlag, Stuttgart 1959, S.13.

5 参见 V. E. Frankl, *Zentralblatt für Psychotherapie* 10, 33, 1938: "那些对治疗感兴趣的心理学把人类存在的这些更高层次的东西纳入其研究范围，在这个意义上，与'深度心理学'这个词相对，是否可以值得称为高度心理学？"一位高度心理学的代表人物曾经说过，人只有胸怀理想才能生存下去——这位学者的观点不仅适用于个体，也适用于整个人类。我说的这位高度心理学家是谁呢？他是第一位美国宇航员约翰·H. 格伦——一位真正的高度心理学家。

6 Sigmund Freud, *Briefe 1873—1939*, Frankfurt am Main, 1960, S.429.

7 J.H. Crumbaugh and L.T. Maholick, "The Psychometric Approach to Frankl's Concept of Noogenic Neurosis", *Journal of Clinical Psychology* 24, 74, 1968.

8 Arthur Burton, "Death as a Contertransference", *Psychoanalysis and the Psychoanalytic Review* 49, 3, 1962/1963.

9 心理治疗必须揭示一种理念的心理学背景，而意义疗法则必须揭露一个世界观的虚幻理由，进而驳倒这种理由。

10 参见 V.E. Frankl, *Anthropologische Grundlagen der Psychotherapie*, Bern 1975, S.109 ff。

11 Metabasis eis allo genos，概念混淆，通过不被允许的方式将概念转换到不属于该主题的领域（Aristoteles, *De coel.* I 1. 268b 1）。

12 与泛决定论，或者说夸张的决定论携手并进的是同样夸张的主观主义和相对主义。前者具体表现在常见的动机理论中，它们是片面并且完全稳态化的。

13 "不存在真正的矛盾……因为我们可以从两个不同的角度来看待现实。"[Rabbi Yehuda Leove ben Bezalel（The Maharal of Prague）, *The Book of Divine Power: Introduction on the Diverse Aspects and Levels of Reality*, Cracow, 1582（translated by Shlomo Mallin, Feldheim, New York, 1975, S.24）] 一个事物从两个不同角度可以表现出两种相互矛盾的品质，涉及两个不同的层面。

14 所有这些理念的谱系如下：心理主义、生物学主义和社会学主义的源头是自然主义。

然而,从生物学主义与社会学主义的近亲关系中诞生了一个集体生物学主义的怪胎。我们在所谓的种族主义中可以发现这种所谓的集体生物学主义。

15 每个作为个体的人都具有"美德中的缺点"和"缺点中的美德"。一个民族也是如此。但这也意味着,作为一个特定民族的成员,如何看待自身的固有倾向。这些倾向只是一些个体以某种方式所实现的可能性。个体在其中选择赞成或反对自己的可能性。只有当他做出了某种选择和决定时,具有积极或消极价值的民族特性才会成为他的人格价值特性。所有这一切无非表明,个人被要求尽可能毫无错误地去拥有"他的民族"的美德。

16 参见 V.E. Frankl, "Zur geistigen Problematik der Psychotherapie", *Zentralblatt für Psychotherapie*(1938); "Zur Grundlegung einer Existenzanalyse", *Schweizerische Medizinische Wochenschrift*(1939).

II 从精神分析到存在主义分析

A. 一般存在主义分析

1. 生命的意义

心理治疗在精神分析方面致力于心理上的觉知。而意义疗法则致力于精神上的觉知。在存在主义分析方面,意义疗法特别致力于使人意识到责任——这是人的生存之本。

这里的责任是指对某种意义的责任。因此,我们将人的生命的意义问题置于本章开头,它必须始终处于中心位置。事实上,这个问题是在精神上痛苦挣扎的患者用来拷问纠缠医生的最常见问题之一。医生并不会主动提出这个问题,往往是处于精神痛苦中的病人用这个问题来逼问医生。

对存在意义的质疑

无论我们是明确还是隐晦地说,生命的意义这一问题都可以被视为一个真正的人类问题。

因此,质疑生命的意义本身绝不可能是人的身上表现出的病态；它更确切地说是人的存在的真实表达——人的身上最人性的东西。我们可以想象一下动物世界，例如蜜蜂或蚂蚁，在社会组织的许多方面，它们有类似人类的国家机构，在某些方面甚至优于人类社会；但我们永远无法想象，哪一种动物可以提出有关自己存在意义的问题，进而质疑自己存在的意义。只有人才能体验到存在的可疑性，并对其进行质疑。

重复一下上文的话：我知道一个病例，他由于对存在的意义感到绝望而被介绍到我的诊所。谈话过程表明，他实际上患上了一种内源性抑郁症。事实证明，他对生命意义的怀疑和绝望，并不像我们所猜测的那样发生在抑郁阶段。在抑郁期，他总是心事重重，以至于他不可能去思考这样的事情。相反，只有在健康的间歇期他才会产生这些想法！换句话说，精神痛苦和心理疾病在具体的病例身上甚至存在着相互排斥的关系。虽然在特定情况下，绝望和怀疑几乎与抑郁症没有关联，但它们很可能偶尔会导致一种心灵性（noogen）抑郁症。

极端地追寻意义会使人完全不知所措，在青春期尤其如此，此时，精神上已经成熟和尚在挣扎阶段的年轻人开始面对存在这一基本问题。一位初中自然历史老师在课堂上告诉学生，有机体乃至人类的生命"最终不过是"一个氧化的过程、一个燃烧的过程，他的一个学生突然跳起来慷慨激昂地发问："好吧，那人的整个生命有什么意义？"这个年轻人正确地理解了人与桌上燃烧的蜡烛完全不同的存在方式。蜡烛的存在［海德格尔会说是一种"现成存在"（Vorhanden-sein）］可以被解释为一个燃烧过程——但人本身具有一种本质上不同的存在形式。首先，人的存在本质上是历史的存在，它总是被置于一个历史空间之中，无法从其坐标系上移除。这个参考框架尽管未被承认，却是由一个也许完全无法表达的意义所决定的。我们可以认为蚁群中忙碌的蚂蚁有它们的目的，但绝不能说是有意义的；随着意义范畴的消除，可称为"历史"的东西也随之被抹去了：蚂蚁的"国家"没有"历史"。

欧文·施特劳斯（Erwin Straus）在他的著作《发生与经历》（*Geschehnis und Erlebnis*）中指出，事实表明，不能将历史的时间因素排除在人类——包括神经症病人——生活的现实之外，排除在施特劳斯所说的"将要成为的现实"之外，即使人（尤其是神经症患者）把这种"将要成为的现实""变形"。

这种变形的形式表现为一种逃离原始的存在方式的企

图，施特劳斯称之为"现时的"存在。他指的是一种可以放弃任何定向性的生命态度。施特劳斯将其理解为一种既不基于过去也不面向未来的行为，更多的是一种没有历史的纯粹的当下。这种行为带有唯美主义的特点，神经症患者的逃离往往表现为一种艺术放纵或对自然的夸张热情。当事人在某种意义上遗忘了自我，也可以说是遗忘了义务，在撤去所有义务的时刻中生存，而这些义务产生于其存在的特殊历史意义之中。

"正常"（不管是在一般意义上还是在道德规范意义上）人可能而且只能生存在一定的时间中，并且只在某种程度上是"现时的"。在那些时候，即当他有意识地、暂时地远离由意义所决定的生活时，例如在他的"节日"时，他变成了一个陶醉的人；在陶醉中，在故意的自我遗忘中，他不时有意识地减轻让自己感到太大压力的基本责任。但实际上西方人最终总是为他们必须创造性地实现的价值所困。然而，这并不意味着沉迷于自己的创造，用创造麻醉自我是行不通的。这种可能性存在于一类人身上，舍勒在他关于"公民"的论文中认为，这类人在实现价值的过程中忘记了最终目的，即价值观本身。这些人每天都在努力工作，周日时，空虚、沉闷、无聊的感觉在他们的意识中爆发，这让他们无比沮丧("周日神经症")或由于(精神上)可怕的空虚而逃进某种迷醉的状态之中。

生命意义的问题并不只是在人成熟以后才开始被展开讨论,它偶尔也会突然发生,例如,在某次惊心动魄的经历之后。就像在成熟期对生命意义的质疑并不代表任何真正的病态一样,为生命意义而奋斗的人内心所有的痛苦都不是病态的。我们不能忘记,从心理治疗延伸出来的意义治疗或作为一种意义疗法的存在主义分析与心理痛苦的人有关,这些人从临床意义上讲不应该被认为是真正的病人。正是这种痛苦成为"从精神角度进行心理治疗"的对象。在实际出现临床症状的情况下,我们也可以通过意义疗法为患者提供特别坚定的精神支持,这种支持健康人很少需要,但内心焦虑的人则求之不得,它可以补偿他们的不安全感。在任何情况下都不应将一个人的精神问题视为"病症";无论何时,它都是一种"成就"[使用奥斯瓦尔德·施瓦茨(Oswald Schwarz)的反命题]——一种是病人已经取得的成就,另一种是在我们的帮助下他取得的成就。这尤其适用于那些由于纯粹的外在原因而失去内心平衡的人。例如,某人在失去了自己毕生的挚爱之后,不确定自己的生命是否有意义,他对自己存在意义的信念动摇了。

他变得一无所有；他缺乏那些赋予生命肯定的世界观的力量——这些力量无法通过清晰的思考或概念表述获得。他无法在困境中"抵挡"命运的打击，无法通过自身来抵抗命运的"强力"，进而出现一种心理代偿失调的状况。

肯定生命的态度至关重要，这种态度也深植于生物学层面，我们可以从以下例子出发来分析：人们在对长寿的可能原因进行大规模统计调查时发现，所有受试者都有一种"开朗的"，即肯定生命的人生观。在心理学领域，这种处世态度也至关重要，它会让人"排除万难，勇往直前"，对于那些试图隐藏自己否定生命的态度的患者来说，这是永远无法完全"掩饰"的。精神病学所使用的方法无疑会揭示隐蔽的厌世倾向。如果我们怀疑患者是在掩饰自杀意图，那么在检查时建议采用以下程序：首先我们询问患者是否有自杀念头，或者他是否还存在之前表达过的任何自杀念头。无论如何，他都会做出否认的回答——如果仅仅是伪装，那么他更会如此回答。随后我们可以问他另一个问题，这可以让我们在真正地摆脱自杀倾向和单纯的掩饰之间做出诊断：我们问他——尽管这个问题听起来很残酷——"为什么"他没有（或不再有）自杀念头。没有自杀意图或已经痊愈的患者，会马上回答他得考虑他的亲戚或考虑他的工作之类的话。然而,当我们用这个问题去问掩饰自杀意图的病人时,他就会立刻陷入尴尬之中。如何给出一个(伪造的)肯定生命的理由,这会让病人不知所措。对于那些已经住院的患者,他通常会开始向医生施压要求出院,或竭力保证自己完全没有自杀意图,可以出院。这就证明病人给出的肯定生命、想继续生存下去、反对自杀的理由都是托词;如果它们真的存在,如果病人在心里已经准备好了这些话,那么他就不再会受自杀意图的控制,然后也就没有什么可伪装的了。

超意义

关于生命意义的问题可以有不同的答案。因此,我们想在进一步的讨论中排除下面的问题,这些问题涉及一切发生事件的意义,例如有关世界的"目标和目的"、降临在我们身上的命运,以及我们碰到的事物的意义。因为所有这些问题可能的正面答案实际上存在于信仰的领地。对于信奉天意的宗教人士来说,这方面可能完全不存在问题,而对于其他人来说,他们必须对上述问题进行认知的批判。对于是否允许询问整体意义,这个问题本身是否有意义,我们必须进行检验。实际上,我们只能询问正在发生的部分事件的意义,而不能询问世界上所有事件的"目的"。目的范畴是超验的,因为目的在"拥有"它的事件之外。因此,我们最多只能以所谓的界限概念(Grenzbegriff)的形式来把握整个世界的意义。我们或许可以将这一意义称为超意义,这也意味着,整体的意义不再被理解,它超出了被理解的范畴。这个概念类似康德的理性公设。它展现了思考的必要性,同时展现了思考的不可能性——这是一种只有信仰才能避免的矛盾。

帕斯卡早就说过,树枝永远无法理解整棵树的意义。最近的生物环境科学表明,每种生物都被与之相应的、无法突破的环境围绕着。无论一个人在这一关系中多么特殊,无论他们多么"热情地拥抱世界",超越他的生存环境,不管他怎样"拥有世界"(舍勒)——拥有"这个"世界——谁又知道,在他的世界之外,没有一个超世界存在呢?人在世界上高高在上的地位只是虚假的,他只是比自然界中的其他动物高级,这不是显而易见的事实吗?人的"在世存在"(海德格尔)最终与动物在其环境中的生存类似。正如动物无法从自己的环境中了解人的总体世界一样,人也无法掌握超世界,除非是靠一种外延的预感,也就是信仰。**被驯化的动物不知道人类圈养它们的目的。那么人又如何能够知晓他的生命有什么"终极目的",作为整体的世界又**

有什么"超意义"？N.哈特曼断言，人的自由和责任与一个隐藏但更高级的目的相矛盾。而我们认为，这种表述并不贴切。哈特曼本人承认，人的自由是一种"反抗隶属的自由"，这种精神自由建立在自然法则之上，建立在一个自身的、更高的"存在层"中，这种自由虽然"隶属于"较低的存在层，但同时是"自治的"。在我们看来，人类自由的王国和一个在它之上的王国之间应该会有类似的关系，因此不管天意是什么，人都有自由意志——就像被驯养的动物可以按照其本能生活，尽管它的本能被用来服务于人类的某种目的。

假设我要构造一台机器，这台机器的功能是按某种方式包装某种商品，很显然，我需要一定的智慧来完成这项建设性的任务，其中有一点是肯定的：它肯定比我自己包装货物所需的智慧高得多！当我们把这种比较转移到本能问题上时，答案就更加显而易见了。那么，关于所谓的本能的智慧，我们会得出这样的结论：赋予动物**某种本能**的智慧，也必须是促进这种本能的智慧，它是处于本能**背后**的智慧，比动物本能自身的"智慧"高得多。动物和人的真实区别有可能并不在于动物有本能而人有才智（特别是当我们设想那个奠定了所有人类理性，其自身却无法通过理性被证明的先验性时,整个人类的才智就仅仅是一种"更高级的"本能);人和动物的本质区别在于,人的才智如此之高,以至于人——与动物的能力形成了悬殊的对比——甚至还可以做一件事:他认识到,一定有一种具有相当优越的地位的智慧——一种超人的智慧——它赋予人类理性,赋予动物本能;一种创造所有智慧的智慧,它既创造了人类的智慧,也创造了动物的本能,并使它们与各自的世界相协调。

施莱希(Schleich)对人类世界和超世界的关系做出了最引人注目也最美丽的描述,我们可以想象这种关系类似于动物的"周围世界"(于克斯屈尔)与人的"周围世界"之间的关系。他说:"上帝坐在可能性的管风琴前,即兴创作了世界。我们这些可怜的人类只能从中听出人类的声音。如果这种声音就已经很美了,那么整体会是多么灿烂辉煌啊!"

如果我们想确定(狭窄的)动物环境与(更广泛的)人类世界,以及人类世界和(包罗万象的)超世界的关系,我们可以使用黄金比例的比喻。根据这一定理,较小部分与较大部分的关系就如同较大部分与整体的关系一样。举个例子,为了获得血清,我们给一只猴子施行了痛苦的注射。猴子能理解自己为什么必须受苦吗？从猴子所处的环境来看，它无法理解那些让它参与实验的人的想法。因为人类世界是一个意义和价值的世界，这对它来说是无法接近的。它无法触及这个世界，它不在这个世界的维度之中；但是，我们难道不应该假设，人类世界本身，为一个人类现在无法接近的世界所超越，这个世界的**超意义**只有通过人类的痛苦才能得以实现吗？

爱使人在信仰中迈向超人类维度。这本身就是一个众所周知的事实。然而，鲜为人知的是，动物在此过程中就**有一种类人的表现**。一只狗会在痛苦地忍受着兽医注射的同时，满怀信任地抬头看着自己的主人，兽犹如此，何况人类。在无法"知道"痛苦的含义的情况下，动物"认为"它信任自己的主人，正是因为它"爱"他。

不言而喻，对超意义的信仰——无论是被理解为界限概念还是宗教上的天意——在心理治疗和心理卫生方面都具有显著的重要性。信仰具有创造性。内在的力量使它变得更强大。对这种信仰来说没有什么是毫无意义的。对它来说，没有什么事情是"徒劳的"——"任何事情都是提前预定好的"[维尔德甘斯（Wildgans）]。从这一角度来说，任何伟大的思想都不会衰落，即使它"被带进坟墓当中"，不为世人所知。一个人在其充满戏剧性或悲剧性的人生中发生的所有故事,即使没有被注意到,即使没有以小说的形式被书写和讲述,也永远不会"徒劳"地发生。**一个人的生活"小说"要比某些写下来的作品更伟大,更具创造性。**我们每个人都或多或少地知道,生命的内涵被完满地保存在某个地方,"保存"(aufgehoben)在黑格尔那里具有双重含义,即"扬"(conservare)和"弃"(tollere)。所以时间不会损害短暂的生命及其意义和价值。曾在(Gewesensein)也是一种存在形式——也许是最安全的存在形式。从这个角度来看,生活中的一切都表现为将可能变为现实的过程。虽然已经过去,但它们会永远保持在过去的安全状态,免于时间的进一步影响。

过去的时间肯定是无法挽回的;但其中发生的事情是不可触碰的、不可侵犯的。因此,过去的时间不仅是强盗,还是委托管理人!存在转瞬即逝,然而不必悲观。如果尝试用一个比喻来表达,我们可以说,悲观者就像一个怀着恐惧和悲伤站在挂历前的人,他每天都会从中撕下一页,看着逐渐变薄的日历,自己也日渐消瘦;而另外一个人对生命意义的看法则和前面那个人完全不同。他将刚从日历上撕下的那一页整齐而谨慎地和其余更早撕掉的纸页放在一起，并且不时地在背面记下一些日记般的记录，现在他就可以充满自豪和喜悦地回忆那些笔记上记录下的一切，那些生命中"固着"下来的东西。就算这个人看到自己变老的过程又怎么样呢？他应该羡慕别人的青春，还是哀悼自己的过往？他该羡慕年轻人什么呢——是他们拥有的机会和未来吗？"谢谢，"他肯定会想，"我拥有**真实的人生**，它们存在于我的**过去**之中，它们是我从事过的真实的工作、我所爱的真实的人，以及我所承受的真实的苦难。我以它们为骄傲——尽管别人不会因为它们而羡慕我。"

一方面，过往的一切美好被安全地保存在过去。另一方面，每一种罪责和恶念——在有生之年——都是可以"解脱"的。这绝不是一部已经拍完的电影——就像相对论将世界进程想象为四维"世界线"的整体——一部已经拍完、正在放映的电影；这部关于世界的电影正在拍摄！这不过是意味着，过去"幸运地"被固定下来、是安全的，而未来则"幸运地"向人的责任开放。

什么是责任？责任是一个人想"逃避"，但被"拉"去做的事情。语言的智慧已经阐明，人的内心一定有某种反作用力，总是试图阻止其承担符合本性的责任。事实上，有一些关于责任的东西是不可理喻的。我们思考的时间越长、越深入，就会愈加意识到这一点——直到最后把我们搞得抓狂。因为一旦深入研究人类责任的本质，我们就会不寒而栗：人的责任有些可怕——但也很美妙！说它可怕，是因为人每时每刻都要为下一刻负责；每一个决定，无论是最小的还是最大的，都是"永远"的决定；人在每一时刻都在实现或失去一种可能性。每一个时刻都隐藏着成千上万种可能性，但人只能选择其中一种来实现。与此同时，人也诅咒其他所有的可能性，诅咒它们"永远"不存在！责任又是美妙的，它让我知道，未来，我自己的未来，事物的未来，我周围的人的未来，以某种方式——即使在很小的程度上——依赖于我每时每刻的决定。通过这些决定，我实现了某些东西，我"创造"了某些东西，我将它们拯救到现实中，以免它们转瞬即逝。

快乐原则与均衡原则

到目前为止，我们都是在作为整体的世界层面讨论意义问题。现在我们回来讨论病人对意义问题的看法，即关于个体的意义、个人生命的意义的问题。我们首先必须处理一些患者在问题讨论中试图进行的转向——一个必然导致道德虚无主义的转向。它声称生命的全部意义实际上只有快乐。这一断言基于他自认为的事实论点，即所有人类活动最终都由快乐原则所决定。众所周知,快乐原则在整个心理生活中占主导地位的理论也得到了精神分析的支持。现实原则并不是真正与快乐原则相对立,而只是快乐原则的延伸,它本身就是服务于快乐原则的,就其本身而言,它只是快乐原则的单纯"修正","从根本上说是以获得快乐为目标的"。[1]我们认为,快乐原则是一种心理制品。事实上,快乐通常不是我们追求的目标,而是追求得以实现的结果。康德已经提到过这个事实。关于幸福主义,舍勒说,快乐并不是行动的目的,而是这样的行动同时承载着快乐。在某些特殊的状态或情况下,快乐实际上代表了意志行为的目的。除了这些特殊情况之外,快乐原则理论忽略了所有心理活动的基本意向特征。一般来说,人想要的并不是快乐,而只是想要得到他想要的东西。人类意志的对象彼此不同,但快乐却总是相同的,无论是在有价值的行为还是在无价值的行为中。由此可见,对快乐原则的认可将导致人类追求目标的趋同。因为从这一角度看,做什么都一样,都无关紧要。用于慈善目的的捐款只能消除不愉快的感觉,用同样的钱来享受美食也能达到相同的效果。怜悯情绪的意义实际上在它被相应的行动消除之前就已经存在,这一行为据说只有消除不愉快的负面意义;因为同样的一个行为，会引起一个人怜悯，也会让另一个人幸灾乐祸，甚至从中体验正面的快感。

实际上，生活中的快乐或不快乐并不重要。对于剧院里的观众来说，看喜剧还是悲剧并不重要。对他们来说重要的是内容，演出的内容。没人会说，舞台上悲惨事件激起观众某种不悦的感觉是他们去剧院的真正目的。那样的话，所有来访者都将被视为伪装的受虐狂。快乐是所有追求的最终目标——不是单纯的最终效果——这种说法很容易就可以被驳倒。如果说拿破仑的征战就只是为了从胜利中获得快乐，就像其他普通士兵轻而易举通过吃喝嫖赌获得的快乐一样，那么，反过来说，拿破仑最后一场战斗的"最终目标"、拿破仑战败的"最终目的"一定是战败后的不快感，就像胜利的快感一样。

如果我们真的仅仅在快乐中寻找生命的意义，那么生命最终将不得不显得毫无意义。如果快乐真的是生命的意义，那么生命实际上就毫无意义了。什么是快乐？一种状态。唯物主义者——享乐主义通常与唯物主义相伴——甚至会说，快乐只不过是大脑神经节细胞中的某一过程。为了实现这一过程，人才去生活、体验、受苦吗？假设一个被判处死刑的人应该在行刑前几个小时选择断头餐。他会问自己：死到临头还想着吃，有什么意义呢？身体反正会在两小时后变成一具尸体，在这之前在神经节细胞中感知那个被称为快乐的过程，有什么意义呢？所有的生命都要面对死亡，在死亡面前，每个人的每一种快乐都将同样毫无意义。这种黯淡的人生观可能会导致人们对生命的意义产生怀疑；它可能正确地预测并概括了一名自杀未遂，而后被送往医院治疗的患者的叙述：这位患者想坐车到城镇的偏远地区自杀，但无法获知轻轨的路线；于是他决定坐出租车。"后来我想，"他报告说，"我是不是应该把那几个先令存起来；想到临死前还想存几个先令，我就忍不住笑了。"

如果生活本身还没有充分地告诉你，你在这个世界上不光是为了"享受"，那么我们可以看一下一位俄罗斯实验心理学家的统计数据，这些数据表明，一个正常人每天平均经历的不快感比快乐感要多得多。无论是作为处世态度（即在实践中），还是在理论中，快乐原则都无法使人满足。这可以通过日常经验表现出来。如果我们问一个人为什么不做那些看起来有意义的事情，而他给我们的"原因"是"我不高兴这样做"，我们会发现这个答案并不能令人满意。我们马上明白，那个答案并不是真正的答案，因为我们永远不能接受快乐或不快乐作为支持或反对行动意义的实际论据或反论据。

即使快乐原则真的如弗洛伊德在他的《超越快乐原则》中所说的那样,即从有机的普遍趋势回归到无机的静止状态,它作为格言站不住脚的情况也不会改变。弗洛伊德相信,他可以以此证明所有对快乐的渴望与所谓的死亡本能的关系。现在,我们认为以下情况是可以想象的:所有心理和生物学的原始倾向可以进一步简化,也许可以归结为一个普遍的平衡原则,该原则旨在平衡所有存在区域中的每一种张力。物理学在其熵理论中获知了与可预期的宇宙最终状态类似的东西。因此,人们可以将涅槃作为"热寂"在心理学上的对应物。通过摆脱所有不愉快来平衡每一种精神紧张,可以被视为宏观熵的微观等价物,而**涅槃则是"从内部看到的"熵**。然而,平衡原则本身却与"个体化原则"相对立,个体化原则努力保持所有存在的独特性。[2] 对立面的存在本身就表明,即使发现了一个原则(无论它多么普遍),即使确定了某种宇宙趋势,在伦理关系上也解决不了什么。因为客观事件(对于主体)没有任何约束力。谁说我们必须认同所有这些原则或倾向?问题仅在于我们是否应该屈服于这种趋势,即使我们能够在自己的心理过程中发现它们。同样可以想象的是，我们真正的任务恰恰在于对抗这种外部和内部力量的统治。

可能是由于我们片面的自然主义教育，我们对精确的自然科学研究结果，对物理化的世界图景有一种巨大的、过分的尊重。我们真的必须害怕热寂或"世界末日"吗？宇宙的最终灾难会让我们和子孙后代的努力变得毫无意义吗？理论上不带偏见的、简单的"内在体验"难道没有告诉我们，诸如观赏美丽的日落所带来的理所当然的愉悦（Freude）比测出太阳落山的大概时间点的天文计算更"真实"？还有什么能比我们的自我体验——**我们作为人的责任的自我理解**——更直接地给予我们自身呢？"最确定的事情是良心。"有人曾经说过。任何关于某些体验的生理"本质"的理论，甚至关于愉悦是大脑神经节细胞内的分子、原子或电子的某种特定排列的舞蹈的断言，都不曾像一个人体验到艺术的最高享受或爱情的最纯粹幸福，进而确定他的生活充满意义那样令人信服。

然而，愉悦只有在它本身有意义的情况下才能使生活变得有意义。然而，狭义上的愉悦并不存在于其自身之内，而是存在于其自身之外。因为愉悦需要一个对象。舍勒已经指出，愉悦是一种有意图的感觉——与单纯的快乐相对。舍勒将快乐归结为无意图的感觉、"符合情况的"感觉、"感觉状态"。舍勒指出,这种差异已经在日常语言使用中表现出来:人们会"因为"某事感到快乐,而"为"(作为对象的)某事感到愉悦。我们还记得欧文·施特劳斯提出的"当下"生活方式的概念。在这种生存体验中,人类保持在快乐状态中(例如陶醉状态),没有进入对象的王国——价值的王国;只有价值的情感意图才能给人带来真正的"愉悦"。现在我们明白了为什么愉悦本身永远不会是目的:它本身,作为愉悦,是不能被有意为之的。它是一种"执行的现实"[赖尔(Reyer)]——它只能在价值认知行为的执行中,即在把握价值意图行为的执行中实现。[3] 克尔凯郭尔说得好,幸福之门总是向外打开。谁试图推开这扇门,它就会把谁挡在门外。恰恰是那些拼命想要幸福的人,挡住了自己通往幸福的道路。最终,所有为幸福而奋斗的事情——所谓的人的生命中"最后"的事情——都被证明是天生不可能的事情。

价值相对于对它有意图的行为来说必然是超越的,它超越了指向它的价值认知行为,类似认知行为的客体,该客体也位于这个(狭义的认知)行为之外。现象学表明,客体的超越特征已经表现在意向行为中。当我看到一盏正在发光的灯时,即使我闭上眼睛或背对着它,我也相信它就在那里。"看到"总是意味着:看到眼睛之外的东西。另外,如果有人坚称,他实际上并没有看到外部世界的事物,而只是看到了他眼睛的视网膜上的图像,这是绝对错误的。这种错误的观点对应了有条不紊地从感觉数据出发的马赫实证主义惯例的基本错误。事实上,对感觉本身的态度,作为感觉,是一种完全特定的、继发的、经过思考后的态度,即一种至多适合于科学—心理学,但绝不是单纯的自然认知立场的态度。然而,认识论的主要目的和任务并不在于成为一种心理学认识理论;[4] 它更加具有成为一种认识论本身的意图和任务。是的,我们可以走得更远:即使有人声称,他能看到的只有镜片,而不是(通过镜片)所看到的事物,他也是错误的。当然,人可以适应沾在镜片上的灰尘或斑点;但是,永远不要忘记,这种对镜片瑕疵的态度,正如认识论对错误认识来源的态度,恰恰是以可能的错误来源的假设为前提的。

将一个对象认识为真实的,意味着我已经独立承认了它的现实,不管我或任何人是否实质性地认出了它。这同样适用于价值认识的对象。可以使用以下示例对此进行说明。设想一下,一个男人观察到,只有当他处于某种性紧张状态时,他的性伴侣才会"给予"他一种美学刺激。而随着他的性欲消退,对他来说,那种美的价值也随之消失。由此他得出结论,它们根本不是真实的,只是通过性感蒙蔽了他的感官,因此它们不代表任何客观的东西,而是与他身体状态相关的东西,并且基于他本能的主观性。这个结论无疑是错误的。可以肯定的是,特定的主观状态是能够看到某种价值的条件,而主体的特定状态则是价值理解的必要媒介或器官。然而,这并非排除价值的客观性,而是将其视为前提。审美价值和伦理价值如同认识的对象一样,掌握它们需要适当的行为。然而,在这些行为中,我们同时把握了所有这些对象相对于对它们有意图的行为的超越性,进而把握了它们的客观性。这一点并没有改变前面已经提到的事实:我们的价值图景,就像我们的世界图景一样,只允许我们看到世界的一个部分,仅仅是一个将我们与观看视角联系在一起的部分。或许一般情况下,所有的"应该"对每个人来说都是具体的,具体到他"此时此地""应该"做什么。价值产生于日常需求和个人任务中;这些任务背后的价值显然只能通过任务来体现。所有具体的"应该"都对整体开放,从具体的单个人的视角出发是根本看不到这个整体的。[5]

每个人都是独特的,他们的每个生活情境都是独一无二的。人各自的具体任务与这种独特性和唯一性相关。因此,每个人在任何特定时刻都只能有一个任务;正是这种独特性构成了这项任务的绝对性。虽然人只能从特定的视角看世界,但每个位置只对应一个视角,就是正确的视角。因此,不存在绝对的正确性,而只有由视角决定的相对性。

主观主义和相对主义

关于意义的客观性,我想作一下简单评论——这并不排除它的主观性:意义是主观的,不是所有人共有一个意义,而是每个人都有不同的意义。但每个人的意义不能**仅仅**是主观的:[6]它不能仅仅是存在的表达和反映,正如主观主义[7]和相对主义所表现并希望我们相信的那样。

意义不仅是主观的,而且是相对的,也就是说,它与个人有关——与这个人所涉及和所处的境况有关。从这个意义上说,境况的意义是相对的。由于境况不同,意义也变得独一无二。

个人必须把握、理解、承认、感知境况的意义,也就是去实现它。由于与境况的关系,意义本身也是唯一和独特的,这种"必要"的统一性构成了它的超主体性——构成了这样一个事实,即意义不是由我们赋予的,它更多的是一个既成事实，对它们的感知与实现很大程度上取决于**人类知识和良心的主观性。人类知识和良心的不可靠性并没有损害人类良心所针对的"存在"和"应该"的超主体性**。任何相信这种超主体性的人也会坚信，只有犯错的良心才会为谋杀和自杀之类的事情辩护。这种信念也使医生在特殊情况下合法地接受他的价值观和世界观对良心的影响；但即便如此，他也知道自己和病人的良心的不可靠性。

良心是人类特有的现象之一。它可以被定义为发现隐藏在每种境况下独一无二的意义的直觉能力。总之，良心是一种**意义器官**（Sinn-Organ）。

它不仅是人性的，而且太人性了，因为它参与了人的境况，并受制于其特点和有限性。良心也会使人误入歧途。更有甚者，直到最后一刻，直到最后一口气，人都不知道自己是真正实现了生命的意义，还是只是被骗了：一切都没答案。自彼得·伍斯特（Peter Wust）以来，"不确定性和冒险行动"已经融为一体。对于是否已经找到、理解并掌握生命意义这个问题，良心始终没有给予人确定的答案，无论如何，这种"不确定性"都无法阻止人们为了服从良心，或者只是倾听良心的声音而甘愿"冒险"。

与"不确定性"相对应的，不仅包括这种"冒险"，还有谦卑顺从。我们甚至在临终时都不知道意义器官——我们的良心——最终有没有屈服于一种**虚妄**,这也意味着,另一个人的良心可能是正确的。所以谦卑意味着宽容;但宽容并不意味着冷漠;尊重别人的信仰并不意味着认同另一种信仰。

无可否认,人有可能无法理解意义,而是必须阐释意义。[8]这并不意味着,这种阐释可以是任意的。人拥有某种阐释的自由吗?他不承担正确阐释的责任吗?毕竟,每个问题只有一个答案,即正确的答案。每个难题只有一种解决方案,即有效的方案。而在每个生命中,在每种生命情况下,只有一种意义,即真正的意义。

一张罗夏图[i]被赋予了意义——在意义赋予的主观性基础上,罗夏测验的主体自行"揭示"出来;但生命不是赋予意义,而是发现意义(我们说"发现",而不是"发明",因为**生命的意义不能被发明,而是必须被发现**)。下面的小插曲可以说明,尽管阐释带有主观性,它所要表达的意

---

[i] 用于测查认知、想象力和人格的投射测验,由瑞士精神医学家及精神分析师罗夏(H. Rorschach)于1921年编制。原始版本包括10张图,5张黑色图、2张黑色加部分红色图、3张彩色图。美国心理学家霍尔茨曼(W. Holtzman)1961年改编的版本包括45张墨迹图。

义却具有超主观性。有一次在美国演讲后的讨论中，我收到了一个书面问题，内容如下："你的理论是如何定义600的？"讨论负责人还没等看完，就准备把写有问题的纸放在一边，他转向我，然后说："胡说八道——'你的理论是如何定义600的？'"于是我拿起那张纸，扫了一眼那个问题，意识到主持人——顺便说一句，他是一位神学家——犯了一个错误，因为这个问题是用粗体大写字母写成的，在英文中，要费些劲才能区分出GOD和600。这张模棱两可的字条把人带进了一个非自愿的投射测试，在神学家和作为精神病医生的我的身上得出了自相矛盾的结果。后来，我在维也纳大学的讲座上让来自美国的学生读这个纸条上的英文原文，结果9个学生读成600，9个学生读成了GOD，还有4个学生在两者之间摇摆不定。我想得到的结果是，这些解释并不等同，只有其中一个是被需要的：提问者的意思就是"上帝"，并且只从"上帝"出发来理解这个问题（根本没有在这个词上加入任何其他解释）！无论人在寻找具体情况下的意义时多么依赖良心，无论在不确定中（直到最后一口气）他的良心在具体情况下是否有错，他都必须接受这种犯错误的风险，接受它并承认它的人性和有限性。正如戈登·W. 奥尔波特所说："我们在半信半疑的同时可以全身心投入。"[9]

正如人表面上是无所不能的,其自由却是有限的,人的责任也是有限的,他们不是全知全能的,更多的只是必须根据"所知和良心"来做出决定。

良心可以做到的,无非是发现一种境况的独特意义,或者对一种普遍价值说"是"或"否",这似乎导致了一种形态化的理解。我们所说的追求意义的意志,詹姆斯·C.克伦博和伦纳德·T.马霍利克称之为真正的人的能力,在其基础之上,我们不仅在现实中,也在可能性中发现意义的形态。[10]

韦特海默(Wertheimer)曾说过这样一段话:"我们设想一种情况,$7+7=$____ 是一个有空白或缺口的系统。我们可以用各种结果来填补这个缺口。一种结果——14——对应于这种情况,适合这个缺口,它在整体中的功能恰恰是这个系统在结构上的要求。这一结果相对于这种情况是合理的。其他结果,如15,就不适合,它是不正确的。**我们在这里提出了情况的要求这一概念,也就是'必需性'。这种规则的'需求'是客观的。**"[11]

虽然意义总是与独一无二的境况相关联,但除此之外还存在一种与人类状况相关的普遍意义,正是这种广博的意义可能性被称为价值。人类从社会历史进程中沉淀下来的或多或少普世性的价值、道德和伦理原则中体验到的解脱，是以人类陷入冲突为代价的。但实际上，这不是良心冲突的问题——根本不存在这样的冲突，因为良心对一个人所说的话都是一清二楚的。相反，价值内部则具有冲突的特征。与独一无二的、**具体的**境况的意义相反（意义不仅总是个人化的，而且也是"境况化"的，正如我常说的那样），价值根据定义具有**抽象的普遍意义**。因此，它们不仅适用于被置于不可重复的境况中的独特个人，其有效性更能扩展到重复的、典型境况的广泛领域，并且这些领域之间相互重叠。在一些境况下，人们面临着价值选择，他们要在相互矛盾的原则之间做出决定。如果选择不是随意做出的，那么他就又会被抛回到他的良心，依赖于他的良心，只有这样，他才是自由的（但不是随意的），才能做出负责任的决定。当然，在良心面前，他仍然是自由的；但这种自由只能从两种可能性中选择一个：要么听从良心的召唤，要么把它抛到九霄云外。当良心被系统且有条不紊地压制和扼杀时，其结局要么是从众主义，要么是极权主义——到底是什么，取决于个体是被给予还是被强加了被社会夸大的普遍"价值"。

虽说冲突特征存在于价值内部，但这也不是完全确定的，因为价值有效性的领域之间可能的重叠只有通过投射才能显现，或者说通过维度丧失才能实现。只有当我们排除了两个价值在层次高度上的差别时，它们看起来才会重叠，并在这些交叉的区域内相互碰撞——就像从三维空间投影到二维平面上的两个球体，只是看起来相互穿透。

三个价值范畴

我们已经试图对患者经常表达的基本怀疑提出必要的反驳论据，以此掐断虚无主义的苗头。现在，我们有必要使价值世界的财富、价值领域的丰富性完全显现出来。可以说，人不应该总停留在一部分价值的实现上，如果在别处出现了实现价值的可能性，那么他要"灵活"地转向另一些价值。在这方面，生活要求人具有显著的弹性，弹性地适应生活赋予的机会。

我们的一个病人经常抱怨说他的生活没有意义，因为他所做的一切没有更大的价值，但这种情况不是经常发生吗？首先，我们必须告诉他，一个人在职业生涯中所做的事情，最终都是无关紧要的。真正重要的是，他如何工作，他是否完成了岗位所要求的一切。他的行动范围有多大也并不重要；唯一重要的是他是否履行了职责，完成了任务。

一个在工作和家庭中履行具体责任的普通人,他的生命看似"渺小",实际上却比那些不择手段地决定数百万人命运的"伟大的"政治家更"伟大"、更高贵。

除了通过创造来实现的价值——我们称为"创造性价值"——还有一些通过经验实现的价值,即"经验性价值"。当人接受世界,比如沉浸在对自然或艺术之美的热爱中时,经验性价值就会实现。我们不应低估它们赋予人类生命的丰富意义。人类存在中某一时刻的当下意义可以仅仅通过经验来实现,它超越了所有的行动和行为。如果有人对此有所怀疑,那么他可以参考下面的思考实验:想象一个音乐爱好者坐在音乐厅里欣赏着自己最喜欢的交响乐,音乐流淌出来的纯净的美令他为之震颤;如果在这时有人问他生命是否有意义,他一定会回答,活着只是为了体验这欣喜若狂的时刻。[12] **即使只是一个瞬间,也足以衡量生命的伟大**:一座山的高度并不取决于某个山谷,而是由最高的山峰决定。生命的意义同样取决于独一无二的高峰时刻,它将意义赋予了整个生命。一个人经历了阿尔卑斯山的旅行,体验了大自然的壮美辉煌,我们可以问他,在这样的经历之后,他的生命是否还会毫无意义。

我们认为,还有第三类可能的价值范畴。即使没有创造性的成果和丰富的经验，生活仍然被证明是有意义的。因为还有另一个主要的价值，它的实现在于人如何看待生命中的局限。正是因为人降低了对可能性的预期，才打开了一个新的、属于自己的价值领域，这甚至是最高的价值。因此，一个看似如此贫乏的存在——实际上只是在创造性价值和经验性价值方面贫乏——仍然有最后一次，也是最大的实现价值的机会。我们把这种价值称为态度性价值。对于态度性价值来说，人对自己不可改变的命运所持的态度至关重要。当一个人发现自己面临的命运只能自己承担、自己接受时，实现态度性价值的可能性就会出现；他会像背负十字架一样背负命运，勇敢坚强地面对苦难，即使经历衰落和失败也仍旧保持尊严。[13] 一旦我们将态度性价值纳入可能的价值范畴领域，事实证明，人的生存永远不会真正变得毫无意义：人的生命一直保留着它的意义，直到最后一刻——只要人还在呼吸，只要他有意识，他就负有实现价值的责任，即使只是态度性价值。只要他的意识是觉醒的，他就负有责任。直到他存在的最后一刻，他都肩负着实现价值的义务。无论实现价值的可能性多么有限，态度性价值的实现总是可能的。这也表明我们所依据的原则的有效性：人之为人意味着有意识并承担责任。

生活中每时每刻，机遇都会在不同的价值范畴之间转移。生命有时要求我们去实现创造性价值，有时则转向经验性价值。我们必须通过我们的行动去丰富世界，与此同时，我们也必须通过我们的经验丰富自己。时间对我们的要求有时可以通过行动来满足，有时可以通过对体验的投入来实现。人也有让自己愉悦的"义务"。从这个意义上说，一个坐在电车里的人，虽然目睹了壮丽的日落或闻到了盛开的金合欢树的香味，却并没有沉浸在这种自然体验中，而是继续阅读手中的报纸——从某种程度上来说，这就是一种"对义务的遗忘"。

下面，我们来讲述一位患者在其人生最后阶段的故事，可以说，他以统一的顺序，几乎戏剧性地实现了所有三个价值范畴的可能性。这个年轻的小伙子罹患高位脊髓肿瘤，无法手术。瘫痪让他丧失了工作能力，无法从事任何工作，所以他没有机会实现自己的创造性价值。但即使在这种情况下，经验性价值的领域仍然对他开放：他从与其他患者的思想交流中获得了乐趣（与此同时，其他患者也从中获得了勇气和安慰），他专注于阅读好书，但最重要的还是在收音机里收听美妙的音乐。直到有一天，他的身体再也无法承受，他的手部麻痹越发严重，再也拿不动书。现在他的生命经历了第二个转折：之前不得不从创造性价值退到经验性价值，现在他被迫转向态度性价值。他转而成为医院病人的顾问和榜样，我们还能对他的行为作出其他的解释吗？他勇敢地承受着所有痛苦。在他死的前一天——他已经预见到了自己的死亡——他知道值班医生接到指示，一旦自己病危，就及时注射吗啡。那么，这位病人是怎么做的呢？当医生下午出现的时候，病人让他傍晚就打针——这样医生就不用专门因为他的事在夜里被叫醒。

安乐死

扪心自问，我们有权剥夺一个绝症患者"以自己的方式死亡"的机会吗？这样的机会直到人存在的最后一刻都在赋予生命以意义，使生命变得圆满，这不仅仅是实现态度性价值的问题，而是患者（即"受苦者"）如何在痛苦的高潮和结局到来时对待痛苦的问题。死亡事实上是生命的一部分，它使生命成为一个圆满的、有意义的整体。我们在这里所面临的是安乐死的问题，它不仅是死亡辅助，更是一种广泛意义上的仁慈的死亡。严格意义上的安乐死对医生来说从来都不是问题；药物可以缓解死亡过程带来的痛苦，这是不言而喻的。缓解痛苦只是一个技术问题，可能不需要从根本上进行任何讨论。在死亡辅助（即狭义的安乐死)之外,很多地方已多次尝试将毁灭所谓的无价值生命合法化。关于此事必须指出以下几点:首先,医生没有判决某人的生命是否有价值的权力。他只能在需要的时候为病人提供帮助,并在必要的时候减轻病人的痛苦;在可能的情况下治愈病人,并在病人无法治愈时提供照护。患者和他们的亲属如果不相信医生能够认真地履行职责,那么对他的信任就会消失殆尽。病人永远不知道,他身边的医生是救死扶伤的天使,还是杀人的刽子手。

不管是无法治愈的身体疾病还是精神疾病,这种原则性立场都不允许有例外。毕竟,谁都无法预测绝症患者的命运。重要的是,我们绝不能忘记,医生可以在主观上把一种精神病诊断为无法治愈的,但并不能对患者的死活做出客观的判断。有这样一个案例,病人昏迷了整整五年,腿部肌肉萎缩,平时完全靠输营养液维持生命。如果这个病例被展示给医生们,他们中的一部分人肯定会觉得,这样的病人不如一死了之。好吧,未来将给出这个问题的最佳答案。住院期间,这位病人有一天想以正常方式吃一顿普通的饭菜,还想下床走动。他坚持步行练习,慢慢地,消瘦的双腿竟然可以再次支撑身体了。几周后,他出院回家,甚至还在成人大学作报告,讲述他患病前的旅行。最后，他向精神科医生讲述了他生病期间的经历——这让一些当年没有好好照顾他的看护人员深感愧疚，不过让他们没想到的是，多年后这个病人会如此平静地描述所发生的一切。

可能有人会说，精神病患者根本无法顾及自身的利益。因此，医生可以代替病人做出结束其生命的决定，因为如果不是精神错乱阻止病人意识到自己的缺陷，他早就自杀了。对这一问题，我们有完全不同的立场。医生必须根据病人的生存意愿和生存权利来行事，而不是否认他的这种意愿或权利。在这一点上，一位年轻医生的案例非常具有指导意义。他患有黑色素肉瘤，并且自己作出了正确的诊断。他的同事们试图用另一位患者的阴性结果的尿液来欺骗他，而他却晚上潜入实验室，亲自做了化验。随着病情发展，人们担心他会自杀。这位生病的医生是怎么做的呢？他开始越发怀疑他最初那个——正确的——诊断。当病情发生肝脏转移时，他开始认为，这不过是无害的肝病。他就这样不自觉地欺骗自己——出于在生命最后阶段汹涌澎湃的生存意志。我们必须尊重这种生存意愿，绝不能对此视而不见。不要因为任何所谓的思想理论去否认一个人的生命。

还有一个论点也经常被提及，它涉及罹患严重精神疾病的病人，尤其是那些天生智力低下者，这些病人无法从事社会生产，对社会毫无用处，会对人类社会构成经济负担。该怎样看待这一论点呢？实际上，即使是推独轮车的"白痴"也比在养老院中日渐衰弱的老人们更有"生产性"，但如果仅仅因为没有生产性就结束这些老人的生命，即使是那些坚持对集体有用的标准的人也会断然拒绝。因为每个人都必须承认，一个被自己亲人的爱所围绕的人，无论如何对其亲人来说都是无可替代的，这就是他生命的意义所在（即使只是被动的）。正是由于弱小无助，智障儿童往往特别受到父母的疼爱和呵护，这一点并不是所有人都能意识到的。

救死扶伤是医生义无反顾的义务。我们相信，当医生面对一个试图放弃生命、情况岌岌可危的病人时，他绝对不会见死不救。在这种情况下，医生面临的问题是，他是否应该将命运的自由选择权交给自杀者？他是该违背还是尊重自杀者的意志？可以说，在自杀未遂事件中进行治疗干预的医生，都想要改变病人的命运而不是放任其自然发展。所以我们说，如果"命运"有意让那个厌倦了生活的人死去，那么它就会找到某种方法和手段，推迟医疗干预的到来。但只要一个还活着的人被"命运"及时交到了医生的手中,这个医生就必须扮演好医生的角色,在任何情况下他都不应冒充法官,根据自己的意志决定一个人的死活。

自杀

我们在讨论医生作为局外人的可能立场时,就已经触及了自杀的问题,现在我们想从内部阐明这个问题,从厌世者的角度去理解他们的生活,同时考察其动机的内在合理性。

偶尔会有人谈论所谓的权衡式自杀(Bilanz-Selbstmord),即一个人经过一番仔细权衡后做出自杀的决定。这种权衡是一种对获得的快乐的权衡,其出发点必定是负面的,这一点我们在讨论"作为生命意义的快乐"这一问题时已经提过了。因此,这里要讨论的唯一问题是,对生命价值的权衡是否会变得如此消极,以至于继续生活一定会显得毫无价值。我们认为,人们能否客观地权衡生命的价值是值得怀疑的,诸如"完全没有活路"或者"自杀是唯一出路"之类的说法都不可取。不管这些说法背后的信念如何,这些信念都是主观的东西。**在由于处境绝望而企图自杀的众多人中,如果有一个认为自杀不对,如果有一个人找到**

了其他出路，那么所有的自杀企图都是不合理的——因为每个决定自杀的人都怀有一种坚定的主观信念，**没有人能提前知道他的信念是否客观合理，或者是否会被他死后所发生的事件推翻**。将自杀作为一种故意牺牲是合理的，这在理论上也说得通。然而，我们凭经验知道，这种自杀的动机实际上往往源于怨念，或者在这些情况下最终也可以找到摆脱看似无望境况的其他方法。从实践意义上说，自杀是毫无道理的。即使是为了赎罪也不能自杀。因为它不可能使人——在实现态度性价值的意义上——通过自己的苦难成长和成熟，也无法补偿我们对他人造成的痛苦。自杀只能使过去永远定格，却不会消除已经发生的不幸或不公——它只是将自我从世界上消除。

现在让我们转向那些基于病态心理状况的动机。此处我们留下了一个悬而未决的问题：通过足够精确的精神病学研究，是否可以在完全没有精神病理学基础的情况下发现自杀企图？对我们来说，更重要的是，通过内在批评和客观论证，即通过意义疗法的手段向那些厌世的人证明，在任何情况下，自杀都是荒谬的，而生命的意义是无条件的。这里首先应该指出的是，厌世是一种感觉，它绝不是论据。厌世者并没有找到自己想要的东西：问题的解决方案。我们首先必须反复向他们强调，自杀不能解决任何问题。我们要让病人相信，**他们就如同一个面临巨大难题的象棋手，要知道，扔棋子不能解决棋局中的问题。同样，在生活中，我们也不可能通过抛弃生活来解决任何问题。**就像那个棋手不遵守游戏规则一样，选择自杀的人也违反了生活游戏的规则。这些游戏规则并不要求我们不惜一切代价取胜，而是要求我们永不放弃战斗。[14]

我们不能也不必通过消除所有不快乐的原因来劝阻那些决心自杀的人。我们不需要给每个不幸的失恋者提供一个女人，为每个经济困难的人发放薪水。我们必须告诉这些人，他们不仅能够在无法拥有某种东西的情况下继续生活，而且他们可以从中看到很多生活的意义，他们能够克服内心的不快，并在其中逐渐成长，即使遭遇挫折和失败。我们应首先让患者相信生命是有价值和意义的，我们可以引导他们，让他们找到各自生活的目标，或者说，让他们看到摆在自己面前的任务。尼采曾说："有理由活着的人，几乎什么都能忍受。"[15] 事实上，对于生活目标的认识具有显著的心理治疗和心理卫生价值。毫不夸张地说，没有什么比意识到生活中还有目标这件事更能令人振奋，更能让人克服和忍受所有困难了，尤其是当这项任务是为某个人量身定制的，即所谓的使命的时候。这种使命让它的承担者变得不可替代，并赋予他的生命独一无二的价值。尼采的那句话也清楚地表明，当"目标"出现时，生活中的种种不幸的"状况"都会立即消失。不仅如此，在认识到生命的任务性特征的同时，我们可以得出以下结论：越是艰难，生命就越是充满意义。

生命的任务特征

如果我们尽最大可能地帮助病人激活他们的生命，如果我们想把病人从"行为客体"的状态转换到"行为主体"的状态，那么我们不仅要让他们体验到，他们的存在对价值可能性的实现负有责任，也要向他们表明，他们负责完成的任务是一项特别的任务。任务的特殊性是双重的。**任务不仅（根据每个人的独特性）因人而异，而且（根据每个情况的唯一性）每时每刻都在变化**。让我们回忆一下舍勒所说的"境况价值"（并将它与每时每刻适用于每个人的"永恒价值"进行对比）。可以说，这些境况价值一直等待着人们抓住独特的机会去实现它们；如果错过，机会就再也无可挽回，而这些价值就永远无法实现。我们知道，独特性和唯一性是建构人类存在意义的两个基本元素。当代存在主义哲学的功劳在于——与当时的生命哲学中模糊的生命概念相反——它强调人的存在是一种具体的、"本己"的东西。只有在具体的形式中，人的生命才能得到维系。存在主义哲学被称为"呼吁"哲学并非没有道理。对人类独一无二的存在的呈现本身就包含了实现其独一无二的可能性的"呼吁"。

如果我们想从存在主义分析的角度通过意义疗法让病人尽可能地专注于生活，我们只需告诉他，每个人的生活目标都是独一无二的，而通往目标的道路也是独特的。在这条路上，人就像一个在茫茫大雾的夜里摸黑驾驶的飞行员，那条预先规定的路线将他引向最终的目标。同样，在生活中，人们根据自己的情况各自绘制出一条独一无二的道路，并在这条道路上实现自己的可能性。但是，如果一个病人告诉我们，他对生命的意义一无所知，也不了解自己存在的独特可能性，那么我们只能告诉他，首先要找到实际的任务，在独特性和唯一性中将生命的意义向前推进。对于其内在可能性，也就是病人如何从他的存在中解读出自己"应该"朝什么方向努力的问题，没有比歌德的话更贴切的答案了："一个人如何认识自己，从来不是通过观察，而是通过行动。努力履行你的职责，你就会了解自己。那么你的职责是什么呢？那就是满足生活向你提出的要求。"

可能会有这样的人,他们虽然承认生命独特的任务性特征,也决心实现自身具体而独特的境况价值,但依然认为自己的情况是"绝望的"。对于这种情况,首先我们要问:绝望是什么意思?人无法预测自己的未来;人永远无法做到这一点,因为他对未来的了解会立即影响他未来的行为,这些影响取决于他自身或坚持或动摇的态度;但在任何情况下,他都会以不同的方式塑造未来,从而使原来的预测不再正确。只要人不能预言,他就永远无法判断他的未来是否有实现价值的可能性。曾几何时,一名被判处无期徒刑的黑人从马赛乘船前往恶魔岛。他乘坐的船在公海上着火了——那艘沉没的"利维坦"号的故事。这个强壮的犯人挣脱了手铐,挽救了十个人的生命,后来他被赦免了。如果你问马赛码头上的这个黑人,他是否认为他未来的生活有意义,他肯定会摇头。他对生活是否还有期待,是否还有什么美好的时刻在等着他,这一切根本无人知晓。

没有人有权利说自己不行,也就是低估自己的内在可能性。不管这样的人对自己有多绝望,不管他如何通过忧郁的自我折磨来审判自己,光凭这个事实,他就无可厚非。就像在抱怨所有认识(也包括所有价值评判)的相对性和主观性时实际上已经预设了客观性，一个人的自我谴责已经预设了一种人格理想、一种"应然"的人格存在。因此，这个人已经意识到了一种价值，因此他参与了价值世界；当他将理想的标准应用到自己身上的那一刻，他就不再是完全一文不值的。因为他已经达到了一种拯救自己的层次；通过对自身的超越，他进入了一种精神境界，成为一个精神世界的公民，这一世界的价值铭刻在他的心中。"如果我们的眼睛不是明亮的，就永远也看不到阳光。"这句话体现了对人性的怀疑与绝望。有人说，"人是坏的"，彻头彻尾地坏。[16] 然而，任何人都不应被这种厌世心理所蒙蔽。有人断言"所有人最终都只是利己主义者"，偶尔的利他主义实际上也是利己主义，因为表面上的利他主义者只是想摆脱自己的同情心。对此我们这样来回应：首先，消除怜悯情绪不是目的，而是结果；其次，它们的出现已经以真正的利他主义为前提。我们还可以继续回应，我们所说的个体生命的意义也适用于整个人类，历史的高度和山峰的高度类似，都由最高点来决定。通过模范榜样，通过我们真正爱的这个或那个具体的人，人类作为一个整体被证明是伟大的。如果最后有人指出，人类永恒的伟大理想到处被滥用，被用作达到政治、商业、个人情欲或私人虚荣等目的的手段，那么我们可以回答：这一切只能证明这些理想的普遍约束力和不朽的力量，因为必须给某些东西披上道德的外衣才能使其产生效力，最终只能证明道德是有效的，这意味着它能够对自身有道德的人产生影响。

所以，从根本上说，一个人在生命中必须完成的任务永远存在，绝不会无法实现。因此，一般而言，存在主义分析的关键是让每个人都体验到完成任务的责任感；一个人越是理解生命的任务性特征，他的人生就越有意义。没有意识到自己责任的人只是将生命视为一个纯粹的事件，而存在主义分析教会我们从任务的角度看待生命。但是我们要注意一点：有些人走得更远，可以说是在另一个维度中体验生活。对他们来说，任务是达成某种目标的途径。他们知晓自己的任务从谁那里来，又由谁来设置。他们将任务视为一项委托。然后，生命就以透明的方式出现在一个超验的委托人面前。在我们看来，这勾勒出了人类宗教的基本特征；作为一个人，他的意识与责任是伴随着委托者的生命委托一起产生的。[17]

我们已经将人的存在视为一种责任。这种责任始终是实现价值的责任。我们已经提到过这些价值，包括一次性的"境况价值"（舍勒）。实现价值的机会因此获得了具体的特征，它们不仅取决于特定的境况，还与个人相关。由于自己和仅为自己所拥有的可能性，每个人与每个独特的历史境况所提供的可能性一样特殊。

从存在主义分析的角度来看，对每个人都有约束力的、普遍有效的生命任务似乎是不存在的。从这个角度来谈论关于生命任务和生命意义的问题是毫无意义的。这听起来像一位记者采访世界象棋冠军的问题："现在您说吧，亲爱的冠军先生，最好的棋局布阵是什么样的？"实际上，这个问题根本不具有普遍性，只能视具体情况（和人）来回答。如果那个世界象棋冠军认真对待这个问题，他肯定会回答："一个棋手应该按照他的能力和对手允许的方式尝试摆出最好的阵法。"这里需要强调两点：第一，"根据他的能力"，这意味着要将内部情况，也就是人的天资考虑在内；第二，应该考虑到棋手只能在具体的游戏情况下"尝试"摆出最好的、适合特定棋子位置的阵法。因为如果从一开始就打算摆出最好的阵法，棋手就会一直深陷怀疑和自我批评的困扰之中，导致超时，最终放弃比赛。这种情况像极了面对生命意义问题的人。如果这个问题有意义的话，那么，他也只能根据特定的境况和自己特定的人格来回答这个问题；此外，如果他下定决心，一定要做到绝对最好，而不是一直"尝试"去做，那将是错误和病态的。他必须做最好的打算，否则好事根本不会发生；但与此同时，他也必须做好无法达到预期目标的心理准备。

如果我们现在绕过前面所说的一切关于生命意义的问题，我们就会对这个问题本身进行彻底的批判。关于生命意义的问题本身是没有意义的，因为如果它只是含糊地表示"生命"而不是具体的"我的"存在的话，这种提法就是错误的。如果我们重新回到世界经验的原始结构中，那么生命意义的问题必将被视为**一种哥白尼式的转折**：向人提出问题的是生命本身。人不必提问，他是被生命提问的**人，他必须回答生命——对生命负责**。但人给出的答案只能是针对具体"生命问题"的具体回答。他们在此在的责任中作出了自己的回答，在生存过程中，人"完成"了对他自身问题的回答。

发展心理学也表明，与"赋予意义"相比，"发现意义"处于更高的发展水平（夏洛特·比勒）。上文试图从意义上"研究"的东西与心理学的发展完全对应：答案在问题面前拥有看似矛盾的优先权。答案基于已经被提问的人的自我体验。相同的本能——正如我们所看到的——引导人完成最本己的生命任务，也引导他们回答生命中的问题，为自己的生命负责。这种本能就是良心。良心有它的"声音",它对我们"说话"——这是一个不可否认的惊人的事实。良心说的话就是答案。心理学认为,宗教信徒除了能听到说话内容,还能感知说话的人,他比非宗教人士的听觉更敏感:在与他的良心的对话中——在这个最亲密的独白中——上帝是他的伙伴。[18]

稳态原则与存在动力学

从实践角度讲,意义疗法的意图在于让存在与逻各斯(意义)对抗。从理论角度讲,意义疗法的目的在于通过逻各斯发现存在的动机。

在这里异议是显而易见的:通过存在与逻各斯的交锋,人被纳入了意义和价值世界之中,在这一过程中,人的负担就会过重。较之以前,这样的事情在今天更没有担心的必要。此外,这种担心在一开始就是错误的,因为它们仍然坚持自贝塔朗菲[19]以来已经过时的稳态原则。在神经病学和精神病学领域,库尔特·戈尔德施泰因[20]证明,精神分析和心理动力学假设所依据的"减少紧张"原则,实际上是一个显而易见的病理学原则:通常情况下,人们更愿意承受紧张或使自己与价值保持一致,而不会不惜一切代价地避免它。

我们认为,站在"存在"与"应该"的张力场的两极之上,面对意义和价值,服从它们的要求,这是人类存在的基本特征。逃避这种要求是神经症的一个标志,就此而言,心理治疗必须尽可能地对抗这种典型的神经症式的"逃避",而不是由于过度害怕体内平衡紊乱而试图让病人远离任何紧张,尽量避免他与意义和价值的对抗。

意义疗法在"存在"与"应该"的张力场中建立的动力学与所有心理动力学相反,被称为心灵动力学(Noodynamik)。它与前者的不同之处主要在于加入了一种自由的元素:当我被欲望驱使时,我就被价值吸引,也就是说,我可以对价值的要求说是或否,我可以做这样或那样的决定。自由的态度不仅适用于生物学、心理学或社会学条件下的表面上的强迫,而且适用于价值实现。

来自心灵动力学的紧张越是减少,人就会越发受到威胁,越发处于危险之中。受卡尔·罗杰斯(Carl Rogers)的研究成果的启发,奥尔波特指出:"在自我和理想自我之间,在当下的存在和愿望之间,总是存在着健康的鸿沟,而过高的满意度则暗示了一种病态。"[21] 他声称,真实自我形象和理想自我形象之间的正常相关性是通过一个 0.58 的系数来标识的。

因此，美国人——我仅限于引用西奥多·A.科琴[22]的话——在意义疗法的统计研究的基础上，将人的意义取向视为衡量心理健康的尺度，这种做法是完全可以理解的。

在美国，心理学有两种主导潮流：一种是机械主义，另一种是人本主义。前者以稳态原则为基础，后者则受到自我实现（戈尔德施泰因、霍妮和马斯洛）思想的影响。

戈登·W.奥尔波特指出，动机一般被视为通过稳态平衡缓解紧张状态的一种尝试，与努力（Streben）的本质无关。[23]事实上，弗洛伊德指出这种"心理装置"的"意图"在于"应对和解决从外部和内部接近它的刺激和兴奋"。[24]荣格的原型是稳态的：人总是致力于追求实现原型预先设定的可能性，然而，这种努力的意图是应对没有表现出的原型的刺痛或报复，并避免由它们引起的紧张。

夏洛特·比勒说得对："从弗洛伊德最早提出的快乐原则到当代最新版本的压力缓解和稳态原则，整个生命中所有活动的最终目标都是恢复个体中的平衡。"[25]同时，比勒也批评了弗洛伊德关于适应过程的观点，即"在寻求适应的平衡过程中，人会消极地看待现实"，而事实上，"富于创造性的人却将他的产品和作品置于积极构想的现实中"。[26]现实原则服务于现实，也服务于快乐原则，它只是对快乐原则进行了简单的"修正","本质上也以获得快乐为目的"。[27] 我们如果再仔细观察,就会发现快乐原则本身也只是一种修正,因为它服务于更高的原则,即稳态原则,也就是倾向于保持或恢复尽可能低的张力水平。

就像精神分析中的快乐意志以快乐原则的形式出现一样,权力意志也被个体心理学以所谓的"争取认可"(Geltungsstrebens)的形式提出来。不过,阿德勒的"争取认可"不再是一种驱动性的东西,一种可以与弗洛伊德的性欲并称的攻击性,而是一种从人的"行为中心"(舍勒)发出的意志。

在由快乐原则支配的"心理装置"的封闭系统中,没有任何地方可以容纳我们所谓的"意义意志",这种意志组织并引导人走向世界。我们绝不能从唯意志论的角度误解这一概念。我们说的是"意义意志"而不是"意义本能",这绝不意味着我们崇拜唯意志论;在这条道路上,(最初)直接的意义意图,也就是对于人来说,自始至终都在追求**意义而不是别的什么东西**,这一事实不应当被忽视。如果它真的是一种本能的话,人类只有实现意义才能摆脱本能的刺痛,恢复平衡。然而,到那时,人类不再会为意义本身而行动,动机理论再次推出了稳态原则。

在欧洲对意义疗法的批评仍然沉迷于诸如"呼吁意志"之类的嘲弄言论之时,美国精神病学界早已将饱受诟病的意志恢复到其应有的地位。纽约著名的存在主义心理学家罗洛·梅认为精神分析迎合了患者的被动倾向,导致他们不再将自己视为一个能动的决策者,不认为自己可以对自己的困境负责。梅还指出:"存在主义的方法将决定和意志重新置于中心位置。"他还引用了《圣经·诗篇》:"匠人弃而不用的废石,反而成了屋角的基石。"[28] 美国佐治亚州哥伦布的布拉德利中心的主任詹姆斯·C.克伦博和伦纳德·T.马霍利克在发表于《存在主义精神病学杂志》上的文章中指出,他们的实验结果证实了我们关于"意义意志"存在的假设。

意义意志的概念绝不能被误解为对意志的呼吁。信仰、爱、希望是不能被操纵和捏造的。没有人可以对它们发号施令。它们甚至逃避自己的意志。我不想要去信仰,我不想要去爱,我不想要去希望——尤其是我不想要"想要"。所以要求一个人"想要一种意义"是无用的。相反,唤起"意义意志"更意味着让意义本身发光——并把它留给想要它的意志。

夏洛特·比勒将欲望满足理论与自我实现理论进行了

对比,总结如下:"目前,关于生命的基本趋势,主要有两种理论对心理治疗来说是合适的。一种是精神分析理论,根据这一理论,恢复稳态平衡是生命的唯一基本趋势。关于生命基本趋势的第二种理论是将自我实现作为人生终极目标的学说。"[29] 人实现了意义,只有在这个意义上,他才算实现了自己:当意义实现时,自我实现就会作为结果,而不是作为目的自然产生。只有超越自己的存在才能获得自我实现,而带有意图的自我实现注定只有失败。自我实现属于人的本质,无论是对某事、某人、某种思想还是某个人来说。[30] 现在比勒的评价恰如其分:"自我实现原则的实质是对潜在可能性的追求。"事实上,所有的自我实现最终都是实现自己的可能性。试问,一切教导人类的教义背后的东西是什么?人应该尝试活出他内在的可能性,或者表达自己的想法。我认为,这背后隐藏的动机是减少"存在"与"应该"的分裂所造成的张力。我们不妨这么说,是现实与那些尚未实现的理想之间的张力关系;或者说是**生存与本质**、**存在与意义之间**的张力。事实上,这一说法意味着人不必关心理想和价值,因为它们只不过是自己的表达,因此他完全可以把自己局限在实现自我和实现可能性之上——这样的说法传递了一个好消息,因为通过这种方式，人知道，他甚至不再需要去实现意义或价值，因为所有的一切早已井然有序地摆在那里，至少以那种需要实现的可能性的形式。"人将成为他应该所是。"品达（Pindar）的这一命令式被剥夺了命令式的特征，变成了一个指示性命题：无论人应当变成什么，他一直都已经是其所是。这就是为什么他不需要担心任何理想，打个比方，他不需要将天上的星星带到地球上，因为地球本身就是一颗星星。

那些对自己的伪道德感到不安的小市民们应当就此松了一口气！但我们知道，"存在"与"应该"之间的张力不可逆转地植根于人性当中。"存在"与"应该"之间的张力是人类存在的重要组成部分。这就是为什么它也是心理健康不可或缺的条件。在美国进行的测试表明，意义取向（意义治疗的基本概念）甚至代表了心理健康的最优秀标准。

但在更深的意义上，存在与应该、存在与意义之间的断裂对于所有人类存在来说都是至关重要的。存在和本质不是重合一致的；相反，意义必须始终先于存在——只有这样，意义才能成为它自己的意义：成为**存在的先锋**！相反，假使存在没有超越自身，它就会在自身中崩溃。

正如《圣经》所说：在以色列人穿越沙漠的迁徙过程

中，上帝化作云彩引领他的子民。我们这样解释这句话也不是不合理：（终极）意义（我更喜欢说"超意义"这个词）引领存在，后者跟随前者，前者带动后者。但是我们自问，如果上帝的光芒没有在前方引领以色列人，而是留在这人民中间，那会发生什么？很明显，云彩永远无法带领以色列穿过沙漠到达目的地，到达他们的应许之地，云彩会遮蔽一切，没有人能找到路，以色列人会误入歧途。

一旦我们看到了这种存在的动力，就可以很好地区分两种类型的人，我想称他们为开路先锋（pacemakers）与平和缔造者（peacemakers）。开路先锋让我们面对价值和意义，他们将意义与价值提供给我们的意义意志。而平和缔造者则试图减轻我们每次与意义对抗的负担。

例如，摩西就是这种意义上的开路先锋：他不寻求安抚人民的良心，相反，他挑战良心。当他从西奈山下山时，他给民众带来了"十诫"，既不让他们与理想对抗，也不让他们知晓惨淡的现实。

然后平和缔造者来了，他致力于制造内在平衡，这种平衡不能被打乱，为此可以不惜一切代价，甚至将整个世界都蜕变为手段：哪怕只是满足本能、自我实现、满足需求、安抚超我或发展原型的手段。无论哪种方式，人都会与自己和解——人会变得"平衡"。唯一重要的是事实。事实是，极少数人最接近理想——那么，我们为什么要去关注这些人？我们为什么要与普通人不同？我们为什么要变得理想化——我们还是正常一点吧！现在我们明白了金赛（Kinsey）为何应该被叫作平和缔造者了。

比勒认为，健康有机体的功能似乎有赖于紧张发泄与紧张维持两种倾向的交替。[31] 试问，这种本体发育的节奏是否也类似于系统发育？叔本华不也提到过在社会和历史层面上那种痛苦和无聊交替主导的局面吗？痛苦阶段和无聊阶段并不像在"健康有机体"中那样并列存在，而是交替出现。事实上，我们甚至敢断言，在"稳态"时期（就好像在"富裕社会"中），人们会**自愿**接受相互抵消的痛苦。格伦也认为，"从人类学的角度来看，痛苦的压力可能非常重要"。他说："如果人们能想象出一条出路的话，那只能是禁欲主义了。"然而，当他提出"基督教的几乎所有元素都**没有**将禁欲主义世俗化"[32] 时，我们就不敢苟同了，因为在我们看来，体育承担起了这一责任，它帮助有机体缓解周期性压力并在健康的时候帮助人们应对人为和短暂的紧急情况。

比目前的动机理论更令人怀疑的是其实际应用，我们说的是心理卫生领域。这种应用似乎一开始就失败了，因为它基于一种不让人们产生任何紧张的错误原则，总之，它是在向稳态原则以及"涅槃原则"（西格蒙德·弗洛伊德）致敬。然而，**人真正需要**的不是一种完全没有紧张的状态，而是一种**一定程度的、健康的**紧张——由要求和意义所引发的一定剂量的紧张。

然而，**富裕社会**里不存在足够的紧张，所以与古人相比，现代人的生活中少了很多困难和紧张，以至于人们最终忘记了如何应对。今天的人对挫折的忍受度明显降低了，他已经忘记了如何摆脱困境。正因如此，人们才开始制造自己所需要的紧张。他通过对自己提出要求来达到这一点：他不断地向自己索要"功绩"，首先是放弃某些东西的"功绩"，他开始自愿否定自己的东西——人为地、故意地制造困难的境况。在一个富裕社会中，他开始建立一座"禁欲之岛"。而这正是我看到的体育的功能所在：它是现代的、世俗的禁欲主义。

正如美国的教授们所抱怨的那样，今天的学生们的特点就是极度冷漠："从加利福尼亚到新英格兰的几乎每个校园，学生的冷漠都是一个话题。这是我们与教职员工以及学生讨论时最常提到的一个主题。"[33]

美国教授们崇尚自由理想；但他们所指的自由是消极的，需要一种积极的理念，即责任的理念来补充。美国东海岸有一座自由女神像，何时能在西海岸建立一座责任女神像呢？[34]

在美国，精神分析学家们抱怨他们正在应对一种新型的神经症，其最显著的特点是**缺乏主动性和兴趣**。

很显然，人无法长期忍受心理学意义上绝对的**无忧状态**，就如同无法忍受物理意义上的绝对**失重**一样。人不能存在于**无意义**的空间中，就像不能生活在**真空**中一样。

众所周知，完全剥夺感觉会引发感官错乱，正如在为太空旅行做准备的实验中所发生的那样。然而，耶鲁大学和哈佛大学的研究发现，"产生感觉剥夺效应的并不是感觉刺激本身的缺失，而是**有意义的**刺激的缺失"。最后，研究者得出结论，大脑需要的是意义。事实证明，人类对意义的基本需求是其存在的生物学基础。从生理层面的投射再回到具体的人类现象空间，**意义疗法的主旨**如同一首赋格曲，在精神与意义之间架起了一座桥梁：精神需要意义，而心灵性神经症需要意义治疗。

在心灵性神经症之外，不仅有心因性神经症，还有我所描述的体源性假性神经症。在这里我要提一下广场恐惧症，其背后是甲状腺功能亢进症；幽闭恐惧症的背后是潜在的四肢麻痹症；人格解体症状或心理动力综合征的背后是肾上腺功能不全症。因此，根本谈不上**意义疗法在理论上是唯灵论的，在实践上是道德论的**。心身医学也是如此。事实上，在整个生命过程中，身体疾病并不总是具有同样的意义，心身医学慷慨地赋予疾病对精神灵魂的表达价值。人的身体绝不是其精神状况的真实反映——这种说法可能仅适用于那些"被美化"了的身体；"衰败"之人的身体，就如同一面破碎的、扭曲的镜子。当然，每一种疾病都有它的"意义"；但疾病的真正意义并不在于生病本身，而是在于如何忍受痛苦，在于患者处理疾病的态度。

意义疗法在实践中是道德的吗？简单来说不是，因为医生无法开出"意义"处方。医生无法赋予患者生命以意义。归根结底，意义根本无法被赋予，而必须被找到。患者必须独立找到它。意义疗法不判断有意义和无意义、有价值和无价值；那不是意义疗法，而是那条蛇，它在天堂向人们许诺，它将使他们成为"像上帝一样，知道善恶的人"。

死亡的意义

当我们试图给出生命的意义这个最人性化的问题的答案时，这个问题随即指向人自身，人被认为是被生命质询的人和对自己的生命负责的人。一个最基本的事实是，人的存在是一种负责任的存在。在存在主义分析中，责任被证明与具体的个人和境况相关，并随着这种具体性的发展而发展。如上文所述，责任随个人的独特性和境况的唯一性的变化而变化。独特性和唯一性构成了人类生命的意义。这两个存在的基本要素也展现了人的有限性。因此，它也必须代表某种赋予人类存在意义而不是剥夺其意义的东西。这一点我们现在必须进行解释，并且首先要回答以下问题：人在时间上的有限性、他的生命的时间有限性——死亡这一事实——是否能让生命变得毫无意义？

我们常常被告知，死亡质疑了整个生命的意义，一切最终都毫无意义，因为死亡最终都要摧毁它们。死亡真的会破坏生命的意义吗？正相反。如果我们的生命在时间上不是有限的，而是无限的，会发生什么？如果我们是不朽的，那么我们可以理所当然地无限期地推迟每一个行动，现在做这件事不再至关重要，还不如等到明天、后天、一年后、十年后再完成。但事实上，在死亡面前，我们的未来不可逾越，我们的可能性极为有限，我们被迫充分利用生命的时间。不要忽视一去不复返的机会——它们"有限"的总和代表着整个人生。

有限性和时间性不仅是人的生命的基本特征,对其意义来说也具有决定性作用。人存在的意义是基于其不可逆转的特性。因此,一个人在生命中的责任只有作为在时间性和独特性方面的责任时才能被理解。如果我们想在存在主义分析的意义上让病人意识到他们的责任,如果我们真的想让他们意识到他们的责任,那么我们必须尝试通过比喻来想象生命的历史性特征,进而想象人的责任。我们可以建议就诊病人想象他在晚年时翻阅着自己的传记,正好翻开了关于当前人生阶段的这一章;如果奇迹出现的话,他能够有机会决定下一章的内容,并且有能力对他未书写的、内在的生活故事中的决定性章节进行修正。我们完全可以用以下命令式来表达存在主义分析的原则:**要像仿佛获得第二次生命那样去生活,而第一次生命中所有的一切都是错误的**。如果病人能成功地接受这种想象,那么他就会马上意识到他在生命的每一刻所承担的全部责任:今后要成为什么样的人以及如何塑造自己的未来。

或者我们可以指导病人将他的生活想象成一部被"拍摄",但不允许被"剪辑"的电影,也就是说任何事情一旦被"拍摄",就无法撤销。这样的话,总有一天,病人会理解生命的不可逆转性和存在的历史性。

起初,生命还是物质的,未被使用,然而随着时间的流逝,物质性逐渐转化为一种功能,到最后,它只包括它的承载者(即每个人)、他的所有行为、经历和痛苦。人的生命让我们想起"寿命"有限的镭,随着原子的分解,物质越来越多地转化为能量辐射出去,永远不会返回,也永远不会再变回物质。原子衰变的过程是不可逆的、"定向的"。在镭那里,原本的物质性逐渐消失了。这种状态与生命类似,在生命的发展过程中,原始的物质特征逐渐退去,直到变成纯粹的形式。人就像雕塑家,用凿子和锤子加工未成形的石头,使材料呈现出越来越多的形式。人对命运赋予他的材料进行加工:时而创造,时而体验,时而受苦,他试图从自己的生活中"凿出"价值,尽他所能凿出创造性价值、经验性价值或态度性价值。我们也可以将时间元素引入雕塑家的比喻中;只需想象,雕塑家被给予有限的时间来完成他的艺术作品,但没有被告知必须交付作品的日期。所以他永远不知道自己什么时候会被"解雇"。但无论如何,他被迫利用这段时间——冒着无法完成作品的风险。但作品并不会仅仅因为没有完成而变得一文不值。生命的"片断性格"(齐美尔)并不减损生命的意义。**我们永远无法从生命的长度中发掘意义**。毕竟,我们评判一本传记，依据的不是它的"长度"、书的页数，而是其内容的丰富性。一个英年早逝之人波澜壮阔的生命历程，当然比任何长寿的市侩的存在更有内涵和意义。就像那些"未完成的乐章"，它们都是最美丽的交响乐！

人的生命就像一场毕业考试，完成工作并不是最重要的，重要的是完成的质量。正如应试者必须知晓，钟声响起就意味着考试结束，活着的人也要做好随时被"叫走"的准备。

人应该——在时间和有限性中——完成某事，即意识到有限性并有意识地接受结束。这种态度不必是英雄主义的；它更多地在普通人的日常行为中展现。比如，电影观众可能坚持认为一部电影必定会有一个结局，不一定非得是一个大团圆的结局。普通人需要电影或戏剧之类的东西，这一事实已经证明了历史性的意义：如果人们不是为了一个解释的过程，即随着时间的推移历史地呈现出的内容，那么他还不如让人简短地讲述"故事的寓意"，而不是坐在剧院或电影院几个小时。

因此，根本没有必要以某种方式将死亡从生命中消除，它只是生命的一部分！我们也根本不可能去"克服"它，就像人类想当然地认为，通过繁衍能够实现"永生"一样。

生命的意义在于延续这种说法是完全错误的，它很容易导向荒谬。首先，我们的生命不能无限延续：氏族最终都会消亡，总有一天整个人类也必然灭亡，即使只是在"地球"发生宇宙灾难的背景下。如果有限的生命没有意义，那么末日何时到来，它是否可以预见，都无关紧要。任何对这个时间点的无关紧要性视而不见的人，就像下面这位女士一样，她在听到一位天文学家预言世界末日时吓得后退，但一想到这一天"10亿年后"才到来，她又松了一口气说："我开始还以为是一百万年以后呢。"**如果生命有意义，那么无论长短，无论是否繁衍，它都会有意义。如果生命没有意义，那么无论它持续多长时间，甚至可以无限延续，都没有任何意义。**如果一个女人的生命仅仅因为没有孩子就变得没有意义，那意味着她只为自己的孩子而活，她存在的唯一意义在于诞生下一代。这样的话，只会将问题推给下一代。每一代人都会把未解决的问题推给下一代。除了养育下一代，这一代人的生命意义何在？使无意义的东西延续，这本身就是无意义的。**本身没有意义的东西不会轻而易举地通过延续来变得有意义。**

即使火炬已经熄灭，曾经的光芒也没有失去意义；但是在火炬传递中传递一个没有燃烧的火炬是没有任何意义的，即使它是一个永不停息（无限）的传递行为。维尔德甘斯说，"应该发光的东西必须忍受燃烧"，这可能意味着它会受苦。但我们也可以说，它必须忍受这种消耗，"彻底地"燃烧。

因此，我们遇到了这样一个悖论：一个生命，如果它唯一的意义就是繁衍，那么它本身当然就和繁衍一样毫无意义。相反，当且仅当生命展现出某种意义时，生命的繁衍才具有意义。那些把做母亲看作女人生命的唯一和最终意义的人，实际上不是在剥夺无子女的女人的生命意义，而是在剥夺母亲的生命。重要人物的存在不会因为没有后代而变得毫无意义。重要的是，他的存在让整个家族获得了至高无上的意义。所有这些让我们再次看到，**生命本身永远不是目的，繁衍永远不是它的意义**；相反，它只从别处，从非生物性的关联中获得意义。这些关联代表了一个超越性的时刻。生命不是在"长度"上，在繁衍的意义上超越自身，而是在追寻某种意义的"高度"上超越自身。

集体与大众

与人的存在——在时间上，在连续性上——的唯一性相对应的，是每个人的独特性。就像死亡作为一种暂时的、外在的限制并没有使生命变得毫无意义，反而构成了生命的意义，人的内在限制也只是赋予他生命的意义。**如果所有人都是完美的、平等的，那么每个人都可以被任何人所取代。** 人的不可或缺性和不可替换性正是源于其不完美性。虽然个体是不完美的，但每个人的生命都有自己的方式。个人不是全能的，而是有缺陷的，因此也是独一无二的。

这里我们想使用一个生物模型来进行解释：众所周知，单细胞生物为发展成多细胞生物牺牲了自身的"不朽性"和万能性。这些细胞也因此获得了特异性。比如，任何其他类型的细胞都无法替代高度分化的视网膜细胞的功能。可以说，分工原则剥夺了细胞功能的多样性，但正是这种单一的功能，使其对有机体具有相对的不可替代性。

在马赛克中，每一个颗粒、每一块石头，在形状和颜色上都是不完整的，从而也是不完美的。只有从整体上看，它们才有意义。如果每块单独的石头——有点像缩影——都是整体，那么它将可以被任何其他石头取代。就像水晶一样，它的形式可能在某种程度上是完美的，但正因为如此，它可以被其他所有相同的晶体形式所取代：毕竟，八面体都是一样的。

一个人越是与众不同，他就越不符合规范——无论是在平均意义上还是在理想意义上；他以这种规范或理想为代价换来了自己的个性。然而，这种个性、这种人格的意义总是与集体（Gemeinschaft）相关。正如唯一性赋予一小块马赛克相对于整体的价值一样，一个人的所有人格独特性的意义也完全存在于更高层次的整体当中。因此，个人存在的意义、作为人格的人的意义超越了自身的界限，指向了集体；在这一过程中，个体的意义超越了自身。

在超越了情绪化的人类社会性的"现状"事件之后，集体在对其自身的放弃中显现出来。基于心理学及生物学事实，人是一种"社会动物"变成了一个伦理假设。个体需要集体才会变得有意义；反过来，集体的意义也需要个体的存在。正是这一点使得它与纯粹的大众（Masse）区分开来。因为大众不容忍个性，更不用说让个体的存在在其中找到意义。如果将个人与集体的关系比作一小块马赛克与整个马赛克的关系，那么个人与大众的关系就等同于标准化的铺路石与整齐划一的灰色路面的关系。每一块切割得完全相同的石头，都可以被任何其他石头所替代；它对整体不再具有任何质的意义——这个整体实际上也并不是一个整体，而只是一大块东西；单调的路面也不具有马赛克的审美价值，只有实用价值——就像大众只知道像工具一样使用人，而不关心人的价值和尊严。个性的意义只有在集体中才得以实现。

在这方面，个人的价值取决于集体。集体本身的意义离不开构成它的个体。而在大众中，个人的意义、独特存在的意义已经消失而且必须消失，因为在大众中，任何独特性都会产生破坏性的影响。个体成就了集体，集体也成就了个体。而大众的"意义"则为个体的个性所扰乱，[35]个体的意义消失在大众中（而它却出现在集体中）。

我们说，每个人的独特性和所有生命的唯一性构成了存在的意义；但它必须与单纯的数值上的单个性区分开来。任何数值上的单个性本身都是毫无价值的。**每个人都可以通过指纹与所有其他人区分开来，然而这一事实并不能使他成为一个独特的人。**人们谈论独特性构成人类存在的意义时，指的并不是这种"指纹鉴定"意义上的独特性。与黑格尔的"好无限"和"坏无限"类似，我们可以说好的独特性和坏的独特性。"好的独特性"将指向一个集体，在其中人类具有独特的价值意义。

在我们看来，人类存在的独特性是基于本体论的。毕竟，人格存在代表了一种特殊的存在形式。例如，一座房子由楼层组成，而楼层则由房间组成。因此，我们可以将房子理解为楼层的累加，而房间则是楼层的分解。因此，我们可以或多或少任意地划定存在的界限，任意地划定存在者，并从存在的整体中进行挑选。只有人格，也就是人格存在，才能摆脱这种任意性；人格是自成一体的，是为自己而存在的东西——既不可分割也不可累加。

现在我们可以将人在存在中的优先地位，将人的存在方式作为一种特殊的存在方式精确地表达出来，借助最初的命题"存在 = 他者性存在"来设置这个定理：人格存在（人的存在，生存）也是绝对的他者性存在。[36] 因为每个人的本质和有价值的独特性就表现在他与所有其他人不同。

人的存在不可能在不失去人的尊严的情况下被组合成某种更高层次的复杂存在。我们在大众中最清楚地看到了这一点。尽管大众是有效的，并且在这个意义上是"真实的"，但它永远不会对自身起作用。**社会学法则并不是超越个体的头脑，而恰恰是通过个体的头脑起作用。只有在大众心理学的概率计算起作用，当平均类型在心理学上是可以预测的时候，它们才会起作用。**然而，这种平均类型只是虚构而不是真实的人——他不可能成为真实的人，因为他是可以预测的。

遁入芸芸大众之中，人就失去了对他来说最重要的东西：责任。但通过献身于他被安置在其中或出生在其中的集体为他设定的任务，人又获得了额外的责任。遁入大众之中就是逃离个体责任。只要有人假装自己只是整体的一部分，只有这个整体才是真正的东西，他就可以有一种感觉，认为自己已经摆脱了责任的负担。这种逃避责任的倾向是所有集体主义的动机。**真正的集体本质上是肩负责任的人的集合，而大众只是非人格化的存在的总和。**

在对人的评价中，集体主义导致了这样一个事实：它不注重作为个体的承担责任的人，只看重类型，不注重独特的责任，只注重人与某一类型的关联。不负责任不仅发生在评估对象身上，也发生在主体身上。归根结底，根据类型来评判人意味着一种解脱，因为这部分地免除了他对判断所承担的责任。如果我们将一个人评价为一种类型，那么我们甚至不必与他的个别情况打交道，这非常方便。我们根据出场品牌或设计类型就能评估一台发动机。我们通过汽车的类型就知道它的性能。我们通过打字机的品牌就知道它的品质。我们甚至可以以此来评判犬种：我们都了解贵宾犬的某些爱好和性格特征，而猎犬又有完全不同的其他特征。但是这些在人身上不适用。只有人不是由他所属的类型特征所决定的，也无法从类型中推算出来；这种推算永远不会除尽——总会有余数。这个余数就是人从类型强加的条件中退出的自由。人只有在具有反对某种类型束缚的自由时才能成为道德评判的对象。因为只有在那里才有他的存在——负责任的存在,只有那时,人才"是"真正的人,或者说,只有那时,人才是"真正"的人。**一台机器越标准化越好,但一个人越是标准化——越是被他的(种族、阶级或性格)类型束缚,越是符合平均规范——就越是背离伦理规范。**

在道德领域,集体主义对人的评判或谴责导致了一种"集体承担责任"的结局。他们对不是他们负责的事情负责,以此企图逃避判断的责任。无论如何,以笼统的方式评估或贬低整个"种族",要比按照属于正派的"种族"或不正派的"种族"的道德标准来评判单独个体简单得多。

自由与责任

人的责任以及对责任的意识,对存在主义分析来说至关重要,这是一种基于存在的独特性和唯一性的责任;人的存在是一种在有限性下的责任。生命在时间层面上的有限性并不会让它变得毫无意义;相反,我们已经看到,正是死亡让生命变得更有意义。我们说过,每种境况的唯一性都属于生命唯一性的一部分;同样,每个人命运的独特性也属于生命独特性的一部分。命运——与死亡类似——

本来就是生命的一部分。人无法走出其具体的、独特的命运空间。如果他埋怨自己的命运，埋怨那些他无能为力、无法承担任何责任的东西，那么他就忽略了命运的意义。命运是有意义的——与死亡一样，命运赋予生命以意义。在专属于他的命运空间中，每个人都是不可替代的。这种不可替代性构成了人塑造自己命运的责任。命运掌握在人自己手中。独特的命运让人成为宇宙中独一无二的存在。他的命运不会重演。没有人会拥有同他一模一样的可能性，而可能性对他自己来说也是独一无二的，错过就不会再拥有。那些生命中的创造性价值或经验性价值，以及那些实际上命中注定遇到的东西——那些无法改变的东西，人必须承担其态度性价值——都是独一无二的。

假设有人问：如果不是亲生父亲而是别人生下了自己，那他会变成什么样子？这是一个显而易见的反抗命运的悖论；这个人忘记了，如果那样的话，他就不会成为"他"，命运的承载者将会完全是另一个人，而"他的"命运也就无从谈起了。因此，关于另一种命运可能性的问题本身就是不可能、充满矛盾和毫无意义的。

命运就像脚下的大地，地心引力将人束缚在大地之上，没有地心引力人就无法行走。我们必须坚守我们的命运，

就像坚守我们立足的大地——它是我们通向自由的跳板。 自由离不开命运；自由只能直面命运。人是自由的，但他并不是在真空中自由飘浮，而是处在众多束缚之中。然而，这些束缚正是自由的抓手。自由以束缚为前提，依赖于束缚。但这种束缚并不意味着完全依赖。人在行走过程中已经超越了束缚他的大地。大地最终成为他起跳的基点。如果要给人下定义的话，我们必须把它定义为一种从生物学、心理学和社会学上决定他的东西中解放出来的存在；他在受到这些决定性因素束缚的同时，通过克服或塑造这些因素来超越它们。

这个悖论勾勒出人的辩证性，永恒的不完满和自我放弃是人的本质特征：他的现实是一种可能性，而他的存在是一种能力。我们可以说，人之为人并不意味着固定不变，而是充满选择与可能性！

人的存在是一种责任，因为它是自由的。正如雅斯贝尔斯所说，它是在每一种情况下决定"它是什么"的存在：它是"决定性的存在"。它是"此在"，而不仅仅是"现成存在"（海德格尔）。立在我面前的桌子，如果没有被人改变的话，就会一直保持原样；然而，坐在我对面的那个人，仍然要决定下一秒他"是"什么，下一秒他要对我说什么，或者保持沉默。在众多不同的可能性中,人只能实现唯一一种可能性,这就是此在所展现出来的(展现出的存在,也被叫作"我所是的存在")。人在生命中的任何时刻都无法逃脱在众多可能性中进行选择的强制。他只能假装,"好像"他别无选择,没有选择的自由。这种"好像如何"构成了人类悲喜剧的一部分。

以下是一则关于奥地利皇帝弗朗茨一世的逸事:有一位曾多次觐见的请愿者,他多次向皇帝提出相同的要求,但这次又被拒绝,皇帝转向他身边的副官说道:"看吧,这个白痴不知何时才能达到目的。"看完这则逸事,我们觉得好笑。弗朗茨一世表现得好像自己没法决定那个"白痴"下一次是否真能"达到目的"。

许多人没有意识到自己最基本的选择自由,这是一些笑话想表现的。有这样一个笑话,一个男人向他的妻子抱怨当今世上的人道德败坏,还摆出了证据:"比如,今天我捡到一个钱包;你认为我会想到将它交给失物招领处吗?"这个人的可笑之处在哪呢?他谈论自己的不道德,好像他对此没有责任一样。这个人假装他必须接受自己不道德这个既定事实,如同人们必须接受他人的不道德的事实一样。他也表现得好像他不自由,无法决定是保留钱包还是把它交给失物招领处。

我们曾经提到过那位中学老师,他把生命的"本质"描述为氧化或燃烧的过程。一根"现成在手"的蜡烛——用存在主义哲学的术语来说——燃烧到最后也无法以任何方式指引整个燃烧过程;人——他拥有"此在"——总是有可能自由地决定自己的存在。人甚至可以做出自我毁灭的决定,与蜡烛不同,人可以"熄灭自己"。

一切决定的自由,即所谓意志自由,对于没有偏见的人来说是理所当然的;他可以直接体验到自己的自由。只有下面提到的人才会严重怀疑自由意志:他们或者陷入决定论的哲学理论的窠臼,或患有偏执型精神分裂症,认为意志是不自由的,是"被制造出来"的。在神经症宿命论中,意志自由被隐藏了起来:神经症患者自己挡住了通往真正可能性的道路,他扭曲了自己的生活,从"将要成为的现实"中抽身而出,而不是去实现它(因为人的存在作为整体也可以被理解为一种"执行的现实")。如果正如我们一开始所说,所有的存在都各不相同,那么现在我们就必须说:**人的存在不仅不同,而且能够不同。**

意志自由始终在与命运对抗。我们把本质上逃避人类自由的东西称为命运,它既不受权力的控制,也不在人的责任范围内。但我们也绝不会忘记，人的一切自由都依赖于命运，因为自由只能在命运中发展，并且只能通过命运发展。

无法更改的过去是最具命定性的。事实（已经做了什么，已经变成了什么，发生了什么）是最真实的事实。然而，面对过去，人类仍然具有命定的自由。诚然，通过过去可以理解当下，但完全让过去来决定未来是不合理的——这是典型的神经症宿命论的错误，在理解过去犯下的错误的同时，还要求宽恕未来犯下的同样的错误；通过从错误中"学习"，过去的错误将成为塑造"更美好"未来的丰富材料。面对过去，人可以采取纯粹的宿命论态度，也可以从中吸取教训。开始学习永远不会太晚，也永远不会太早，而总是"正当时"。若忽视这一点，就会像某个醉汉，别人告诉他应该戒酒，他回答说已经太晚了；当人们告诉他"什么时候都不晚"时，他回答："那我反正还有时间！"

不可更改的过去变成了命运，正因如此，它才呼唤人的自由：命运总会鼓励负责任的行动。正如我们所见，生活中，人每时每刻都要从大量的可能性中挑选出一种可能性，并且通过实现这种可能性将它从被遗忘的过去中拯救出来，带入确定性之中。在过去的王国里，所有的过去都被"保存"在那里，这听起来可能很矛盾，过去被"保存"在那里恰恰是因为它们已经过去了。我们已经在别处提过，被"保存"（aufgehoben）的过去在黑格尔那里具有废除和保存的双重意义，并且我们说，"曾在"是"最安全"的存在形式。**它被过去从转瞬即逝的短暂性中拯救出来；转瞬即逝的只是可能性**（参见我关于独特的情境价值和实现它们所需要的无法挽回的机遇的论述），**而那些没有在转瞬即逝中消亡的东西都被保存在了过去，是被拯救进过去的现实。**当一个人将隐藏在当下的可能性成功地转化为隐藏在"永恒"的过去中的现实时，这一刻就成为永恒。这就是一切实现的意义。在这个意义上说，人不仅在"一劳永逸"地做某事或创造作品时"实现了"可能性，而且在拥有一种经验时"实现了"可能性。作为这种客观主义的结果，我们甚至可以断言，在经验中实现的东西实际上并没有被遗忘所摧毁，即使消除了被记住的可能性，即使主体死亡。[37]

人们往往只看到"转瞬即逝"的不堪，却忽视了它背后丰饶的过去。在过去中，没有什么会完全消失，曾经发生过的一切是无法消除的；对于世间万物，最重要的难道不是它们曾经被创造，并在世上走了一遭吗？

精神的反抗力量

命定性主要以三种形式作用于人：1.作为人的素质，作为坦德勒（Tandler）所说的人的"躯体命运"；2.作为人的境况，所有外部环境的总和。个人素质和外部境况共同构成了一个人的状态；3.从状态中产生了人的态度，这种态度——与本质上命定的"状态"相反——是一种自由的态度。证据是，这里存在某种转变（一旦将时间维度包含在我们的框架中。转变就意味着态度在时间中并随时间而改变）。这种意义上的转变包括教育、再教育和自我教育，包括一切最广义的心理学治疗以及信念转变等现象。

身体素质代表人的生物学命运，境况代表人的社会学命运；此外，还有心理学命运，包括人的心理态度。在下文中，我们将依次考察作为命定之物的生物学、心理学和社会学因素如何干扰人的自由。

生物学命运。在转向对人类面对的生物学命运问题的探讨时，我们将面临这样一个问题：人的自由可以在多大程度上支配身体上发生的一切事件？或者说，自由意志的力量可以在多大程度上对生理事件进行干预？这使我们更接近一个心理-生理问题，但避免了对以下问题进行无限制的讨论，即人的身体是否以及在多大程度上依赖心理和精神，以及心理和精神是否以及在多大程度上依赖身体。我们希望对这两个泾渭分明的事实进行比较并对它们进行评论。

心理医生兰格（Lange）曾经提到过这样一个案例：他认识一对已经分开多年的同卵双胞胎兄弟。在他给双胞胎中的弟弟进行治疗的过程中，他收到了住在另一个城市的哥哥的来信，哥哥宣称他与正在接受精神病治疗的弟弟患有同样的妄想症。两兄弟身上共同的疾病对他们自身产生了巨大的影响，他们是同一个生殖细胞发育而成的同卵双胞胎，也就是说他们具有相同的身体素质。

在如此强大的生物学命运面前，我们是否应该袖手旁观？这些事实证明了有机生物身上的强大力量，对此我们难道应该不予尊重吗？人的命运难道不是从生物学角度被强制塑造的吗？精神自由是否还有塑造命运的可能？从双胞胎的遗传性病理研究结果中得出的宿命论暗示是非常危险的，因为这会麻痹人挑战内在命运的意志。**那些认为自己的命运已经注定的人，就再也无法战胜命运。**

现在我们来说说第二个真实事件：在维也纳精神病学诊所，为了达到最好的效果，霍夫（Hoff）和他的同事们将受试者置于催眠状态，他们时而让受试者产生愉快的体验，时而又让他们悲伤。结果表明,在受试者愉悦激动状态下抽取的血清,对伤寒杆菌的凝集效价要比在受试者悲伤时高得多。这些调查也解释了为什么有疑病焦虑症状的人对感染的抵抗力明显降低,而在流行病医院或麻风病房工作的护士往往会免受感染,此前,人们总是将这种现象视为"奇迹"或"童话"。

在我们看来,总谈论"精神的力量"和"自然的力量"是没有意义的。前面已经提到,这两者都属于人,它们相互依赖。毕竟,人是几个王国的公民,在他的生活中,他基本上处于一种紧张状态,处在一个两极的力场之中。如果我们想衡量这两种力量的相互关系——让它们相互衡量,那么可能会出现"势均力敌"的结果。但众所周知,势均力敌是最富生机的。人内在的自由与其内在及外在命运的永恒斗争真正构成了他的生活。在丝毫不低估命运,尤其是生物学命运的情况下,作为心理治疗医生,我们将它视为对人类自由的考验。至少出于启发式的原因,在命运的必然性面前,我们必须让自己相信,自由行动是没有极限的——这样我们才能走得更远(鲁道夫·阿勒斯)。

即使在生理与心理密切相关的地方,即在大脑病理学中,身体的病理变化本身也并不意味着最终的命运,而只是自由塑造命运的起点。从这个意义上说，大脑是"可塑的"：我们知道，如果大脑的大范围区域受损，该器官的其他部分会"替代性"地介入，这样大脑迟早会恢复功能。美国脑外科医生丹迪（Dandy）甚至能够通过手术切除整个右脑层，而不会导致任何明显的永久性精神障碍。问题是，此类手术后的永久性身体残疾，包括整个左侧身体的瘫痪，是否能被患者或其亲属接受？这个问题再次揭示了医者行为最后的世界观基础。

今天我们甚至不知道人类大脑的各个部分是否都不处于闲置状态，不确定是否所有的神经节细胞都被充分利用（其他部分可以接管受损中心的功能这一事实证明答案是否定的）。最重要的是，最近的研究表明，大脑系统的发育是突飞猛进的，神经节细胞的数量不会逐渐增加，而是每次突然翻倍。现在谁能肯定地说，今天的人类已经实现了与当前的大脑组织水平相当的所有机会？可以想象，功能的发展仍然落后于最大的可能性，落后于器官的性能。

对于人的自由来说，生物学命运是仍需塑造的物质材料。从人的角度来看，这是生物学命运的终极意义。事实也是如此，人们总会明智地将生物学命运融入自身成长和发展的历史结构之中。我们一再遇到这样的人，他们克服了最初阻碍他们心理发展的困难，以模范的方式成功地打破束缚自由的生物学限制，最终获得了卓越的艺术或体育成就。盎格鲁-撒克逊人是杰出的运动员民族，他们将"竭尽所能"作为最常用的日常生活指导原则之一。"竭尽所能"意味着，将成绩的相对性包含在对它的评价之中，将成绩放在与"开始"的关系中评价，放在具体境况中评价，包括遇到的所有困难、所有外部和内部的障碍。

人一出生就开始对抗致命的生物学障碍，这个艰难的"开始"就是独一无二的伟大成就。有这样一个人，他由于母体内发生的脑部疾病而四肢部分瘫痪，双腿发育不良，一生只能坐在轮椅上。成年后，他还被认为是智障和文盲。后来一位学者收养了他，并给他辅导。在难以想象的极短时间内，这位患者不仅学会了阅读、写作等技能，还掌握了他特别感兴趣的大学科目的知识。许多著名的科学家和大学教授争相想成为他的导师。他的家变成令人钦佩的社交中心，每周要举行数次文艺沙龙。名媛们为他争风吃醋，有的甚至还为他而自杀。然而，事实上，这个人甚至都无法正常说话，他的发音也受到了严重的全身动脉粥样硬化的影响——他经常由于劳累而汗流浃背，面部扭曲，说出每一个单词都要竭尽全力。这个人的生活方式为我们的患者树立了榜样，他们的情况一般都比这个人好得多，如果这个人当时只是"听天由命"，那么他今天或许只能躺在某个养老院里等死了。

心理学命运。现在，我们来讨论所谓的人的心理学命运，我们指的是束缚人的自由的心理因素。神经症患者倾向于在心理学上盲目地相信命运，反复提及所谓命定的本能方向、本能优势、意志弱点、性格弱点。神经症患者在其宿命论中似乎被以下公式支配："就是这样的"，"并且会一直保持这种状态"。他错在公式的后半部分。

自我"想要"，本我"驱动"。[38] 自我永远不会被"驱动"。航行不是简单地让船被风驱动行驶。水手的艺术在于，他可以对船施加影响，甚至还可以逆风航行。

最初的意志弱点根本就不存在；虽然神经症患者认为意志的优点客观存在，但它不是一成不变的，它具有以下功能：明确地认识目标，做出诚实的决定和进行一定的训练。在尝试做某事之前，如果一个人总是不停地告诉自己一定会失败，那么他就不会成功，因为人总是不喜欢否认自己，即使是在自己面前。更重要的是，人在表述自己的内在意图时，从一开始就要将所有看起来可以接受的借口排除。例如，有个人说"我不想喝酒"，可以预料，他的大脑中很快就会提出各种各样的异议，比如"但我必须喝"，或"尽管如此，我还是无法拒绝"，等等。如果这个人只是不停地告诉自己"我就是不喝酒——没什么可讨论的"，这样的话他就能最终达到目的。

当被问及意志是否薄弱时，一位精神分裂症患者给出了充满智慧的答案（尽管对此她本人不知道也不想知道）："当我想要意志薄弱时，我的意志就是薄弱的，当我不想这样时，我的意志就不薄弱。"这位精神病患者的话其实是在告诉诸多神经症患者，人们倾向于在所谓的意志薄弱背后隐藏自己的自由意志。

在个体心理学的命题中存在诸多误解和滥用，如神经症宿命论有时也被归因于人童年时期所受到的教育和环境的影响，这些因素被认为对人的命运造成了影响。所以人们常常用这些来为自己的性格弱点开脱。他们认为这些弱点是理所当然的，而不是将它们视为再教育或自我教育的任务。一位曾因企图自杀而被送进精神病院的病人，在面对心理治疗师的质询时说："你想从我这里得到什么？我只是阿德勒口中的那个典型的'独生子'！"听起来好像把自己从一类典型中解放出来并不重要。个体心理学广为人知的宗旨是，人要勇敢地摆脱由自己的成长环境造成的典型错误和性格弱点,这样人们就不会再关注他是一个"独生子"的事实——或者不管他是什么。

我们上面引用的(独生子)病人的例子所依据的(个体心理学)"法则"仅在理论上适用;实际上,它只有在"允许它有效"时才有效。教育上的错误不是借口,它可以通过自我教育来弥补。相反,神经症宿命论意味着逃避个人所背负的独一无二的责任——遁入看似命定的类型之中。不管人们所遁入的类型是性格类型、种族类型还是阶级类型,不管它们是在心理学、(集体)生物学或社会学意义上对人进行约束,这些都无关紧要。

无论是在肉体还是心理层面,人的精神态度都有自由的回旋余地——他不必盲目地向心理学命运低头,这一点在涉及人面对病态心理状态时的行为选择问题时体现得最为清晰和迫切。一名患者因周期性复发的内源性抑郁症接受住院治疗。鉴于其疾病的内源性因素,医生安排了药物治疗,也就是基于体细胞的治疗。一天,主治医生发现她哭得非常厉害,而且还很激动。经过简短交谈后医生发现,当时(病人哭泣时)的抑郁实际上根本不是内源性的,而是精神性的,从整体上看存在精神性因素。因为病人当时哭的原因是,她觉得自己总是爱哭,她的抑郁状况可以说是加强了。除了内源性成分，又增加了一个额外的精神性成分。而此前这仅仅是被当作内源性抑郁症来治疗。鉴于病人的症状反应，我们提出了一种额外的治疗方法，即应对精神性成分的心理学治疗。我们告知患者不要总是瞎琢磨，要尽量避免抑郁，必须停止悲观，这有点不近人情，但可以理解。我们建议患者把抑郁看成一片掠过太阳的乌云，它遮住了视线；然而，即使暂时看不到太阳，太阳也仍然存在。同样，一个人会因抑郁症而变得空虚迷茫，暂时看不到价值，但价值本身会继续存在。

一旦患者对心理治疗持开放态度，她的整个精神痛苦就暴露出来了，所谓的精神贫乏和无意义状态也会随之显现。现在我们要超越狭义的心理治疗，对患者进行意义治疗，向患者展示一个事实：反复出现的命定的（施特劳斯所说的"造物的"）负面状态反而能够激发精神自由的人采取唯一正确的行为，那就是去实现我们所说的态度性价值。随着时间的推移，患者不仅认识到，尽管情绪低落，但她的生活中到处都是需要自己完成的任务，而且在情绪低落时她还看到了另外一项任务，那就是以某种方式应对并超越情绪低落的现状。在这种存在主义分析之后，尽管将来还会有内源性抑郁阶段，但她还是过上了一种比治疗前更有意义的生活,甚至好像她从未生病过,根本不需要治疗。这让我们想起了曾经引用过的歌德的一句话,我们将这句话称为所有心理治疗的最佳格言:"如果我们接受人们本来的样子,那么我们会让他们变得更糟;如果我们按照他们应该的模样来对待他们,那么他们就能够变成更好的人。"

对许多心理疾病来说,对待它们的自由精神的态度的最好形式就是与疾病和解。恰恰是与那些"造物"状态的徒劳不断的斗争导致了额外的抑郁,而那些无条件接受病情现状的人却更有可能摆脱抑郁症状。

有一位患有严重的幻听症数十年的病人,她总是不断听到可怕的声音,这种症状伴随着她的一举一动,也让她受尽周围人的冷嘲热讽。有一天,有人问她为什么如此痛苦却仍然能够做到心平气和,她如何看待听到的这些声音,她回答说:"毕竟,能听到这些声音比什么都听不见要好。"一个普通人敢于勇敢面对痛苦的精神分裂症的可怕命运,这背后蕴含了多少生存艺术和生存成就(在态度性价值的意义上)啊!但是,在病人的这句诙谐的回答中难道不是同时包含了应对心理疾病的精神自由吗?

每个精神病医生都知道,由于精神立场不同,患有同一种精神疾病的病人在行为上会千差万别。有的患者易怒,对周围的人充满敌意，而患有同样病症的另一名患者却可能平易近人、和蔼可亲，甚至充满魅力。我们都知道下面的这个案例：在一座集中营的营房里，几十个人患上斑疹伤寒。所有人都精神错乱，只有一个人，为了避免夜间精神错乱，故意让自己在晚上保持清醒。他趁着精神上的兴奋，在黑暗中将关键词记在小纸片上，最后将一份在集中营中被带走的未发表的学术书籍手稿重写了一遍。

社会学命运。我们时刻都能看到嵌入社会环境中的个人。他们在两个方面受到集体的制约，一方面受整个社会有机体的制约，另一方面又向这个有机体看齐。因此，在个体中既存在社会因果性，也存在社会目的性。就社会因果性而言，现在要再次强调的是，所谓的社会学法则从来无法完全决定个体的命运，也就是说，它们绝不会剥夺个体的意志自由。相反，在它们能够影响个体行为之前，它们必须要与个体的自由意志进行较量。同样，与面对生物学和心理学命运一样，人类在社会学命运面前也拥有自由的决策空间。

就社会目的性而言，我们应该指出心理治疗领域，尤其是个体心理学领域的错误，即认为一个人所有有价值的行为最终都是一种社会性的正确行为。只有对集体有用的东西才有价值，这一观点是站不住脚的，它会导致人的生存价值的贫乏。显而易见，价值王国中还存在一些需要甚至必须超越并独立于所有人类集体才能实现的价值，也就是我们所说的经验性价值。对集体有用这一标准对经验性价值来说根本无效。艺术或自然体验会向个体展示丰富的经验性价值，即使这个人表面上是孤独的。并且经验性价值的实现从根本上与是否对集体有用毫无关系。在此，我们并没有忽视这样一个事实，即还有一系列的经验性价值，这些价值本质上与集体体验密切相关，如集体中的同志情谊、团结互助，伴侣间的亲密关系等。

在讨论了人类存在中的作为生活基础或目标的社会因素之后，我们现在要讨论那些作为实际命运的社会因素，即那些或多或少不可改变、不被影响的东西，它们违背了人类的意志，迫使人与之斗争。作为人类与命运对峙的第三个领域，我们必须要转向社会学。在下一节中我们会谈到如何处理职业生活的问题，即与社会环境进行积极较量的问题，其中，社会环境指的是个人在某种情况下不得不忍受的因素。

近年来有大量关于复杂社会环境下诸多痛苦的心理学材料。第一次世界大战后，囚禁心理学的内容已经非常丰富，人们根据战俘营中的精神病理学观察和经验提出了所谓的"铁丝网病"的临床病症。第二次世界大战后出现了"神经战"。大众精神病理学意义上的成果也日益丰富，这得益于集中营集体生活做出的贡献。

集中营心理学

在集中营里，人的存在被扭曲了。这种扭曲的程度非常强烈，以至于我们不得不对那些身处集中营的观察者做出评判的客观性持怀疑态度。在心理学层面，这些人评价自己或他人的能力一定会受到影响。集中营以外的"局外人"由于距离太远，几乎无法感同身受，而那些身在其中的"局内人"却又不识庐山真面目。换句话说，根本问题是，人们不得不认为，衡量扭曲的生活现实的标准本身就是扭曲的。

尽管存在这些疑虑，精神病理学和心理治疗的专家还是将他们的自我和外部观察的相关材料、他们的经历和体验的总和浓缩成理论，其中没有太多是因为主观而要被去掉的。从本质上讲，这些材料几乎是一致的。

集中营囚犯的反应可分为三个阶段：进入集中营阶段、实际集中营生活阶段和从集中营释放或解放后的阶段。第一阶段的特点是所谓的进入冲击。这种对陌生、不寻常环境的反应形式在心理学上并不是什么新东西。新来的囚犯开始了与之前完全不同的生活。他身边所有的东西都被拿走了，可能只有眼镜还允许留在身边，这是与之前生活唯一的联系。他们经历的一切往往会让他们极度激动或愤怒。面对持续不断的生命威胁，囚犯纷纷决定去"撞铁丝网"（集中营里带高压电的铁丝围栏）或以其他方式自杀。然而，几天或几周后，他们就会进入第二阶段，变得极度冷漠。这种冷漠是一种心理的自我保护机制。无论之前多么兴奋或痛苦，多么愤慨或绝望，从现在开始，他们会变得对一切刀枪不入。这是一个对特殊环境的心理适应的问题；他们对于发生在自己身上的事情只有微弱的意识。情感生活被压低到一个较低的水平。以精神分析为导向的观察者认为这退回到了一种原始状态，只有最直接、最紧迫的需求。所有的渴求似乎都集中在了一个点上，那就是活下来。晚上，当筋疲力尽、又冻又饿的囚犯们跌跌撞撞地穿过白雪皑皑的原野，被"牢头"赶回营区时，他们会发出一声长叹："唉，又活过了一天！"

囚犯面临的最要紧的问题就是保命，每时每刻都得保命——自己的生命以及彼此的生命！除此之外的一切都是奢谈。其他的一切都贬值了。这种影响深远的贬值趋势隐藏在集中营生活里最常听到的一句发泄当中："一切都是狗屎。"在集中营，所有一切更高级的需求都被搁置一旁——当然，除了某些政治需求和特殊的宗教需求之外。囚犯们进入了一种文化上的冬眠。

集中营内心生活的原始性在囚犯的梦境中得到了最典型的表达。大多数情况下，他们梦想着面包、蛋糕、香烟和温暖的沐浴。他们总是在谈论食物：当看守不在时，犯人们就会聚在一起，他们交换食谱，互相描画喜欢的饭菜，畅想着解放后相互宴请。他们中最优秀的人希望有一天他们不再挨饿，不是为了好吃的食物，而是结束这种仅仅为了食物而生存的不人道的状况。如果说集中营生活（除了上面提到的例外）导致人们退回原始状态，那么营养不良则导致吃的冲动成为思想和愿望的最主要内容，人们对性的话题普遍不感兴趣：在集中营里没有人"讲下流话"。

认为集中营生活的心理反应无疑是倒退回了原始本能，这并不是唯一的解释。乌蒂茨（E. Utitz）将在集中营囚犯中观察到的典型性格变化解释为从循环性格类型到精神分裂性格类型的转变。令他震惊的是，大多数集中营的囚犯不仅冷漠，而且烦躁易怒。两种情绪状态都与克雷奇默（Kretschmer）意义上的精神分裂性气质的心理审美相适应。除了这种性格变化或支配地位变化的整个心理学问题之外，在我们看来，这种（明显的）精神分裂可以用更简单的方式来解释：绝大多数监狱中的囚犯一方面缺乏食物，另一方面由于过度拥挤引发的虫害而睡眠不足。营养不良让他们日渐冷漠，而长期缺乏睡眠则使他们变得狂躁易怒。除了这两个原因之外，还有两个因素，那就是在集中营中找不到咖啡因和尼古丁，而这两种东西在正常生活中往往用来缓解冷漠和烦躁。营地指挥部禁止私藏咖啡豆和烟草制品。我们本想先搞清"性格改变"的生理基础，但这个问题现在又加入了一个心理因素。大多数人都被自卑感困扰——这些人曾经都多少有点名望和地位，现在却被当作"无名小卒"。少数人拉帮结派，尤其以牢头为代表，这些人自大狂妄。他们是根据"负面"的性格特征挑选出来的，手中掌握权力，对自己的所作所为毫不负责。当占多数的无名小卒与占少数的掌权派发生冲突时——集中营里发生这种冲突的机会太多了——囚犯们潜在的怒气必然会通过某些由头发泄出来。

这一切不都说明，角色类型是由环境塑造的吗？这不是证明了人无法逃脱社会环境的命运吗？我们的回答是否定的。那么，人的内在自由在哪里呢？他的行为是怎样的呢？他对发生在自己心理上的一切负有精神上的责任吗？他对集中营对自身的"塑造"负有精神上的责任吗？我们的回答是肯定的。因为即使在这种受到限制的社会环境中，尽管人身自由受到限制，人仍然有最后的自由，以某种方式塑造自己的存在。有足够多的例子证明——通常是英雄式的例子——即使在这些情况下，人"也可以做不同的事情"，他不必屈服于集中营里看起来压倒一切的心理扭曲法则。相反，事实表明，当一个人接受了那些所谓的集中营囚犯的典型性格特征，也就是当一个人沦为社会环境强权的牺牲品时，他只是提前从精神上放弃了自己。他并没有失去对具体情况采取某种态度的自由，他只是放弃了这种自由。[39] **无论在集中营的第一个小时里他被夺走了什么，在他咽下最后一口气之前，都没有一个人可以剥夺他如何面对命运的自由**。在每一个集中营，都有少数人能够克服和抑制自身的冷漠烦躁。这些人——他们对自己的要求不高，甚至到了自我放弃和自我牺牲的地步——走过点名的广场，穿过营房，会在此处留下一句善言，又在彼处贡献出最后一口面包。

我们之前基于肉体和精神因素推衍出来的集中营的整体症状表面上看起来是命定的、强制性的，但结果证明，它们都是可以从精神上被塑造的，我们在后面的章节中对一般的神经症症状的概括说明也适用于集中营精神病理学：这不仅是某种身体状况的改变或某种心理状况的表达，还是一种存在方式——一种决定性的因素。集中营囚犯的性格变化同样是生理状况变化（饥饿、睡眠不足等）和心理状况的表达（自卑感等）的共同结果，但归根结底，它本质上是一种精神上的态度。因为在任何情况下，人都保留了决定支持或反对周围环境影响的自由和可能性。[40] 即使他通常很少利用这种自由和可能性，但他仍然拥有这种权利。在某种程度上，那些受集中营环境影响的人仍然具有摆脱这些影响的力量和责任。但是，如果我们问，是什么原因促使这些人从精神上放弃了自己，同时身心都屈服于周围环境，那么我们可以说：他们放弃仅仅是因为他们失去了精神支柱。现在我们来详细解释这一点。

　　乌蒂茨将集中营囚犯的生活方式描述为"临时性的存在"。在我们看来，这种描述需要一个必要的补充：这种存在形式不仅仅是一种临时安排，而且是一种"没有期限"的临时安排。在囚犯进入集中营之前，他们往往处于一种不知内情的不确定性之中：有些集中营没有人回来或者还没有消息传给公众。但是一旦进入营地，**伴随着不确定性**

（关于集中营状况的不确定性）的结束，牢狱生活何时结束的不确定性又随之而来。毕竟，没有一个犯人知道他要在那里待多久。拥挤的人群中日复一日流传着许多关于即将"结束"的谣言，这只会导致越来越彻底的失望。不确定的释放时间点给集中营囚犯营造了一种无限期的监禁氛围。随着时间的推移，他们开始对铁丝网外的世界感到陌生；透过铁丝网，他们看到外面的人和事，好像这些都不属于这个世界，或者更确切地说，好像他们自己不再属于这个世界，好像他们已经"失去"了这个世界。那些没有被囚禁的人的世界呈现出一种只有天堂中的死者才能看到的模样：不真实、无法进入、无法到达——令人毛骨悚然。

遥遥无期的集中营生活让人看不到未来。一名随着长队前往未来营地的囚犯曾经报告说，他感觉自己好像是走在自己的尸体后面。他觉得自己的人生没有未来，只有过去，就像死人的过去一样。这个行尸走肉般的生命变成了一个由回顾占主导的存在。人的思绪总是在过去经历的相同细节上徘徊；日常的琐事都沉浸在童话般的光芒之中。

如果没有一个固定的、面向未来的支点，人就不可能真正存在。人的整个当下通常都是由此形成的，就像附着在磁极上的铁屑。相反，当人失去了"他的未来"时，他的内在时间，也就是经验的时间，就丧失了整体结构。它涉及一种"得过且过"的生活，就像托马斯·曼在《魔山》中描述的那些无法治愈的肺结核病人一样，他们不知道自己何时才能出院；或者是那种在部分失业者中间蔓延的存在的空虚感和无意义感，对失业矿工的心理学研究结果表明，在他们身上也存在时间体验的结构性瓦解。

拉丁语 finis 既有"终点"的意思，也有"目标"的意思。当人无法预见自己生命中的临时安排何时结束时，他就无法再给自己设定任何目标或任务；在他的眼里，生活失去了所有的内容和意义。反之，向着"终点"、向着未来的目标，恰恰构成了营内的犯人急需的精神支柱，因为只有这种精神支柱才能保护他们不落入扭曲性格和塑造类型的社会环境的强力之中。例如，一名集中营囚犯本能地试图克服集中营生活中最糟糕的情况，他想象自己站在一大群观众面前谈论他刚刚经历的事情。通过这个技巧，他使自己能够"在永恒的角度下"体验并容忍一切。[41]

没有精神支柱会导致心理崩溃，进而陷入完全的冷漠，这是集中营囚犯中的一种众所周知的令人恐惧的现象，它的发展速度相当之快，以至于几天之后就会导致灾难。突然有一天，有的囚犯就干脆待在床上，不去点名，不去岗位上工作，不吃东西，不去洗手间，任何威胁都无法将他们从冷漠中唤醒；再也没有什么能吓到他们了，甚至连惩罚也不能，他们对所有的一切"根本不在乎"。这种躺平——有时是在自己的粪便和尿液中——意味着一种对生命的威胁，无论从纪律角度还是从直接生命机能的角度看。这种"看不到尽头"的体验突袭囚犯的案例比比皆是。

举个例子，有一天，一名囚犯告诉他的狱友，他做了一个奇怪的梦：一个声音跟他说话，问他是否有什么想知道的——它可以预言他的未来。这个囚犯回答说："我想知道第二次世界大战什么时候结束。"那个声音接着回答："1945年3月30日。"当这个囚犯讲述他的这个梦时，已经是3月初了。那个时候，他心中还是满怀希望等待着幸福的降临。然而3月30日快到了，他的希望变得越来越渺茫。在预言日期到来前的最后几天，这个人越发灰心。3月29日，他因发烧和精神错乱被送往医务室。3月30日，这一天对他来说意义重大——"对他来说"，所有的痛苦应该在这一天结束——他失去了知觉。第二天他就死了，死于斑疹伤寒。

我们听说过，生物体的免疫系统在很大程度上依赖于情绪状态，同时受到生活中的勇气或疲惫感的影响，例如失望或希望落空等。因此，我们可以基于充分的理由和完全的临床严肃性猜测，囚犯对自己在梦中听到的声音的虚假预言极度失望，这导致他的机体防御能力突然下降，最终一病不起。与我们对这个案例看法一致的是一个更大规模的观察，由一名集中营医生所报告：他所在的营地的囚犯普遍希望他们能在1944年圣诞节前回家。圣诞节到了，报纸上的新闻对集中营的囚犯来说不是鼓舞人心的。结果呢？在圣诞节和新年之间的那一周，这个集中营发生了前所未有的大规模死亡事件，这根本无法通过天气条件变化或工作条件更艰苦或传染病发生等情况来解释。

很明显，任何集中营中的心理治疗尝试只有通过关注未来目标，关注未来生命的需要——从未来角度出发——才有可能成功。在"具体实践"中，通过引导囚犯面向未来的方式来使他们振作起来通常并不困难。在与两名绝望到几乎要自杀的囚犯的共同谈话中，出现了以下相似之处：两人都被一种"对生活没有更多期望"的绝望感支配。在这里，也有必要来一个（我们已经谈到过的）哥白尼转向，不再追问生命的意义，而是回答它所肩负的具体问题。**事实很快证明，虽然两名囚犯对生活没有期望，但生命给他们派来了非常具体的任务。**原来，他们中的一个已经出版了一系列地理书籍,但工作还没有完全结束。另一个在国外有一个女儿,这个女儿对他简直顶礼膜拜。一个在期待自己未完成的工作,另一个在等待见到自己的亲人。他们两人都同样证实了自身的独特性和不可替代性,尽管遭受苦难,他们仍能够无条件地赋予生活以意义。一个对于他自己的科学工作来说是不可替代的,而另一个在他女儿的爱面前同样是独一无二的。

即使是被解放的囚犯,也仍然需要精神上的照顾。从心理学的角度来看,突然释放、突然摆脱精神压力都意味着**危险**。从性格学的角度来看,这里的威胁只不过是**沉箱病的心理对应物**。这将我们带到了第三阶段,我们必须在概括性的集中营囚犯心理学的框架内来详尽地讨论这个阶段。至于囚犯对被释放的反应,我们简单说一下:起初一切对他来说都像是一个美丽的梦,他还不敢相信。许多美丽的梦想欺骗了他。他曾多少次梦想过自己重获自由——梦想着回家,拥抱妻子,问候朋友,坐在桌旁讲述自己的经历,讲述自己是如何渴望重逢,他多少次梦想着这一刻,直到这一次终于变成了现实。然后,命令早起的三声刺耳的哨音在他耳边响起,把他从梦境中拖了出来。然而,总有一天,他所渴望和梦想的一切都会成为现实。但被释放的囚犯仍然被一种人格解体的感觉所支配。他还不能真正地享受生活——他必须先学会重新享受生活，他已经忘记了该如何去做。如果在自由的第一天，当下对他来说就像一个美丽的梦，那么在接下来的时间里，过去对他来说就只是一场噩梦。他自己也无法理解他是如何在监狱中幸存下来的。现在，在经历了所有的痛苦之后，他有了一种美妙的感觉，他在整个世界上已经没有什么好害怕的了——除了他的上帝。许多人在集中营里重新学会了相信上帝。

2. 痛苦的意义

在讨论生命意义问题的过程中，我们通常会遇到三个可能的价值类别。我们讨论了创造性价值、经验性价值以及态度性价值。创造性价值通过行动来实现，经验性价值通过被动地将世界（自然，艺术）内化到自我当中来实现，而态度性价值则在接受和容忍那些无法更改的一切时实现。以某种方式接受这些事情，展现了一种不可忽视的价值可能性的实现。这就意味着，生活的满足不仅存在于创造和愉悦中，还存在于痛苦之中。

这些思路摒弃了琐碎的成功伦理学，对起源，对关于人存在的价值和尊严的日常评判的回归，马上展示了那种经验的深度，其中成功与否，效果作用如何都不再重要，唯有价值才是第一位的。虽然表面上没有获得成功，但人可以经由艺术实现内在的完满。我们不妨来回忆一下托尔斯泰的《伊凡·伊里奇之死》。作品描述了市民阶级的生活，其不可理喻的无意义性直到人物意外死亡时才直接爆发。虽然感受到了生命的无意义，但主人公在他生命的最后时刻超越了自我，进入到了广阔的内心世界，为自己过往的生活赋予了意义，尽管看上去是徒劳的。不仅通过死亡能够获得生命的最后意义，如小说的主人公一样，在死亡过程中也可以获得意义。不仅牺牲自己的生命可以获得意义，生命也会在失败中获得圆满。

不成功并不意味着没有意义。当人回忆自己的过往，比如爱情生活时，他就会清楚地理解这一点。如果一个人诚实地问自己，他是否准备好忘掉不幸的爱情过往，或者将不愉快的痛苦经历从生活中一笔勾销，他一定会拒绝；对他来说，痛苦并不意味着不完满。相反，他在痛苦中变得成熟，也在其中获得了成长。痛苦给予他的要比成功的爱情多得多。

人往往倾向于高估自身快乐与否的体验的积极或消极的征兆。他赋予这个征兆的重要性，在其内心制造了一种面对命运的无根据的痛苦。我们知道，在众多意义上，人生在世都不可能是单纯的享受。我们也知道，快乐本身无法赋予人生命的意义。既然它无法做到这一点，缺乏快乐就不会让生活丧失意义。艺术总是通过简单、公正、直接的体验让人看到事实；一个旋律用大调还是小调跟艺术的内涵毫无关联。未完成的交响曲仍然是最有价值的音乐作品，这一点我们已经在别处提到，而完整的《悲怆交响曲》[i]更是一部杰作。

我们说，人们在创作过程中实现了创造性价值，在体验中实现了经验性价值，在痛苦中实现了态度性价值。此外，痛苦也具有内在的意义。语言以一种悖论的方式将我们引向这个意义：我们忍受某些痛苦正是因为我们"不想忍受它们"。与命运的对抗是痛苦的最后一项任务和实际关切。在遭受某事引发的痛苦时，我们会在内心远离这件事，并在我们的人格和事件之间创造距离。只要我们还在忍受一种"不应该"状态的折磨，我们就一直会处于"存在"与"应该"的张力关系中。正如我们已经看到的，这

---

[i] 《悲怆交响曲》，又称《第六交响曲（悲怆）》，是柴可夫斯基作品中最著名、最杰出的乐曲之一。作品描写人生的奋斗、爱情、兴奋直至恐怖、绝望、失败、消逝等，充满了挣扎、追忆和悲恸的情绪，是作曲家一生的写照。

也适用于那些对自己绝望的人：正是绝望的事实使他也不再有理由绝望，因为他将自己的现实升值为一种观念，并将其作为衡量的尺度；人能够看到这些（未实现的）价值，这一事实已经向他暗示了某种价值。当他事先不具备法官的权威和尊严时，没有事先领悟自己"应该"是什么样时，他根本无法审判自己。[42] **痛苦创造了一种丰富的，可以说是革命性的张力**，让他感知到"不应该如此"。他通过认同的方式，消除了和被给予的东西之间的距离，从而消除了**"存在"与"应该"之间的巨大张力**。

人类的情感揭示了一种深刻的智慧，它们先于所有的理性，甚至与有用性矛盾。让我们来看看悲哀和悔恨对人的影响。从功利主义的角度来看，两者都似乎毫无意义，因为为无法挽回的东西而后悔从"健康人的理性"角度来讲是无用和荒谬的，例如为无法剔除的罪责而悔恨。但在人的内在历史中，悲伤和悔恨却有它们的意义。**悲伤让我们失去的爱人以某种方式继续存在，对罪责的悔恨可以让人在某种程度上获得解脱**。我们所挚爱或哀悼的对象，在客观的、经验的时间中消逝，最终变成了主观的、在内在时间中被保存下来的东西：悲伤使它现时化。悔恨则如舍勒所说可以剔除罪责：虽然罪责不会从其承载者身上被移除，但是承载者——通过自身的道德重生——获得了解脱。已经发生的事情在内在历史中可能会变得更加丰富，这与人的责任并不矛盾，而是一种辩证关系。因为罪责是负责任的前提。面对无法后退的事实，人要负起责任。他所做的一切决定，无论是最小的还是最大的，都是最终的决定。人所做的一切都无法消除。人在悔恨时会在内心与自己的过错拉开距离，内心中所发生的悔恨可以在道德层面以某种方式撤销外在事件的发生。

我们都知道叔本华的那句话：人生总是在痛苦和无聊之间来回摆动。实际上，痛苦和无聊都有各自的深刻意义。无聊是一种持续的警告。什么会导致无聊呢？无所作为。**我们做事情不是为了对抗无聊；相反，正是无聊的存在才使得我们克服无所事事，并让自己的生活有意义**。生存竞争让人时刻保持"紧张"，因为生活意义与任务的完成紧密相关，这种"紧张"与神经质地寻求耸人听闻的事件或歇斯底里地寻求刺激完全不同。

"痛苦"的意义同样在于警告。在生物学层面，痛苦扮演着一个守卫和警告发出者的角色。在心理-精神领域它也有一个类似的功能。痛苦保护人免受灵魂冷漠、僵化的侵袭。只要我们受苦，我们的灵魂就充满生机。是的，我们甚至在痛苦中成熟，在痛苦中成长——它让我们的内心更丰富，更强大。悔恨，我们已经看到，它具有在内在历史中（在道德意义上）将外部事件撤销的力量；悲伤则有将过往以某种方式持续保存的意义和力量。悔恨和痛苦都以某种方式改变了过去。它们也因此解决了一个问题，但与转移视线和自我麻醉完全不同，**一个将视线从不幸上转移或者在其中自我麻醉的人，不能解决问题，也无法消除不幸；他消除的更多只是不幸的后果**：单纯的不快乐的情感状态。通过转移视线或自我麻醉，他试图逃避现实，进入麻醉状态，"让自己什么都不知道"。这样他就犯了一个主观主义的、心理主义的错误：误认为通过麻醉使情绪沉默，就可以将情绪的对象消除。苦苦凝望无法让失去的一切复活，转移视线也不会让一切消除，因此，抑制悲伤无法消除悲伤的事实。悲伤者的健康感知实际上往往会抗拒治疗，例如服下安眠药"以免整夜哭泣"；悲伤者往往也不遵守安眠药的说明：虽然这样他可以睡得更好，但他不会再想起死去的人。我们绝不能将死亡（不可逆转的事件的典型例子）赶入无意识，让它变得好像没有发生，悲伤者自己也不能遁入绝对的无意识中——遁入自身死亡的无意识中。[43]

以下事实表明，对情绪意义的感觉深植于人类内心之中。有些忧郁症患者的症状表现并不是（常见的）情绪悲伤，而是抱怨自己无力悲伤，他们心如死灰，无法排解情感的冷漠：这些情况就是所谓的忧郁麻醉症。了解这种情况的人都知道，可能没有什么绝望能比这种无力悲伤之人的内心绝望更强烈了。这个悖论再次表明，快乐原则在很大程度上只是一种构造，一种心理学的人工制品，而不是现象学事实；出于情绪的"逻辑"，人实际上总是在努力，无论是在快乐还是悲伤的刺激下，都保持心理上的"活跃"，而不是陷入麻木冷漠。因此，患有麻醉性忧郁症的人忍受无法痛苦的折磨，只是一种精神病理学的悖论；但这种病在存在主义分析中却可以找到解决方案。因为在存在主义分析中，痛苦证明了自己的意义，它是生命意义的一部分。痛苦和苦难是生命的一部分，就像命运和死亡一样。它们都在不破坏生命意义的情况下与生命密不可分。把苦难和死亡、命运和痛苦从生命中分离出来，就意味着无法形塑生命。**只有在命运的锤击下，在痛苦的炙烤中，生命才会成型。**

一个人所遭受的命运，首先是在可能的情况下被塑造，其次是在必要时被承担，这样才能获得意义。另外，我们也不能忘记，不要认输投降，不要过早地将某一事实认定为命运，不要向自己误认为的命运低头。只有当人不再有任何实现创造性价值的可能，只有当他真的无法塑造命运的时候，他才能实现态度性价值，只有这样"背负起自己命运的十字架"才有意义。态度性价值的本质是，一个人如何与无法改变的现实和解；态度性价值真正实现的前提是，真的有无法改变的东西。布罗德（Brod）将"高贵的不幸"与"卑鄙的不幸"进行了对比，认为后者并不是真正注定的，而是可以避免的。[44]

无论是哪种不幸，每一种情况都提供了实现价值的机会——无论是在创造性价值，还是在态度性价值的意义上。"没有一种境况是不能通过成就或忍耐而变得高尚的。"（歌德）当然，如果愿意的话，我们也可以说忍耐中也存在某种"成就"；前提是，这是一个真正的关于忍耐的问题，是一个不能通过行动改变或通过放手来避免的命运问题。只有在这种"正确"的忍耐中，才能获得成就——只有这种不可避免的痛苦才是有意义的痛苦。这种苦难的成就性特征即使常人也不陌生。人们也会对以下事件表示理解：多年前，英国"童子军"的最高成就奖发给了三个因不治之症住院的男孩，他们虽然身患绝症但仍然坚强勇敢地忍受着苦难。他们的苦难被认为是比其他童子军的狭义上的成就更高的"成就"。

"生命不是某种东西,它始终只是变成某种东西的机会。"黑贝尔的这句话证实了两种可能性:要么在实现创造性价值的意义上塑造命运(这里指最初的和本身不可改变的命运),如果这真的做不到,那么就从态度性价值意义上对待命运,在真正的苦难当中实现人的成就。当我们说疾病给予人"受苦"的"机会"这句话时,听起来像是同义反复。但如果我们从上述意义上理解"机会"和"痛苦",那么这句话就不是那么理所当然了。这首先是因为我们必须在疾病(包括精神疾病)和痛苦之间做出根本的区分。一方面,人可以生病,却不在真正意义上"受苦";另一方面,有一种超越所有疾病的痛苦,一种纯粹的人类痛苦,这种痛苦正是人类生活中必不可少且有意义的一部分。因此,**存在主义分析**致力于使一个人具有**受苦**的能力,而**精神分析**却只想让人具有**享受**或者**取得成就**的能力。在某些情况下,人可以在真正的痛苦中,而且只有在那种痛苦中才能获得圆满。生命意味着"有机会成为某种东西",在承受痛苦,或者说实现态度性价值的可能性时我们有可能会将其错过。现在我们明白了陀思妥耶夫斯基的那句话,他说自己只害怕一件事,那就是配不上自己的痛苦。现在我们也评估了病人在痛苦中获得的成就,他们看起来也在挣扎着——让自己配得上这样的痛苦。

有一位才华横溢的年轻的男患者由于脊髓截瘫导致腿部瘫痪,这让他不得不突然停止繁忙的工作。现在他正在犹豫是否进行手术(椎板切除术)。病人的朋友们询问了一位欧洲有名的神经外科医生,医生对预后持悲观态度,拒绝做手术。一位朋友在给病人的一位女性朋友的一封信中讲述了这件事,当时病人正住在这位女友的乡间别墅里。当他们一起吃早餐时,毫无戒心的女仆把信交给了女主人。接下来发生的事情是患者在给朋友的信中所描述的,我们从中摘录了以下段落:"……爱娃无可避免地让我也读到了这封信。我就是这样从那位教授的陈述中得知了我的死刑判决。亲爱的朋友!我记得很多年前我看过的泰坦尼克号电影。我对一个场景记忆犹新,弗里茨·科特纳(Fritz Kortner)饰演的瘫痪病人一边祈祷,一边带领几个人走向死亡,而船在下沉,他们身边的水位不断上涨。我浑身颤抖地走出电影院。我认为大义凛然地走向死亡一定是命运的礼物。现在我的命运已经将它交付于我!我可以再次测试我的战斗力;但这场战斗,一开始就不是为了胜利,而是最后一次的发力,就如同最后的体能练习……只要允许,我想尽可能长时间地忍受没有麻醉剂的痛苦……'在一个失去的岗哨上战斗'？这个说法根本就不应该存在！一切都是关于战斗……不可能有任何失去的岗哨……晚上我们演奏了布鲁克纳的《第四交响曲》。这让我的内心充满了激荡而惬意的辽阔——顺便说一句，我每天都在做数学题，一点也不伤感。"

那些一直在"形而上学的无忧无虑"（舍勒）中过活，从而忽略了自己的可能性的人，总有一天，疾病和死亡会拿走他们身上仅剩的东西。有一个被生活宠坏的年轻女子某天被意外地带到了集中营。在那里，她病倒了，身体一天天衰弱。在去世前的几天，她说："其实，我很感激命运如此沉重地打击了我。以前，我确实太懒散松懈了。我没有去认真实现我的文艺理想。"她眼睁睁地看着死亡到来。在她躺着的医务室里，透过窗户可以看到一棵刚刚开花的栗树；你如果弯下腰到病人头部的位置，正好可以看到一根带有两个花苞的树枝。"这棵树是我孤独时唯一的朋友，"女人说，"我跟它说话。"她是不是产生了幻觉？她是不是精神错乱了？她认为树也"回答"了她。但她根本没有表现出谵妄的迹象。那么，是什么奇怪的"对话"？开花的树对垂死的女人"说"了什么？"它说：我在这里——我在这里——我就是生命，永恒的生命。"

维克多·冯·魏茨泽克（Viktor von Weizsäcker）曾经说过，作为痛苦承受者的病人，在某种程度上要比医生更优秀。一个对不可估量的情况足够敏感的医生在面对一个身患绝症或垂死的病人时，总会有一定程度的羞耻感。毕竟，医生自己无能为力，无法将病人从死神手中夺回；但病人却站在那里，在无声的痛苦中接受了命运，在形而上学层面上取得了真正的成就——而在物理世界中，在医疗领域，医生无疑是失败的。

3. 工作的意义

前面我们说过，生命的意义不需要被拷问，只需要被回答，通过对生命负责来回答。其答案并不是通过语言，而是通过行动给出的。[45] 此外，它必须与具体境况和人格相对应，并将这种具体性内化于自身。正确答案将是一个具有实际行动的答案，它作为人类责任的具体空间存在于日常生活的具体性中。

在这个空间里，每一个人都是不可替代的。我们说过，意识的独特性和唯一性非常重要。我们已经知晓，存在主义分析努力朝着责任意识的方向发展的原因，但与此同时，责任意识又首先在具体的个人任务的基础上发展出一种"使命"。如果没有看到存在的独特意义，人就必定会在遭遇困境时松弛倦怠。他就像一个被浓雾困住的登山者，在没有目标的情况下，危及生命的倦怠威胁着他。但当浓雾逐渐散去，避难所在远处若隐若现时，他就会突然感到神清气爽，精力充沛。登山者都熟知"攀登峭壁"时典型的疲劳体验，人往往不知道自己是否走错了路线，也许会陷入错误的岩石地带；直到突然看到通往山顶的路，他知道自己离山顶不远了，手臂就会仿佛又重新充满了力量。

创造性价值及其实现是生命任务的重点，其具体实现领域通常会与职业工作相契合。工作是可以代表个人在团体中的独特性，并让人从中获得意义和价值的领域。然而，这种意义和价值是附加在成绩（为集体做出的成绩）之上的，而不是特定的职业本身。并非只有某种职业才能为一个人提供获得满足的可能性。从这个意义上说，没有任何职业能让人快乐。如果有人——尤其是那些神经症患者——声称自己换个职业就会获得满足，那么这种说法要么是对职业意义的误解，要么就是自欺欺人。如果无法从工作中获得满足感，那是人自己的错，跟工作无关。职业本身无法使你变得不可替代；它只能给你提供机会。

一位患者抱怨自己的生活毫无意义，因此也根本不想恢复健康；她觉得如果有一份让自己感到满足的工作，例如，如果她是一名医生或护士，或者是一名获得某种科学发现的化学家，那么一切就会变得美好了。此处，重要的是要让这位患者清楚，起决定作用的绝不是一个人所从事的职业，而是她的工作方式；它与具体从事哪种工作无关，而在于构成存在独特性的人格是否在工作中发挥作用，从而使生活变得有意义。

医生这一职业的真实情况是什么呢？是什么给他的行为赋予了意义呢？他是按照艺术规则行事，在必要时给这个或那个患者注射或开药吗？单纯的艺术规则中是不包括医学艺术的。医生的工作只是为医生的人格提供了一个通过人格实现职业成就的永久机会。医生只有超越纯粹的职业规则限制，才能开始真正的人格化的、自我满足的工作。让上面的病人如此羡慕的护士工作又是怎样的呢？做护士要煮注射器、端便盆、搬运病人——这些都是必不可少的工作，但这些工作本身并不能满足人们的内心需求；当护士超出规定义务，开始人格化的工作，如她用自己特有的方式照护重病患者时，她的职业才真正开始赋予生命意义。只要人们正确地理解自己的职业，它就会赋予每个人这样的机会。每个人身上都存在着无可替代性、独特性和唯一性,对一项工作来说,重要的是谁来做以及如何做,而不是做什么。除此之外,我们需要告诉那些认为在工作中无法获得满足的人,他们最终可以在他们的职业生涯和私人生活中展现他们的独特性和唯一性,正是这些赋予存在意义。例如,作为爱的付出者和被爱的人,作为妻子和母亲,在所有这些关系中,她对于她的丈夫和孩子来说都是无可替代的。

人在工作中可以实现创造性价值并获得独特的自我满足,然而,人与工作之间的自然关系却由于工作环境的原因被强烈扭曲。很多人抱怨,自己每天为老板工作8小时甚至更多的时间,必须在流水线上不断重复同样的动作,或者长时间操纵一台机器,总之,他们表现得越是非人性化,越规范,就越显得忠诚可信,越受欢迎。工作仅仅被理解为一种达到目的、赚钱以维持生计的必要手段。在这种情况下,真正的生活仅存在于可以自由支配的业余时间中。然而我们要知道,有些人的工作会使他们非常疲倦,所以他们下班后就在床上倒头大睡,根本无法做自己想做的事;他们只能将业余时间变为休整的时间;这些时间里他们什么都不能做,只能睡觉。

在空闲时间中，即使雇主本人也并不总是"自由"的；他也无法逃脱所谓的工作关系的扭曲。在日常生活中，为了赚钱和生计而忘记生活本身的人比比皆是。赚钱已经变成了一种生存目的。一个有钱人可以用他的钱达到很多目的，但他的生活却失去了理由。在这样的人身上，不断赚钱完全掩盖了他的真正生活；除了赚钱，他什么都不知道，他不懂艺术，也不运动，连他玩的游戏也以某种方式与金钱关联在一起，比如赌博游戏，其最终目的还是赢钱。

失业神经症

当工作完全停止，也就是在失业的情况下，工作的意义才会清晰地显现。根据对失业者的心理观察，我们提出了失业神经症的概念。[46]值得注意的是，这些症状的焦点不是抑郁症，而是麻木冷漠。失业者对外界事物变得越来越不感兴趣，缺乏主动性。这种麻木冷漠并非没有危险，它会使这些人无法抓住可能向他们伸出的援助之手。失业者将他的空虚视为一种内在的空虚，一种意识上的空虚。他觉得自己没用，因为他无事可做。因为没有工作，他认为自己的生活没有意义。如同生物学中存在所谓的空白增殖（Vakatwucherungen）一样，心理学中也存在类似的现象。失业因此成为神经症发展的温床。精神上的闲散会导致"持续的"周日神经症。

麻木冷漠是失业神经症的主要症状,它不仅是心理空虚的表现;在我们看来,每一种神经症症状也都会伴有某种身体表现,很多情况下是营养不良。就像一般的神经症症状一样,有时它也是达到目的的一种手段。尤其对于已经患有神经症,只是由于失业而加剧或复发的患者,可以说,失业的事实作为物质进入神经症,作为内容被吸收到神经症中,并受到了"神经症化处理"。在这些情况下,失业是神经症患者为生活中(不仅仅是在职业生涯中)的所有失败开脱的一种受欢迎的方式。失业充当了替罪羊,为"拙劣"的生活背负了所有责任。一个人自己的错误被描述为失业的注定后果。"是的,如果我没有失业,那么一切都会不一样,一切都会很美好。"——然后他们就会有这样或那样的事可做,神经质类型的人往往会这样竭力宣称。失业让失业者的生活变成了权宜之计,并诱使他们沉迷于一种临时的生存模式。他们认为别人不应向他们提出任何要求。他们也不向自己提出任何要求。失业的命运似乎免除了他对他人和自己的责任,也免除了他对生活的责任。人生所有的失败都可以归咎于这种命运。显然,认为鞋子里只有一处挤脚，在某种程度上是好事。如果将一切都归咎于某个因素，而这一因素又是一个看似命定的事实，那么这样做的好处是，似乎什么都没有被放弃，你什么都不需要做，只需想象摆脱这一因素后一切就会好起来。

就像所有的神经症症状一样，失业神经症也有结果、表达和途径；我们期望，从最终和决定性的角度来看，它就像任何其他神经症一样被证明是一种存在模式、一种精神立场、一种存在的决定。失业神经症根本不是神经症患者所描绘的注定的命运。失业者不必陷入失业神经症无法自拔。即使失业，人"也可以有另外的活法"，他也能以某种方式决定他是否受制于社会命运的力量。很多例子证明，这种性格并不是由失业决定和塑造的。除了上述的神经症类型之外，还有另一种类型的失业者。他们和失业神经症患者一样，处于困窘不利的经济条件下，不过他们并没有为失业神经症所困扰，他们既不冷漠也不沮丧，有时甚至在一定程度上保持愉悦。这是什么原因呢？如果仔细观察，就会发现这些人往往还有其他形式的工作。例如，这些人可能是某个组织的志愿者、大众教育机构的名誉工作人员、青年俱乐部的无薪雇员；他们经常听讲座和好的音乐，他们广泛地阅读，并与好友交流讨论阅读的内容。他们以一种有意义的方式组织他们多余的空闲时间，这给他们的意识和生活带来了丰富的内容。像神经症失业者一样，他们的肚子也经常咕咕叫，然而，他们肯定自己的生活，一点儿都不绝望。他们已经明白如何让自己得到满足，并从中获取意义。他们已经意识到人生活的意义并非来自工作，失业的人也不必被迫过毫无意义的生活。对他们来说，生活的意义不再与拥有一份职业工作画等号。真正造成神经症失业者麻木冷漠，最终导致失业神经症的，是认为职业工作是生活的唯一意义的错误观点。错误地将职业和生活等同，必然会让失业者感到自己毫无用处。

所有这些都表明，人们对失业的心理反应根本没那么重要，人的精神自由还有巨大的空间。在我们尝试对失业神经症进行存在主义分析的背景下，很明显，不同的人会以不同的方式塑造相同的失业状况，或者更准确地说，一部分人将他们的心理和性格交给社会命运塑造，而没有神经症的人则反过来塑造社会命运。因此，每个失业的人可以自己决定成为内心坚定乐观的失业者还是冷漠麻木的失业者。

失业神经症并不是失业的直接后果。我们有时甚至看到，失业反而是神经症的后果。不难理解，神经症会对患者的社会命运和经济状况产生影响。在同等条件下，一个保持乐观坚定的失业者会获得比那些冷漠麻木的失业者更好的竞争机会，在申请工作时更容易有好的结果。而失业神经症的反作用不仅是社会性的，而且是性命攸关的。因为**精神生活通过其任务特征获得的结构会影响到生物层面**。此外，内在结构的突然丧失通常伴随着空虚体验以及器官衰退的现象。精神病学上有典型的心理-生理衰退现象，如人在退休后迅速衰老。动物也有类似的情况，如训练有素的马戏团动物的平均寿命比动物园里同龄的"没有工作"的动物更长。

之所以存在进行心理治疗干预的可能性，其原因在于，失业神经症与失业本身没有根本关联。如果有人对这种解决方式表示不屑，他们可以参考当下失业青年中流行的说法："我们不要钱，我们要充实的生活。"很明显，狭义的非意义疗法，即所谓的"深度心理"治疗，在这些情况下是没有希望的。相反，这里所指出的道路只存在于存在主义分析之中，它要求失业者直面社会命运，保持内心自由，它唤起患者的责任意识，使他们可以赋予艰难的生活以内容并从中获得意义。

正如我们所见，失业和职业工作都可能被滥用为达到神经症目的的手段。为达到神经症的目的而工作与为达到有意义生活的目的而工作，二者必须区分开来。因为人的尊严禁止他将自己降格成为一种手段、一种单纯劳动过程的手段、一种生产资料。**工作能力不是一切，它既不是让生活充满意义的充分理由，也不是必要的理由**。一个人可以在有工作的同时过着毫无意义的生活。也可以在没有工作的同时赋予生活意义。一个人主要在特定领域寻求生活的意义，而这在一定程度上限制了他的生命，这无可厚非。问题是，这种自我限制是否建立在客观的基础之上，或者就神经症而言，是不是必要的。在这种情况下，人没有必要为了享受而放弃工作，也没有必要为了工作而放弃享受。这种神经症患者的情况正好契合了爱丽丝·吕特肯（Alice Lyttken）的一本名叫《我不来吃晚饭》的医生小说中的一句话："如果没了爱情，工作就会成为替代品，如果没了工作，爱情就会成为鸦片。"

周日神经症

大量的职业工作并不等同于意义丰富的创造性生活；然而，神经症患者有时会试图通过完全沉浸于工作来逃离生活。一旦忙碌的工作在一定的时间段中暂停下来，存在层面上的内容空虚和意义贫乏就会显现。这个时间段就是——周日！我们经常见到，一些人在周日不得不抛弃手头的工作，他们的脸上带着掩饰不住的绝望，与此同时，他们自己也被抛弃了，他们没有约会，没有人邀请他们看电影。他们手中没有"爱情"的"鸦片"，或者暂时没有了忙碌——那种可以掩饰内心空虚的忙碌，只有工作狂才需要这样的忙碌。在星期天，当平常的工作节奏放缓时，大城市的日常生活中意义的贫乏就会渐渐显露。我们会有这样一种印象，仿佛那些在生活中没有目标的人总在以最高的速度飞奔，仿佛这样他们就可以对无目的性视而不见。他们试图逃离自己，但无济于事，因为在周日，当平时的忙碌停止时，存在的无目标、无意义、空虚就又会在他们身上显现。

为了克服这种感觉，他们逃进了舞厅。那里有嘈杂的音乐，这让他们省去了勉为其难的"舞厅对话"。他们还省去了思考，全神贯注地投入舞蹈之中。此外，"周日神经症患者"还会逃离到另一项周末活动，也就是体育运动的"庇护所"之中。在那里他们仿佛可以关注地球上最重要的事情，那就是哪个足球俱乐部赢了比赛。两个11人的队伍踢球，成千上万的人观看。在拳击运动中，只有两个人是活跃的，但是他们的竞争非常激烈，这可以满足不活跃的偷窥观众的施虐欲。我所说的这些不是反对健康的体育运动，只是批判性地询问，体育运动有哪些内在价值。让我们以登山者的运动理念为例，登山首先需要积极参与，被动地观看在这里是行不通的。这里比拼的是真正的能力，与身体素质密切相关，例如，在某些危及生命的情况下，登山者不得不落到最后；在心理关系中，"素质"再次被推至前台，无论登山者有什么心理弱点，比如焦虑或恐高，他都必须学着克服。应该指出的是，登山者不是（出于自己的意志）"寻找"危险，而是如欧文·施特劳斯所指出的，"尝试"危险。竞争在很多运动中往往导致对记录的追逐，在登山运动中却被转化为"挑战自我"的一种高质量形式。攀爬团队的体验最终代表了另一个积极的、社会性的时刻。

即使对记录的病态追逐也证实了人类的特点，因为这些记录也是展示人类追求其唯一性和独特性的形式。这同样适用于其他的大众心理学现象，例如流行时尚：人们不惜一切代价想从时尚中获得独特性；在这里，唯一性和独特性仅限于最外在的东西。

不仅是运动，艺术也会在神经症层面被滥用。虽然真正的艺术或艺术生活丰富了人的内心，并将他们引向最本己的可能性，但在神经症层面被滥用的"艺术"只会使人偏离自我。它更多的只是一种令人迷醉和眩晕的情况。例如，一个想要逃离存在的真空的人可能会去看一本扣人心弦的犯罪小说。他最终会在紧张中寻求解决方案——那些摆脱乏味的消极欲望被叔本华误认为是唯一可能的欲望。前面已经提到，我们并不是为了摆脱乏味、紧张、斗争而去体验消极欲望；实际上，我们并不是为了不断获得新的感觉而进行生命斗争，生命的斗争更多是带有意向性的，并在其中获得一些意义。

对于寻求刺激的人来说，最大的轰动事件莫过于死亡，不管是在"艺术"还是在现实中。市侩的报纸读者想要在早餐桌前读到不幸和死亡。然而大量的不幸和死亡报道也不能使他满足，匿名的大众对他来说太过于抽象，所以，这个人同时可能会产生去电影院看一场匪徒电影的需求。就像其他成瘾者一样：追逐耸人听闻的事件成瘾的人需要紧张刺激，而紧张刺激又会产生新的、更强烈的对刺激的渴望，从而导致刺激剂量的不断增加。这其实形成了一种对比的效果，好像死的总是别人。这种类型的人想要逃离的是对他来说最为灰暗的事实，即他自己也终有一死的事实，这让他无法承受存在的真空。必死无疑意味着一种基于愧疚的恐惧。死亡是生命的结束，它只能让那些没有填满自己生命的人感到恐惧。只有这些人无法正视死亡。他并没有意识到生命有限，也没有在这一过程中实现自我，而是逃到了一种赦免的妄想之中，就像那些被判死刑的人，在生命的最后时刻开始相信自己还有可能被赦免。这种类型的人逃到了一种认为自己什么都不会发生，死亡和灾难只会降临到别人头上的妄想之中。

神经症患者往往会逃到小说世界中，逃到他们心中"主人公"的世界里。追逐纪录的运动员至少还想要在自己的功劳簿上休息一下，但这种类型的小说读者只想要别人满足自己的需求，即使只是一个虚构的人物。然而，在生活中，从来不会有任何形式的功劳簿可以休息，也没有一劳永逸的事情；生命一再地向我们提出新的问题，让我们永远无法安宁。只有自我麻醉，才能让我们对那些永恒的刺痛不再敏感，生活以此不断向我们提出新的要求，并拷问我们的良知。谁停下来了，谁就会被超越；谁自我满足了，谁就会失去自己。所以我们不应满足于我们创造或者体验过的一切；每一个时刻都需要新的行动，都会产生新的体验的可能。

4. 爱的意义

我们已经看到，人类存在的意义通过其独特性和唯一性得以建立。我们还看到，创造性价值以与群体有关的成就的形式得以实现。人的创造离不开群体，群体赋予了个体独特性存在的意义。人类的经验也离不开群体。特别是在两性关系中，"我"和"你"构成了一种内在的群体。如果我们不是考虑引申意义上的爱，而是从亲密关系（Eros）的意义上理解爱，那么它就代表了一种可以通过特殊方式实现经验性价值的领域：爱实际上是对另一个人的所有独特性和唯一性的体验！

除了通过实现创造性价值，即以某种方式积极地表现出自己的独特性和唯一性之外，还有第二种方式，也就是被动的方式，通过这种方式可以轻而易举地得到人们必须通过某种行动才能获得的一切。这种方式就是爱——或者确切地说，是被爱。没有任何自己的付出和"贡献"，就像是一种恩典，人轻而易举地实现了其独特性和唯一性。在爱情中，**被爱的人被认为是独一无二的**。他被对方看作一个"你"，并作为另一个"我"被接受。对于爱的付出者来说，心爱之人是不可替代的，他不需要任何付出。被爱之人的人格的唯一性和独特性，也就是人格的价值，在被爱过程中得以实现,这其实根本不关被爱之人什么事。爱不是"功劳",而是恩典。

爱不仅是恩典,也是魔法。对付出爱的人来说,世界如同被施了魔法,让他沐浴在额外的价值中。对他来说,爱加强了人对于实现价值的共鸣。爱情为相爱的人敞开了价值实现的大门。就这样,在对"你"付出爱的过程中,人体验到一种超越这个"你"的内在丰富:对他来说,整个宇宙在价值上变得更加广阔和深邃,他在那些只有付出爱的人才能看到的价值中闪耀;因为,众所周知,爱不会让人变得盲目,而是让人双目澄明。除了被爱的恩典和爱的魔法,还有第三个方面:爱的奇迹。毕竟,通过相爱的两个人所发生的某种难以理解的事情——通过一番生物学的迂回——一个新的人诞生了,他的身上充满了独一无二的存在的秘密,这就是孩子!

性、色欲和爱情

我们已经反复讨论过人的本质的层次结构。我们一再指出,我们将人视为身体、心理和精神的整体。在心理治疗中,我们要求,除身体和心理外,还要将精神作为一种治疗手段。

现在我们想说明的是,一个人作为爱的付出者、爱的体验者和在恋爱中体验对方的人，在面对多层次的人格结构时会采取不同的态度。人格的三个维度与三种可能的态度形式相对应。最原初的态度是性态度。在这里，性刺激来自另一个人的身体，它触发了人的本能，刺激了这个人的身体。对伴侣可能采取的下一种更高形式的态度是色欲态度——出于启发式的原因，我们将色欲和性置于相互对立的关系中。被狭义的色欲定义的人不仅被性激发，还对性充满渴望。他的态度实际上并非由性冲动决定，也不是由其性伴侣激发。如果我们把伴侣的肉体作为最外层，那么可以说，有色欲的人比单纯追求性刺激的人进入的层次更深，他进入了下一个层次，也就是对方的心理结构层次。这种对伴侣的态度，作为与他的关系的一个阶段，与通常所说的迷恋相同。我们被伴侣的身体特征激发，却"爱上了"其心理品质。恋爱的人的身体不再激动，而心理情感却开始兴奋，被伴侣特别的（但不是独特的）心理——例如某些性格特征——激发。纯粹的性态度以伴侣的肉体为目标，并作为意图停留在这一层。而色欲态度或迷恋态度则是针对心理的。然而即便如此，色欲态度也没有渗透到对方的内心深处。只有第三种可能的态度能做到这一点：真正的爱。

爱（在这个词的最严格意义上）是色欲的最高的可能形式，因为它代表了对伴侣的人格结构最深层次的渗透，即与伴侣建立一种精神上的关系。与伴侣的精神上的直接关系是伴侣关系的最后可能形式。这种意义上的爱情付出者不再在自己的肉体或情感中兴奋，他的精神深处被伴侣的身体和心理的精神载体触动，也就是被伴侣的人格核心触动。爱直接面向所爱之人的精神人格，面向它的独特性和唯一性（二者结合构成了精神人格）。精神人格是那些追求（狭义上的）色欲或性快感的人想要的心理和身体品质的承载者；精神人格是那些身体和心理表象背后的东西，单纯的性或"迷恋"态度只可以渗透到这些表层；精神人格就是身体或心理表象所展现出来的东西。精神人格的身体和心理表象也是精神人格所"穿"的外在和内在"衣服"。追求性快感或陷入迷恋中的人喜欢伴侣"身上"的某种身体特征或心理品质，也就是这个人所"拥有"的东西。而付出爱的人不仅爱所爱之人"身上"的东西，而且爱这个人本身；不是所爱之人所"拥有"的东西，而是其所"是"的东西。可以说，爱的付出者是在透过身体和心理"衣服"看待精神人格本身。因此，他不再关心可能吸引他的身体"类型"，或有可能使他迷恋的心灵特征；他关心的是人本身，关心的是他的伴侣，因为他是一个无可比拟且不可替代的人。

精神分析将我们在恋爱中遇到的并非出于性本能的追求描述为"目标抑制"型追求。精神分析在这一点上是正确的，但是我们是在另外的意义上谈论这个问题的。精神分析认为，这些追求抑制的是与假设的性本能相关的目标。而我们认为，它们恰恰是在相反的意义上抑制了目标，目标被抑制在下一个更高层次的态度形式（与迷恋相反）的方向上，也就是在真正的爱的方向上，它是伴侣人格的下一个更深刻的层次，也就是他的精神内核。

唯一性和独特性

爱是一种真正的人类现象，它是一种特殊的人性，不能被轻易地简化为非人现象（subhumane Phänomene）或从非人现象中推演出来。作为一种不能被进一步简化的"原始现象"，爱是一种将人的存在表征为人性的行为，换言之，一种最为根本的存在行为。不仅如此，它简直就是一种共存的行为，因为爱是人与人之间的关系，它使我们意识到我们的伴侣所具有的唯一性和独特性。总而言之，爱通过相遇的特质得以彰显，而相遇总是意味着人格与人格之间的关系。

爱是一种**真正**且**原始**的人类现象，不是一种单纯的附带现象。如果精神分析和心理动力学将爱解释为性行为的升华，那么它就是一个单纯的附带现象。但是爱不能被如此简单地说成是性的升华，相反，它是一个过程的条件和前提。在这个框架内，升华之类的东西才变得可以想象。

性欲的发展和成熟源于纯粹的**性冲动**——如果我们想保留弗洛伊德的术语——它既不是**本能目标**，也不是**本能客体**。后来，人们开始从狭义的角度来构建性本能的含义。**性冲动**已经具有一个冲动目标，这个目标就是性交。但它仍然缺乏一个真爱伴侣意义上的冲动客体，性冲动以这个伴侣为中心：这种对特定人格，也就是伴侣人格的定向，成为性发展和成熟的第三个阶段的特点，即性追求。因此，爱的能力是性欲的整合的条件和前提。或者，正如我常说的，**只有想要"你"的"自我"才能整合"本我"**。

一个真正处于爱情中的人，实际上是在追求伴侣精神人格的唯一性和独特性。想要让缺乏经验的人明白这一点，我们就让他想象，他爱着某个人，却以某种方式永远地失去了这个人，无论是通过死亡还是通过永久的分离；我们给他提供一个爱人的替身——这个人无论在生理还是心理上都与之前的爱人一模一样。试问，这个爱的付出者是否可以简单地将他的爱转移到另一个人身上呢？他将不得不向我们承认，他不可能这样做。事实上，这种真爱的"转移"是不可想象的。爱的付出者并不"在意"所爱之人"身上"的任何心理或身体特征，并不在意爱人"拥有"的这个或那个特征，而在意她在其独特性中"是"什么。作为一个独特的人，她永远不能被另一个相似的人所替代。单纯的迷恋可以让他不费吹灰之力地转移到一个替身身上。因为在他的迷恋中，他注意到的只是伴侣"拥有"的心理特征，而不是对方的精神人格。

精神人格作为真正的爱情的对象，对于真正的爱情付出者来说是不可替代的，因为它是独一无二的。然而，与此同时，这意味着真正的爱情已经保证了它在时间上的持续。因为身体状况和心态都不是持久不变的；甚至身体状态所代表的性兴奋状态也是暂时的，性冲动会伴随着满足感骤然消失；那种被称为迷恋的心态也不会持久。然而，我们在其中把握精神人格的精神行为却会以某种方式保持下去：只要它的内容有效，它就永远有效。这样一来，真爱就通过发现一个独一无二的"你"而避免受到任何短暂性的损害，也避免被单纯暂时的性欲或色欲影响。

爱不仅仅是一种情感状态。爱是一种有意向的行为，它的意图是另一个人的"所是"。这种"所是"——这个其他人的本质——（就像一切"所是"一样）最终独立于此在；本质（essentia），不依赖于实存（existentia），因此高于后者。只有这样才能理解爱可以在所爱之人死后延续的原因；现在我们才明白爱可以比死亡"更强大"，死亡固然可以摧毁所爱之人的此在，但无法消除其"所是"。像所有真正的实体一样，他的独特本质是永恒的，在某种程度上是不朽的。一个人的"观念"——正是爱他的人所看到的——属于一个永恒的领域。不要认为这种被迫追溯到经院哲学或柏拉图式思想的思考与我们也承认其认知尊严的简单经验模式相去甚远。下面是一段集中营囚犯的经历描述：

"集中营里的所有人，我的战友和我都很清楚，地球上没有任何幸福可以弥补未来我们在监禁期间不得不忍受的一切。如果我们幸运的话，我们将只有一个选择，那就是去'撞铁丝网'，也就是自杀。我们这些人并没有这样做，我们没有自杀是出于某种深切的义务感。比如我，我有义务为了我母亲而活下去。我们之间的爱胜过一切。所以不管多辛苦，我活着都是有意义的。但我必须时刻面对死亡。我的死也应该是有意义的——还有我承受的所有痛苦。于是我与上天约定，如果我必须死，那我的死应该换来我母亲继续活下去的机会；我死前所遭受的磨难应当换来她轻松地死去。从一个受害者的角度来看，我的整个痛苦的生活对我来说似乎是可以忍受的。只有当生活有意义时，我才能继续活下去；而只有当痛苦和死亡也有意义时，我才愿意忍受痛苦并为此去死。"这位囚犯在自我描述中还提到，只要时间和他的营地生活的情况允许，他的心就沉醉于爱人的精神形象。所以我们可以说，虽然他在具体的生活情境中不可能实现创造性的价值，但他确实经历了内心的充实和对爱的奉献的满足，这种生活在爱的沉思、爱的体验中实现了经验性的价值。在我们看来，对这一经历的进一步描述更加了不起。

"但我不知道我母亲是否还活着。我们一直没有听到彼此的消息。其实那时候，在我和我母亲的灵魂交流中，我并不介意我母亲是否还活着！"这个男人从来都不知道，他所爱的人是否还健在。尽管如此，这对他来说几乎没什么影响，他只是事后偶然地触及了"此在"的问题——就像完全没有碰到这个问题一样。在这种意义上，爱意味着一个人的"所是"，他的此在几乎不再受到质疑。换句话说，另一个人的本质充实了爱的付出者的内心，以至于其真实性在某种程度上并不重要了。

爱几乎不在意所爱之人的肉体是否存在,这让它很容易超越所爱之人的死亡,并一直持续到自己生命的结束。对于一个真正的爱的付出者来说,所爱之人的死永远无法理解。他无法"把握"它,就像无法"把握"自己的死亡一样。然而,自己的死亡无法通过经验来体验,就像人出生之前无法体验自己的存在一样。**真正相信自己能把握住一个人的死亡的人,是在自欺欺人**;最终难以理解的是他所想的和想要让人相信的东西:一个人从一个有机体变成了一具尸体,从世界上消失了,不再属于任何形式的存在。舍勒在一篇遗作中谈到了备受质疑的人格在(身体)死后"继续生存"这一问题,他指出,只要我们真的"在意"某个人,我们在所爱之人有生之年从其身上获得的就远远超过身体上的"几丝感官片段";爱人死后,我们只会怀念这些!但这并不意味着这个人格本身不再存在,最多可以说,逝者再也不为人知,因为这需要物理或生理的表达过程(如语言等)。由此我们再次明确了,真正的爱的意图,也就是对另一个人格的意图,为什么以及在何种意义上与他们的身体存在无关。

当然,这一切并不意味着爱没有"化身"。爱独立于肉体，它不依赖于肉体。即使对于两性之间的爱，肉体和性也不是第一位的，它们不是目的，而是一种表达方式。原则上，没有它们爱也可以存在。在可能的情况下，爱会渴望并寻求肉体和性；但如果必须要放弃，爱也不会因此而枯萎。精神人格通过塑造心理和肉体的表象和表达方式来塑造自己的形象。在以人格核心为中心的整体中，外部的层面通过表达内在而获得价值。人的肉体在某种程度上可能影响其性格（心理上的东西），而性格则又是人格（精神上的东西）的表达。**精神在肉体和心灵上获得表达——并要求表达**。这样一来，对爱的付出者来说，所爱之人的肉体表象就成为某些隐藏和外显的，但永不消失的东西的象征。**真正的爱既不需要肉体的觉醒，也不需要它的满足，但它为肉体的觉醒和满足服务**。只要人从本能上被伴侣的身体性打动，他的身体性就会觉醒，但这并不意味着他的爱针对伴侣的身体性；身体性在某些情况下是伴侣人格的精神性表达，它成为爱情付出者作出选择时的重要考虑因素，正是出于他的这种本能确定性，他选择喜欢一个人而不是另一个。某些生理特征或心理性格特征将引导爱的付出者找到自己的"意中人"。"肤浅"的人总是注重伴侣的"表面"而无法把握其深刻的内在，而对于"深刻"的人来说,"表面"本身也是一种深度的表达,它虽然不是本质和决定性的,但很重要。

从这个意义上说,爱唤醒了肉体;同时,爱通过肉体满足了自己。事实上,身体成熟的伴侣通常会被驱使去建立肉体关系。但是对于真正相爱的人来说,肉体的、性的关系只是表达他们的精神关系的一种方式。作为一种表达方式,它只能从作为支撑它的精神行为的爱中获得人类的奉献。因此,我们可以说,正如对爱的付出者而言伴侣的身体是其精神人格的表达,性行为对于爱的付出者来说是一种精神意图的表达。

因此,对一个人外表的印象与其是否被爱基本无关。只有在爱的沐浴下,他的心理-生理上的个性特征才能获得尊严;只有爱才使它们成为"可爱的"品质。这里我们要对美容持批评和谨慎态度。因为即使是所谓的瑕疵,在某种程度上也属于某个人的一部分。如果外在的东西会产生什么影响,那么它不会影响到自己,而是会影响到自己所爱的人。例如,一位女患者打算通过乳房整形术美化乳房,以此获得丈夫的爱。她向医生征求意见。医生告诉她,如果她丈夫真的爱她,就会爱她身体本来的样子。一件晚礼服只有穿在所爱的女人身上时,男人才会觉得它很美。最后患者询问她丈夫的意见。丈夫也明确表示，手术效果只会令他不安——他说："这样就不再是我的妻子了。"

一个其貌不扬的人总是不由自主地寻找那些外表有吸引力的人轻易得到的东西，这从心理学上当然很容易理解。丑陋的人在爱情生活中越是艰难，越会高估爱情生活。事实上，爱只是让生命充满意义的可能机会之一，它甚至不是最大的机会。如果生命的意义取决于人是否能在爱情中体验到幸福，那么这对我们的存在来说是可悲的，我们的生命也将无疑是贫乏寡淡的。生命中蕴含着无限丰富的价值机会。生命的首要任务是实现创造性价值，即使是那些不爱和不被爱的人，也能以一种非常有意义的方式塑造自己的生活。唯一的问题是，如果一个人无法在爱情中获得幸福，这是他命中注定的还是出现了神经症问题。正如我们不能为了态度性价值而放弃创造性价值，同样，我们不能过早地放弃爱的经验性价值，这样很危险。因为人们往往会忘记，比起人格，外在的吸引力其实并不重要。有很多这样的例子，一些其貌不扬的人凭借他们的个性与魅力在爱情生活中逆袭成功。我们曾引用过一位残疾人的事例，虽然命运多舛，他却在精神和肉体上证明了自己。

其貌不扬的人其实没有理由放弃。更何况这种放弃还会导致一个不良后果,那就是记恨。因为在某个价值领域未获实现的神经症患者,要么高估,要么贬低这些生活领域。在这两条道路上,他都将自己置于错误的境地——并将自己置于不幸之中。在爱情中,神经质般紧张地追求"幸福"恰恰会导致"不幸"。一方面,那些执着于被自己高估的情欲的人都试图挤进克尔凯郭尔所说的"幸福之门",而它却是"向外打开的",将那些浮躁性急之人挡在门外。另一方面,在消极意义上固守爱情生活的人会贬低爱情生活,通过贬低得不到和看似得不到的东西来麻醉自己——他将自己封闭起来,无法获得爱的幸福。因为表面上或实际上必须放弃而产生的内心怨恨导致了与反抗命运相同的结果:这两种人都剥夺了自己的机会。那些诚实的,但并不是完全的放弃者轻松、无怨恨的态度让人格的价值熠熠生辉。

对外表的强调导致色欲意义上的肉体的"美"被高估。与此同时,这个人本身在某种程度上被贬低了。说一个女性是"美女"这句话中包含着一种屈辱;这种判断难道不意味着,人们不愿谈论诸如精神价值之类的东西吗?对相对较低的价值范围内的正面判断的强调必须引起我们的怀疑,即负面判断在更高的价值领域内被掩盖了。但是，强调色欲审美的价值判断，不仅包括对被评判的人的贬低，还包括对评判人的贬低。因为当我专门谈论一个人的美时，这不仅意味着我对她的精神本质一无所知，也意味着我对她的精神本质毫无兴趣——我根本不重视她的精神本质。

"拥有"的视野

古往今来所有的调情、所有的色欲，都只是毫无意识地掠过对方的精神人格，它们根本看不到对方的独特性和唯一性，因为它们根本不想承认。这种色欲逃离了真爱的束缚，逃离了与伴侣之间真正的维系感——逃离了这种维系中的责任。色欲逃进了集体：进入了各自喜欢的"类型"以及各自的伴侣或多或少偶然地代表的"类型"之中。这样一来，被选择的就不是某个特定的人格，而只是某种特定的类型。爱的意图停留在可能典型但非人格化的外在表象中。现在最受青睐的女性类型是非人格化的女性——女性"非人格"，我们不必与之建立人格关系，而只需与之建立非约束性的关系，我们可以"拥有"一个女人，但不必去"爱"她：她是财产，没有个性，也没有内在价值。爱只属于真正的人格；对女性"非人格"不可能有爱，也不能对她忠诚：非人格与不忠诚相对应。这种不忠在色欲关系中不仅是可能的，而且是必要的。爱情幸福的缺失必须通过大量的性享受来弥补；一个人越是缺少"幸福"，他的本能欲望就越需要被"满足"。

调情是一种贫乏枯竭的爱情。我"拥有"过这个女人，从这样的话中可以窥见这种色欲形式的全貌。这让我们深入地了解这种形式的色情。人所"拥有"和占有的东西，可以交换或更换；一个男人"占有"一个女人，他可以随时更换掉她；甚至还可以"购买"另外一个。在"拥有"的范畴下，这种色欲也存在于女性伴侣一方。真正意义上的"肤浅"色欲——附着在伴侣的"表面"，附着在其外表和肉体之上——也在女性一方"拥有"的视野之中。在这种视野中，一个人"是谁"并不重要，重要的是她（作为可能的性伴侣）是否具有性吸引力。一个人所拥有的东西可以改变，女人的"容貌"也可以通过化妆来改变。因此，女性正好迎合了男性的态度。在这些情况下，她会隐藏所有个性化的东西，不给男人增加负担，放任他寻找他喜欢的类型。在这些情况下，女人会在意自己的外表；她想被"接受"——她根本不想被认真地接受，她根本不想作为自己原本所是的那个独一无二的人被接受。她希望被当作一个一般的存在，并因此将无特征的肉体置于前景之中。她想要非人格化，塑造某种时髦并在情色名利场上广受欢迎的类型，她想尽可能忠实地模仿这种类型，这样做的话她就必须对自己不忠。

例如，她从电影世界中汲取了这种类型。她不断地将自己与自己或者伴侣心中的理想女性进行比较，以便尽可能地向其靠拢。她早已不再骄傲地认为，每个人与生俱来都是无可比拟的。她甚至没有信心自己创造一种新型女性，或者说是"制造"出一种时尚。她并不想创造一个类型，而是仅满足于表现一个类型。她欣然地向男人展示他所喜欢的"类型"。她从不全身心地关注自己，也从不投入地爱自己。在这条歧路上，她离充实、真正的爱情体验越来越远。她从不关注自己，男人看似在寻找她，但实际上是在寻找她的类型。她献身于男人的欲望，准备好给他所需要和想"拥有"的东西。到头来两人都空手而归。他们不是彼此寻觅，而是找到自己，找到让对方值得爱，让自己的生活值得过的那种独特性。人在工作中会展现自己的独特性和唯一性，而在爱情中，他会将伴侣的独特性和唯一性纳入自身当中。在爱情的相互奉献、相互给予和索取中，自身的个性开始发挥作用。因此，真爱的意图会渗透到存在层面。在那里，人不再代表任何一种"类型"，而只是他自己的唯一样本，无可比拟、不可替代，并被赋予了独特性的所有尊严。这种尊严就是那些天使的尊严，一些经院学者声称它们不受"个体化原则"的约束；它们并不代表一个物种，而是每个物种只有一个样本。

如果真正的爱的态度代表了一个精神人格对另一个精神人格的倾慕，那么它也是忠诚的唯一保证。因此，爱本身的结果是它在经验时间内的持续。然而，在经验的时间里，更多的结果是，对爱的"永恒"体验。爱只能"在永恒的角度下"被体验。真正的爱的付出者，在爱的时刻，在他对这一时刻和爱的对象的奉献中，永远无法想象他的感觉会改变。当我们考虑到他的感受不是"根据情况"而是有某种意图时，就容易理解了。他们想要把握所爱之人的本质及价值，就像在任何其他心理行为（比如认识或价值认知）中把握本质或价值一样。一旦我知道了 $2 \times 2=4$，我就永远掌握了它："结果保持不变。"当我们体验到真爱的那一刻，我们也体验到它的永恒，就像我们认识到一个"永恒的真理"一样。同样，只要爱持续存在于经验时间中，它就必然被体验为"永恒的爱"。但在寻求真理的过程中，人会犯错。在爱情中，人也可能犯错。然而，从一开始，一个主观真理绝不意味着它"仅仅是主观的"，它是错误的。这种错误只有事后才能证明。同样，人不可能只是"暂时地"去爱，他不可能把临时性作为目的，并"想要"时间有限的爱；他最多只能冒着爱的对象后来被证明不值得他爱的"风险"去爱，一旦被爱的人的价值从爱人的视野中消失，爱就会"死亡"。

所有的财产都可以交换。真爱的意向不是指一个人可以"拥有"对方什么，或对方"拥有"什么，而是指对方"是"什么，因此，只有真爱才会导向一夫一妻制的态度。因为一夫一妻制的前提是伴侣不可替代的独特性和唯一性，也就是他的精神本质和价值，它们超越了所有可以被具有相同特性的其他人取代的身体或心理特性。

我们仅从这一点就可以得出结论，单纯的迷恋，作为一种或多或少转瞬即逝的"情感状态"，在本质上几乎必须被视为婚姻的禁忌。当然，这并不意味着真爱本身就是一种积极的暗示。婚姻不仅仅是一个私人经验的问题，它是一种复杂的结构；它是一个国家法定的或教会认可的社会生活机构，这意味着它也延伸到了社会领域，因此人们必须满足某些条件才能结婚。在具体情况下，婚姻关系的形成也取决于某些生物学条件和情况，毕竟还有优生禁忌症这种东西。不过爱情大概从不会受其影响；只有当伴侣结成精神共同体，而不是两个单独的致力于"生殖事业"的生物个体时，才能构成真正的婚姻。而那些从一开始就不属于真爱的动机只有在"拥有"和占有为主导范畴下的色欲框架内才有可能成为缔结婚姻的积极动机。当经济动机成为婚姻的决定性因素时，就体现了物质主义、"拥有"意志的特征。这里只是孤立地考虑婚姻的社会因素，而且仅仅局限在经济，甚至财务方面。

真爱已经构成了一夫一妻制关系的决定性因素。但这种关系还有第二个因素，即排他性因素（奥斯瓦尔德·施瓦茨）。爱意味着一种内在的情感维系；一夫一妻制关系的婚姻则是外在的联系。保持这种联系的决定性因素就是忠诚。然而，这种联系的排他性要求人必须建立"正确的"联系；人不仅要能将自己置于这种联系之中，还要知道和谁在一起。这就要求人具有选择特定伴侣的能力。就一夫一妻制关系的内在成熟而言，色欲成熟包含了双重要求：要求有能力（专门）决定一个伴侣，要求有能力（肯定）对他保持忠诚。如果我们把青年时期看成色欲意义上的准备期，那么它也是爱情生活的准备期。事实证明，年轻人既要寻找合适的伴侣，又要适时地"学习"忠诚于伴侣。这种双重要求并非没有矛盾。因为一方面，年轻人必须获得一定的关于色欲的知识和常规,以便能够做出决定。但另一方面,从对忠诚能力的要求来看,他又必须努力超越单纯的情绪,只钟情于一个人。因此,可能会出现这样的情况,即他不知道是否应该放弃某种特定关系,从而有机会体验更多,并最终做出决定,或者他是否更愿意尽可能长时间地保持特定关系,以便尽快学会忠诚。在实践中,我们建议让面临这种困境的年轻人向自己提出几个消极的问题。他只需要问自己,他是否想"跳出"一个可能有价值的具体关系,因为他害怕被束缚,想逃避责任,或者他是否不得不抓住一段脆弱的关系,因为他害怕自己不得不独处几个星期或几个月。如果他以这种方式拷问自己可能存在的非客观动机,那么对他来说,做出客观的决定就很容易了。

价值与快乐

舍勒将爱情描述为一种追求所爱之人的最高价值的精神运动,在这种精神行为中,最高价值——他称之为人的"福祉"(Heil)——得到了把握。关于爱情,斯普朗格(Spranger)也有类似的说法,他认为通过爱情可以认识到所爱之人的价值可能性。陀思妥耶夫斯基则有另外的说法:爱一个人意味着按照上帝的旨意看待他们。

可以说，爱，让我们看到了一个人的价值。在这方面，它几乎完成了一种形而上学的成就。因为我们在爱的精神行为表现中意识到的价值形象本质上是某种不可见、不真实、未实现的"形象"。在爱的精神行为中，我们不仅在独特性和唯一性中把握一个人"是什么"，即经院哲学所说的"此一性"（haecceitas），还把握了他在自己的独特性和唯一性中能够成为什么，即"圆满实现"（Entelechie）。现在让我们回顾一下人类的现实是一种可能性这个矛盾的定义——它是一种价值实现的可能性，一种自我实现的可能性。而爱所揭示的恰恰是人类的这种"可能性"。我们已经指出，所有心理治疗，只要它是以爱的引导〔普林佐恩（Prinzhorn）〕为基础，就一定要看到与其相关的人最本己的可能性，预测此人的价值可能性。它属于被称为爱的精神行为的形而上学之谜，在其中，人们可以从所爱之人的本质中读出他的价值形象。因为基于本质现实的价值可能性预期并不是预测（Berechnen）。只有现实才能被预测；可能性逃避任何形式的预测。我们已经说过，人只有不再被给定的现实和天然束缚所预测，而是展现一种赋予自身的可能性时，才开始成为真正意义上的人。一般的观点认为，充满本能冲动的人是不可预测的，这一观点用在此处并不恰当。恰恰相反，正是由于本能天性，人才可以被预测！单纯具有"理智"构造的人被称为心理学类型上"可被预测"的人，他能够预测自己所做的一切——这样的人，并且只有这样的人才是可以预测的。然而，"真正的"人是不可预测的：存在既不能追溯到事实性，也不能从事实性中推导出来。

价值的发现只会丰富一个人。正如我们在讨论经验价值时所看到的，这种内在的丰富甚至部分地构成了他生命的意义。因此，爱无论如何都必定会丰富爱的付出者的生命。所以没有"不幸福"的爱，也不可能有；"不幸的爱"本身就是矛盾的。因为要么我真的爱——那么我一定会感到充实，不管我是否得到回报；要么我不是真的爱，我并不是真的"在意"另一个人的人格，而是只看到他"身体上"的某些东西，或者他所"拥有"的（心理）性格特征——如果我是不幸的，那么我就不是付出爱的那个人。诚然，单纯的迷恋会让人在某种程度上变得盲目；但是真正的爱却会让人内心澄明。它使我们能够在其本质现实和潜在价值中看到伴侣的精神人格。爱使我们能够体验到另一个世界，从而使我们自己的世界得以扩展。爱以这种方式丰富我们并让我们快乐，与此同时，它也引导其他人获得价值的可能性，这种可能性只有在爱中才能预见。爱帮助被爱之人实现爱的付出者的期望。由于被爱之人想使自己配得上这份爱，他变得越来越像爱人心中的形象，越来越"像上帝想让自己变成的模样"。因此，即使是"不幸福"，也就是单方面的爱，也能丰富我们并使我们快乐，而"幸福的"，也就是相互的爱，更是极具创造性的。相爱的两个人，互相配得上对方，并且想要成为对方眼中的他，在这个过程中，他们相互扶持，以实现他们的可能性。

单纯的性欲满足只提供快感，情人间的色欲提供愉悦，而爱情则提供幸福。其中揭示了不断增长的意向性。快感只是一种状态化的感觉；愉悦是意向性的，它指向某种东西。而幸福则有其特定的方向——朝着自我实现的方向。这样，幸福就具有了一种成就的特征（"极乐即美德"，斯宾诺莎）。幸福不仅是有意向性的，而且是具有"生产性的"。只有这样，才能理解一个人可以在幸福中"实现自己"。这也能让我们理解幸福与痛苦之间的终极类比。因为痛苦也有它的"意义"，人也可以在痛苦中实现自己。即使在苦难中，我们也要学会看到成就。因此，我们需要在意向性的感受、"生产性的"影响以及"非生产性的"单纯情绪状态之间进行区分。例如，我们已经讨论过悲伤的意图意义和创造性成就，它可以与非生产性的（对于丧失某种东西的）愤怒形成对比，后者仅仅是一种反应性的情绪状态。对于作为一种意向性感觉的"被预期"的愤怒和作为单纯状态性感觉的"盲目"仇恨，语言表达其实已经在二者之间进行了很精细的区分。

"不幸的爱情"虽然从逻辑上看是矛盾的，从心理学角度看却是一种自怜的表现。一种体验的快乐与否的"征兆"在其对体验内容的重要性方面被高估了。尤其是在性爱方面，享乐主义的观点是不合理的。生活中的参与者与戏剧中的观众没有什么不同：悲剧通常具有比喜剧更深刻的体验。爱情生活中的"不幸"使我们的内心不仅得到丰富，而且得到加深，我们在其中获得最大程度的成长和成熟。人在爱情中所体验到的内在充实当然不能让他摆脱内心的紧张。成年的神经症患者害怕这种紧张并试图逃离它们。在他身上发生的病理情况，在年轻人身上或多或少是生理学上的情况。在这两种情况下，"不幸的爱情"经历都成了保护被烧伤的孩子免受爱神之火再次伤害的手段。在第一次或曾经的负面经历背后，这些人寻求保护以免进一步受到伤害。"不幸的爱情"不仅是一种自怜的表达，也是一种痛苦的表达。不幸的念头以一种近乎自虐的方式困扰着这个人。他躲在第一次或最后一次失败所构筑的堡垒之中,以便再也不被伤害。他躲在不幸的爱情经历背后;在不幸的过去中,他逃离了充满可能性的幸福未来。他没有继续寻觅直到"找到",而是放弃了寻觅。他没有对爱情生活中的大量机会持开放态度,而是直接蒙上了双眼。为了不再看到眼前的生活,他着魔般地审视自己的经历。对他来说这是在寻求一种安全感,而不是在为应对风险做准备。他无法摆脱不幸的经历,因为他不想冒第二次风险。因此我们必须对他进行再教育,让他不断做好准备,以开放的态度应对未来的大量可能性。毕竟,从纯数学的角度来看,在普通人的生活中,每九段所谓的不幸的爱情关系中很可能会出现一段是幸福的结局。人们只需要等待它的到来,而不是通过自相矛盾地从幸福逃到不幸中来为它设置障碍。对所谓的不幸爱情的心理治疗,仅仅是揭示这种逃离的倾向,并指出生活本身,尤其是爱情生活的任务特征。诸如"别的母亲也有漂亮女儿"这种善意的说辞必定没有什么效果:当某人执着于某个母亲的一个女儿时,迷恋或爱情才刚刚开始。

即使是得到回报的幸福爱情,也总免不了"不幸",特别是当幸福的爱情被嫉妒折磨时。在嫉妒中也存在着我们上面提到的那种色欲的唯物主义。因为嫉妒的背后是一种将爱情对象视为财产的态度。嫉妒者将自己的爱人降级为一件东西，他对待他自称的所爱之人就像对待一件财产一样。他想要把对方"占为己有"，因此他的行为属于"拥有"的范畴。然而，在真正的爱情关系中，嫉妒是没有立足之地的，它从根本上说是没有根据的，因为真正的爱情以人类的独特性和唯一性，即与他人相比的无可替代性为先决条件。而嫉妒者所惧怕的竞争只是假定了某种与对手比较的可能性。然而，在真正的被爱关系中，不可能有对抗或竞争，因为每个人在爱自己的那个人眼中都是独一无二的。

众所周知，还有一种嫉妒会延伸到伴侣的过去，即对"前任"的嫉妒；被这种嫉妒困扰的人总是想成为"第一个"。更为谦虚的是那种满足于留在"最后"的类型。然而，从某种意义上说，他并不是更谦虚，而是有更高的要求。因为对他来说——与所有前任和可能的继任者相比——更重要的不是优先级，而是优越性。然而，所有这些人都忽略了一个事实，即每个人从根本上说都是无可比拟的。把自己与另一个人比较，要么对这个人不公正，要么对自己不公正。这也适用于爱情生活之外的事情。每个人都有不同的开始；但是，如果你因为时运不济而举步维艰，那么在其他条件不变的情况下，你就取得了相对更大的成就。然而，我们永远无法全面了解命运的所有细节，因此在比较成就时并不存在基础或标准。

最后还应指出的是，嫉妒在战术上具有潜在的危险性。心怀嫉妒的人制造了自己害怕的东西：爱的退缩。信念不仅来自内在的力量，而且会带来更大的力量，同样，自我怀疑来自失败，也会给怀疑者带来越来越多的失败。心怀嫉妒的人怀疑自己是否能"留住"伴侣；他怀疑伴侣的忠诚，并逼迫伴侣转向不忠，这实际上是将伴侣推入第三者的怀抱，以此来实现他所相信的。诚然，忠诚是爱情中的一项任务，但这只能作为爱情付出者自己的任务，而不是对伴侣的要求。作为一项要求，它从长远来看必定成为对伴侣的挑战。这会把伴侣推到一个反抗的位置上，在这个位置上他迟早会变得不忠。相信他人也相信自己会让人变得自信，因此总的来说，这种信念最终是正确的。相反，不信任他人的人会让对方心里不踏实，这种不信任最终也会被证明是正确的。这也适用于对伙伴忠诚的信任。信仰有它的辩证法，它能使相信的东西成为现实，同样，真诚也有它的悖论：人可以用真理说谎，也可以用谎言说出真理。有一个每个医生都熟悉的例子可以形象地说明这一点：如果我们给一个病人测血压，发现有轻微升高，然后如实告诉病人结果，病人被这个事实震惊，随之血压会继续升高，高于我们所测量的值；但是如果我们不告诉病人真相，而是给出低于真实血压的结果，这样病人就放心了，血压也因此下降，我们最终以谎言获得了想要的结果。

伴侣不忠的后果可能会有所不同。然而，对伴侣背信的各种可能的"态度"也为实现"态度性价值"提供了机会。根据情况，一部分人会通过放弃伴侣来克服这种经历，另一部分人不会选择放弃，而是选择原谅与和解，还有的人会试图重新与伴侣建立关系，重新俘获他的心。

色欲唯物主义不仅使色情伴侣成为一种占有物，并且使性爱本身成为一种商品。这在卖淫行为中表现得很明显。但是从心理学上说，卖淫与其说是卖淫者的问题，不如说是"嫖娼者"的问题。妓女在心理上是没有问题的，因为她们在精神病理学上或多或少融入了精神病理学的人格类型。对个案的社会学分析无法进一步引导我们，因为我们在其他地方所提到的一点在此处也适用，即单纯的经济困难并不会迫使任何人以某种方式行事，也就是说，一个正常女性不会被迫卖淫。尽管女性面临巨大的生存困难，但她们往往也会坚决抵制卖淫的诱惑，根本不会考虑通过这种方式来摆脱经济困难，这对她们来说完全是不容置疑的，就像有的妓女认为自己从妓也是理所当然的一样。

就嫖娼者而言，他在其中寻求一种非人格的、不需要负责的"爱情生活"的形式，他对待这种"爱情生活"就像对待某个商品、某件东西一样。不管是从心理还是生理卫生角度来看，嫖娼都是很危险的。嫖娼的心理危险不太容易预防，其主要危险在于，年轻人会被灌输一种试图逃避理性的性教育的态度。这种态度认为，性行为是获得肉体快乐的唯一手段。

淫乱存在巨大的风险，它把性贬低为纯粹的本能满足，将伴侣贬低为纯粹的本能客体，它阻碍了通往真爱生活的道路。一个年轻人沉湎于性快感并以此为目的，这可能会让他未来的整个婚姻生活蒙上阴影。因为一旦他真正爱上某人，他就无法回到当初——或者更确切地说，无法用正常的性爱态度来对待自己的爱人。对相爱之人而言，性行为是心灵与心灵沟通的物质表现；然而，对于那些不是将性行为视为表达手段而是目的的男人来说，单纯地把对方视为圣母或妓女，最终将导致灾难性的离婚，这对于心理治疗师而言也一直是个大麻烦。

单纯地将性体验作为爱的表达也对伴侣本身不利，这种情况在女性伴侣身上尤为典型，造成的伤害在后期很难通过心理治疗来修复。例如，在一个案例中，一个女孩最初与她的男朋友有"柏拉图式"的关系；她拒绝与他发生性关系，因为她还没有感觉到这样的冲动。然而，她的男友一再敦促并对这个不情愿的女孩说："我觉得你对我太冷淡了。"她害怕对方的话可能没错，也许她真的不是"一个完整的女人"，所以有一天她决定把自己交给他——为了向对方和自己证明，对方是错的。当然，这个实验结果肯定是女孩没有享受的能力。因为她的性冲动还没有萌芽，既没有自己醒来，也没有被别人唤醒；这个女孩没有等到冲动逐渐自发地发生，而是通过第一次性行为努力证明自己有享受的能力，但同时又暗自担心可能会暴露自己没有这种能力。这种强迫性的自我关注[47]必定会对任何本能刺激产生抑制作用。在这种情况下，如果女孩——作为一个焦虑的关注者——无法投入地享受，那么她不应该感到惊讶。这种对后续爱情或婚姻生活的失望可能会造成一种性预期焦虑神经症类型的心理性性冷淡。

性神经症障碍

众所周知，心理治疗师每时每刻都会遇到所谓的预期焦虑"机制"。对那些通常被自动调节且不被意识注意的行为的关注，本身就已经是一种障碍。口吃者往往关注自己讲话的方式，而不是想说的内容。通过这种方式，他抑制了自己——如同一个人试图把手指伸进发动机，而不是仅仅"启动"机器并让它自己运行。我们会教导口吃者，告诉他要大声思考，只需要大声思考就足够了，嘴自己就会说话——越是不关注，说得就越流利；如果你成功地教会患者这一点，那么主要的心理治疗工作就已经完成了。众所周知，对睡眠障碍的心理治疗也在沿着类似的路线发展。越是想要入睡，内心就越是紧张不安。这时，失眠焦虑就会变成预期焦虑，使人无法入睡，而由此产生的睡眠障碍又会证实并加强预期焦虑，最终形成恶性循环。

这种方法同样适用于所有对自己的性行为感到不安的人。这些人太过于关注自我，他们对失败的预期焦虑本身导致了性失败。性神经症患者不再想要一个伴侣（或者一个爱自己的人）——他注重的是性行为本身。如果这个行为失败了，他就是一个失败的人，因为他不是"简单地"、理所当然地让性行为发生，而是被"要求"发生性行为。在这些情况下，心理治疗的基本任务是消除所有对此类行为的意图，以此打破性预期焦虑的恶性循环。我们只要告诉病人，永远不要让自己觉得有义务进行性行为，这样就可以达到目的。为此，必须避免一切对患者来说意味着"性强迫"的东西。这种强迫可以是来自伴侣的强迫（"充满激情"、性要求高的伴侣），也可以是自我的强迫（"计划"、必须在某天发生性行为），最后是某种条件的强迫（寻找爱情旅馆等）。除了消除性神经症患者在任何特定时间可能感受到的所有形式的强迫之外，即兴发挥训练也很必要。这种训练还必须伴随着恰当的指导，让患者逐渐回归自然和自发的性行为。然而，在这种心理治疗之前，应该尝试向患者展示，最初的"病态"行为是完全可以理解的，从而将他从致命的病理障碍感中解放出来。换句话说，必须让患者理解，预期焦虑以及它引发的恶性循环的不良影响是一种常见的人类行为。

一个年轻人因为勃起功能障碍来看医生。原来，经过多年的努力，他终于说服自己的女伴"献身于"他。女伴向他保证，"在五旬节那天"，她会将自己交给他。她在五旬节前14天做出了这个承诺。整整两个星期，男孩都因兴奋和期待而几乎无法入睡。然后他们一起参加了为期两天的五旬节远足，之后在一个小屋里过夜。那天晚上，当男孩走上楼梯，进入他们共同的房间时，他非常紧张——这是一种预期焦虑,而不是性兴奋——正如他后来描述的那样,由于颤抖和心悸,他甚至无法正常行走。那种情况下他能勃起吗?医生只需要让他明白,鉴于具体的外部和内部情况这将是多么不可能,还有病人对情况的反应是完全可以理解的——作为人类行为是可以理解的,根本不是什么病态行为!因此,病人终于意识到,不必像他所害怕的那样对阳痿讳莫如深(他几乎把它变成了一种期待焦虑的内容,或者相应的致命循环的起点)。仅此一例,就会让在性方面焦虑不安的人恢复必要的自信。他终于明白,一个人并不一定是因为生病才做不到这一点:既要对自己的伴侣充满爱心(这是性享受和性行为的先决条件),又要对自己有信心。

事实一再证明,在性生活领域的心理学和病理学方面,人类对幸福的所有追求都是错误的,他们对幸福、享受的狭隘追求注定要失败。我们已经在别处提到,人实际上追求的不是幸福,也不是肉体的愉悦。对人而言,重要的不是愉悦本身,而是**愉悦的理由**。**当快乐真正成为他的意图内容和思考的对象时,他就看不到快乐的理由,与此同时,快乐也已经完全消解。**康德所谓的人想要幸福,其实是人"值得幸福"(glückwürdig)——我们的意思正好与之相对应：人根本不想要快乐，他要的是快乐的理由！这意味着，从每个意图对象到意图本身，从追求的目标（幸福的"原因"）到快乐（实现目标的结果），所有这些追求上的偏离都展现了一个人类追求的起源模式。这种起源模式缺乏直接性。

正是这种缺乏直接性的特点决定了所有的神经症体验。我们已经看到，它会在很大程度上导致神经症，尤其是性神经症障碍。性意图的直接性和真实性是男性勃起必不可少的先决条件。在性病理学的背景下，奥斯瓦尔德·施瓦茨创造了"典范性"（Exemplarität）这个术语，用来表达一种受到质疑的意图真实性特征。我们想将其描述为真实性和结果的结合——真实性代表了横截面上的模范性，而结果在纵剖面上同样达到了"典范性"的效果。"典范性"的人的典型特征是他不会那么容易陷入"尴尬"：凭借特有的本能，他避免了所有自己无法胜任的情况，避免了一切他所不适应的环境。而典型的"非典范性的"人的情况则正好相反，例如，一个敏感的男人在妓女面前表现出阳痿的状况，这种行为本身并不是病态的，也不能被描述为神经症。在特定情况下的勃起功能障碍是有教养的人所期望的，甚至是他们所要求的。这样的人把自己置于这样一种境地，他将"勃起障碍"视为唯一可能让自己摆脱绯闻事件的出路——这一切恰恰证明了这个人不是"典范的"。所以我们也可以把事实表述如下：如果精神与心理、生理保持内在的一致，那么这种行为可以被称为典范。我们看到，存在主义层面上的"典范"一词与心理学层面上的"非神经症"一词意思相同。

如果我们不从人类存在的基本事实——**人类的**性行为永远**不仅仅**是性行为，而是爱情关系的表达——出发，我们就无法理解性心理障碍。

然而，人类的性行为不仅仅是性行为的说法并不完全正确。因为即使是动物也可以超越单纯的性行为。艾雷尼厄斯·艾布尔-艾贝斯费尔特（Irenaeus Eibl-Eibesfeldt）在他的《爱与恨》一书中指出，"在脊椎动物中，性行为有助于提高群体的凝聚力"，"尤其在灵长类动物中"。例如，"狒狒的交配就仅服务于社交目的"。"毫无疑问，人类的性结合既有维系伴侣关系的任务，也有繁衍后代的任务。""性用以维系伴侣关系，这一事实的前提是存在伴侣关系，而爱是对伴侣关系的个性化维系。""爱代表了一种'你是我的唯一'的伴侣关系，绝不允许朝三暮四。"艾布尔-艾贝斯费尔特毫不犹豫地直接宣称："**在这个意义上，人天生就倾**

向于婚姻形式的永久伙伴关系。"最后,他警告"去个性化的性关系的危险",这"将意味着爱情的死亡"。

不仅如此,我们相信,"爱情的死亡"也会带来欲望的减少。我们精神病学家多次观察到,当性不再是爱的表达,而是成为达到纯粹快感的一种手段时,这种快感就已经失败了;因为一个人越注重快感,快感就越是离他而去。一个人越是**追逐**欲望,欲望就越是**远离**他。根据我的经验,阳痿和性冷淡在大多数情况下都可以追溯到这种机制。反之亦然,美国杂志《今日心理学》曾经做过一项调查,收到的两万份回复结果显示,对勃起和性高潮影响最大的因素是,爱。因此,当性行为没有因脱离爱而被孤立和瓦解,进而被非人化时,就会完全**有利于性享受的优化**。

性心理成熟

我们不能忘记的是,以这种方式被非人化的性,必须首先被人化。为了解释这一点,让我们从西格蒙德·弗洛伊德的一对术语"本能目标"和"本能客体"入手,探求二者之间的区别。当狭义的性欲在青春期开始发展和成熟时,其目的就是释放被压抑的性张力——这种释放不一定以性行为的形式实现,手淫也有效。只有在性发育和成熟的后期才会出现"本能客体"——这个目标是适合性行为并愿意为性行为付出的伴侣，任何形式的伴侣，妓女也可以。

很明显，在这一阶段，性还没有上升到真正的人性层面，还没有完全人性化，因为在人性层面上，伴侣不会成为客体，而是主体，最重要的是，在人性层面上，他不再被当作达到目的的手段——既不是为了满足本能也不是为了获得快乐。[48]当然，这并不排除下面的可能性，即只有当人**不在乎自己是否快乐时，才会有更多的快乐出现**！

那么，当一个人的性发育和成熟停留在第一阶段或第二阶段，或者是"退化"到第一阶段或第二阶段时，会发生什么呢？只要他还处于第一阶段，并且认为没有作为本能目标的"性行为"他也可以应付，那么通过手淫就可以解决问题[49]——他可能需要看一些色情图片。但是，如果他没有超过第二阶段，那么这种"沉湎"就会表现为滥交，这时他可能需要去嫖娼。

事实证明，无论是看**色情图片**，还是**淫乱嫖娼**，都是**性心理发育迟缓的症状**。然而，性娱乐行业将这些描绘成"进步"的行为，以此来美化它们。色情工业标榜反虚伪，但其实他们本身也是虚伪的，他们嘴上喊着希望有"免于审查的自由"，心里却想着怎样无所顾忌地做生意和赚钱。不幸的是，所有这些都会导致性的强迫消费，同时伴随着愈加频繁的勃起功能障碍；这种障碍让患者感觉性行为是一种被期待，甚至是被要求的能力，特别是当自己的伴侣提出这种要求时。当然这种障碍不仅发生在人类身上，也会发生在动物身上。康拉德·洛伦茨（Konrad Lorenz）可以让雌性斗鱼在交配时不必在雄性斗鱼面前卖弄风骚，而是直接猛冲过去——结果雄鱼只能靠生理反射来完成交配。

纽约大学的乔治·L. 金斯伯格（George L. Ginsberg）、威廉·A. 弗罗施（William A. Frosch）和西奥多·夏皮罗（Theodore Shapiro）在《一般精神病学档案》中指出，阳痿现象正在年轻人中逐年增加。三位精神病学家将这种现象归因于以下事实：刚刚获得性自由的女性**要求**男性具有强大的性能力，正如对患者的调查所显示的那样："这些新获得自由的女性**要求**高超的性能力。"

我们说，当人类的性行为仅仅被用作享乐的手段时，它就失去了人性。同样，如果仅将性行为用于生殖目的，而不是保持它的本来面目，也就是爱的表达时，这也是对性行为的一种滥用。一种将上帝定义为爱的宗教应当提防立下将婚姻与爱情仅仅建立在传宗接代的基础上的规约。当然，婚姻与爱情仅仅是为了传宗接代这种说法产生于那个几乎不存在以爱情为基础的婚姻,[50]并且婴儿死亡率很高的时代。但现在,我们有了"药丸"。它的贡献是,在解放性欲的同时促进性欲的人性化:性只是偶尔,而非强制地用于生殖目的,它被释放出来,成为爱的最高荣耀。

那么什么是爱呢?难道真的只是"抑制目标"的性行为,如西格蒙德·弗洛伊德所相信的那样,只能追溯到性本能的升华吗?只有还原论者才相信这一点,不惜一切代价把一种现象从其他现象中推导出来,并将其转变为单纯的附带现象。这并不是基于经验性的发现,更多的是基于某种特定的人的形象,这种形象并不是它本来的模样,而是提前被默认的,被偷偷夹带进看似科学的解释中。

但是,如果我们不想将爱这样的现象延伸到任何解释和灌输的普洛克路斯忒斯之床[i]上,而是想完整地把握它,那么精神分析的解释是不够的,还需要现象学分析。在它的框架内,爱被证明是一种最高级的人类学现象。事实证明,爱是我所说的人类存在的自我超越的两个方面之一。

---

i 普洛克路斯忒斯是古希腊神话中的一个强盗,他打造了两张铁床,让身高者睡短床,用利斧把多出来的腿砍断;让身矮者睡长床,强拉其躯体使与床齐。后人用"普洛克路斯忒斯之床"来形容生搬硬套的做法。

人类存在的自我超越

我所理解的一个基本的人类学事实是，人之为人，总是指向那些超越自身的东西——指向某物或某人：指向人实现的某种意义，或者指向一个跟他相遇的人。只有在人以这种方式超越自己时，他才会获得自我实现，全身心地投入一件事或者爱一个人！换句话说，一个人只有在全神贯注于某事，全神贯注于另一个人时，才能真正成为一个**完整的人**。正是当他忽视和忘记自己时，他才能**完全成为他自己**。人类存在的自我超越可以一直追溯到其生物学基础之上，这可以通过一个悖论来说明：人的眼睛也是自我超越性的，它感知环境的能力是基于其对自身的无法感知。除了在镜子里，眼睛在什么时候能看到眼睛或者眼睛里的某些东西呢？如果人患上白内障，眼睛就只能看到一团雾，也就是晶状体浑浊。如果患上青光眼，就会在光源周围看到一圈彩虹色光晕。同样，人什么时候才能实现自我呢？只有在他完全忽视自己，全身心地爱他的伴侣或者"投身"事业之时。

前面我们谈到了"相遇"，那么我们是否应该将爱定义为相遇？相遇是一种与伴侣的关系，这里的伴侣是人类。伴侣并不仅仅是达到目的的手段——根据康德的绝对命令，它是人类立场和态度的本质,在任何情况下,伴侣都不会被降级为单纯的手段。

在我看来,爱情要比相遇更进一步,它不仅领会了伴侣的全部**人性**,而且领会了其所有**独特性和唯一性**,即人格;人有独特的人格,他不仅是**人群中的一员**,而且**不同于其他所有人**——在这种情况下,他才是独一无二的。因此,只有当爱情付出者领会所爱之人的独特性时,所爱之人才会成为爱情付出者的那个"你"。

自我超越的一个方面,也就是超越自身去追求意义,我总是说它以"追求意义的意志"的动机理论概念为目标。这个概念现在也从经验上得到了验证〔伊丽莎白·S.卢卡斯(Elisabeth S. Lukas)、詹姆斯·C.克伦博等人〕。克拉托奇维尔(Kratochvil)和帕兰诺瓦(Planova)认为,追求意义的意志是一种特殊的动机,因此不能还原为其他动机(还原论),或从其他动机中推导出来。亚伯拉罕·H.马斯洛甚至走得更远,他认为,追求意义的意志是人类行为背后的"原始"动机。

然而在当今社会,我们到处都可以看到,这种追求意义的意志在很大程度上受到了挫折:我们精神病学家——在共产主义国家和发展中国家也是如此——要不断地面临一种无意义感的挑战,它远胜于阿尔弗雷德·阿德勒所描述的能够导致神经症的自卑感。无意义感总是伴随着一种我称为"存在真空"的空虚感。**在这种存在的真空中,力比多无限地滋生蔓延**。这也可以解释今天社会上的性通货膨胀现象。如同货币市场上的通货膨胀会导致贬值一样,在性通货膨胀的过程中,性也被贬低、被非人性化了。然而,人类的性行为不仅仅是性行为,它还是跨性别人格关系的载体。

从预防性神经症的角度来看,尽可能"人格化"的性行为对于伴侣的人格和人自身的人格而言都是值得期待的。人类正常的性发育和成熟导致性越来越多地**整合**到人格的整体结构之中。这清楚地表明,任何对性的**孤立**——将其从人格和跨性别人格的关联中剥离——都与所有的整合倾向背道而驰,因此也会助长神经症倾向。

B. 特殊存在主义分析

在前面的章节中,我们多次有机会通过神经症病例来展示存在主义分析的观察和治疗方式。我们并没有在神经症学说的意义上进行系统研究,然而在对所谓的周日神经症或性神经症的个别形式的评论中,我们已经认识到存在主义分析作为意义疗法的适用性。现在,我们想和以前一样,不是系统地,而是想对神经症和精神病进行特殊的存在主义分析,并对相关病例材料进行关注。我们将看到通过意义疗法治疗神经症的各种可能的途径,正如我们一开始所要求的那样,我们设计了存在主义分析的形式。首先,我们会进行一般的心理学或病理学方面的思考。

我们已经在多处指出,每一种神经症症状都有四个根源,每一个根源都植根于人类存在的四个基本维度之一。神经症同时呈现给我们的是一种生理结果、一种心理表达、社会力场中的一种手段以及一种存在模式。只有最后一点,才是存在主义分析方法的出发点。

神经症有完全不同的生理基础,在不同情况下,被特别强调的生理基础也各不相同。体质基础(遗传素质)和条件基础是两个主要的考察因素。体质基础包括植物神经紊乱和内分泌失调。神经症产生的条件基础可能包括严重的身体疾病之后的康复期,或剧烈惊吓后机体产生的长期后遗症。虽然条件性基础非常罕见,即使存在也仅仅只是触发性因素,但最有可能的是,临床意义上不存在没有体质基础或者生物学基础的神经症。

总之,神经症症状可以解释为"表达"和"手段",它首先是一种直接的表达,其次是达到目的的手段。[51]因此,所谓的神经症症状的目的性永远不能解释神经症的产生,而只能解释特定症状的固着。通过这种目的性,我们无法解释为什么病人会患上神经症,最多只能解释为什么他不能摆脱某种症状。这与个体心理学的观点形成了鲜明的对比:个体心理学认为,神经症的首要"任务"是让人们远离自己的生命任务。存在主义分析不相信神经症的最终功能,它认为自己的治疗任务是使人们更接近他们的生命任务,因为只有这样,人才能更快、更容易地摆脱神经症。这种"摆脱神经症的自由"能够"决定"生命任务如何进行；我们越是将这个积极的（意义治疗的）因素与消极的（心理治疗的）因素结合，就越能够更快、更安全地达到我们的治疗目标。哈佛大学的戈登·W. 奥尔波特勇敢地宣称："我们知道，所谓的真正的神经症的最好的定义就是顽固地以自我为中心。没有治疗师可以通过减法来治愈恐惧症、强迫症、偏见或敌意。他能做的是帮助患者建立一个价值体系和世界观，以掩饰和吸收破坏性因素。"

1. 焦虑神经症心理学

下面，我们将根据选定的案例来介绍焦虑神经症的心理学结构，通过下面几个例子，我们也将看到，神经症在很大程度上并不是根植于心理层面的。为了证明这一点，我们将对赤面恐惧症案例（Erythrophobie）进行分析。这种神经症的生理学基础是血管植物神经的调节障碍。然而，它本身并不构成真正意义上的神经症；狭义的致病因素首先是心因性的。在大多数情况下，神经症的病因学中的这种心理因素在我们看来是某种心理"创伤"。当人们害怕自己脸红时，会有以下经历：有一天，一个年轻人从寒冷的冬日街道走进一间温暖的咖啡馆。当他走进屋内，站在朋友面前时，他的脸红得特别厉害。然而，一个朋友不经意的一句话让所有人都注意到这个年轻人脸红了，于是众人便以此取笑他。这个时刻为真正的神经症埋下了伏笔。现在，除了单纯的只有"身体反应"特质的植物性神经症，又加上了预期焦虑。那么下一次，在类似的情况下，我们的病人就会害怕脸红，在没有突然的温度变化，即没有触发因素的情况下，他会直接脸红。一旦这种预期焦虑的"机制"开始发挥作用，它就会一发不可收拾：焦虑引发了症状，而症状反过来又加重了焦虑。这种恶性循环只能通过治疗来终止。原则上，药物治疗形式[52]（不仅仅是巧妙地避开困难的暗示）也是可行的；但通常最合适、最简单的方式是进行心理治疗。

在这个框架内，我们首先要做的一件事是，让患者明白，预期焦虑是"人性化"的东西，它不是什么"病态"、不得了的事情。一旦病患意识到正是预期焦虑引发了某种症状，他就不会再高估或害怕这种症状，那么这种症状就会自行消失，恶性循环最终也会被打破。我们可以通过消除病人对病态症状的恐惧来缓解他的局促不安。正是这种不安使患者过度关注症状，最终让症状定型在自己身上。

在其他情况下，根据前面给出的对致病因素的概括，内分泌调节障碍是焦虑神经症的生理基础。特别是在广场恐惧症的情况下，我们会反复注意到同时存在明显的甲状腺功能亢进迹象。无论如何，甲亢或"交感神经症"都会伴有某种"焦虑前兆"[韦克斯伯格（Wexberg）]，在此基础上会形成焦虑神经症。特别是就广场恐惧症而言，"创伤性"经历被认为是预期焦虑爆发的初始性因素。除了甲亢引起的广场恐惧症，还有由潜伏性手足抽搐引起的幽闭恐惧症和由肾上腺功能不全引发的人格解体症或者精神动力障碍综合征。

除了指出和化解预期焦虑，更重要的是让病患远离焦虑。做到这一点最简单的方法是让患者将症状客观化。如果患者能够自嘲，那么他就成功了。与症状拉开距离以及将症状客观化的任务是让患者能将自己置于焦虑感"之旁"或"之上"。没有什么比幽默更适合创造距离了。我们要敢于利用这个事实，试着别把神经症焦虑当回事。例如，如果一个广场恐惧症患者抱怨说，他害怕自己外出时突然"中风"，那么我们可以试着鼓励他，在离开家时就"打定主意"在大街上中风晕倒。[53]然而，为了完全荒谬地接受自己的恐惧，他也可能对自己说下面的话："在大街上中风晕倒是常有的事。今天又发生了……"这一刻，他会非常清楚地意识到，自己并不是真的害怕，而是神经症焦虑。这样，他就朝着与症状保持距离又迈出了一步。可见，患者必须不断学会将自己逐渐置于症状"之上"，而我们则要教会他幽默，并对他的幽默方式进行指导，就像所有的幽默都会让人放松下来一样，通过这种方式，病患也会很容易将自己置于"情境之上"。人们往往会对这种让病人适应自己症状的方式报以平静的微笑。病患自己也会微笑——这样一来我们就赢了这场游戏！[54]

焦虑神经症患者应该学会如何去做那些让自己焦虑的事，找出那些令他焦虑的情况。这样，焦虑就会"一无所获"，它就会"屈服"；毕竟，焦虑是一种生物性的警报反应，它试图破坏某种行动或者逃避"在焦虑眼中"代表危险的情况。如果患者学会不把焦虑当回事，焦虑就会逐渐消退，就好像患上了组织萎缩症那样。"坦然面对焦虑"也是狭义心理学治疗的消极目标——它有时甚至先于意义疗法或存在主义分析所谓的"朝向一个目标生活"的积极目标而实现。

除了体源性假性神经症之外，还有心因性神经症，以及我所描述的心灵性神经症。有一个年轻人，一直害怕自己死于癌症。对这个案例的存在主义分析表明，患者对自己未来死亡问题的持续内在关注使他对目前的"生活方式"

缺乏兴趣；他对死亡的焦虑归根结底是一种良心的焦虑，这种对死亡的焦虑必定会在那些丧失了生命可能性（而不是实现了生命可能性）的人身上出现，对于这种人来说，存在是毫无意义的。这种缺乏兴趣在神经质上的对应物，是对于死亡的生动而独特的兴趣，它使我们的病人忽视了最本己的可能性。在癌症焦虑症中，这个年轻人为自己的"形而上学轻率"（舍勒）辩护。这种神经症焦虑背后是一种存在的焦虑。这种焦虑只出现在恐惧症的症状之中。**存在的焦虑浓缩成一种疑病恐惧症**，在这一过程中，对死亡的原始焦虑（对良心的焦虑）聚焦于某种特定的致命疾病。在疑病性神经症中，我们必须看到一种从单个器官分离或衍生出来的存在焦虑。在这种情况下，愧疚引发的死亡恐惧被压抑了——取而代之的则是对某个器官患病的恐惧。

存在焦虑、死亡焦虑以及对整体生命的焦虑，这三者的聚合，在神经症事件中一再发生。这种原初的总体焦虑，似乎在寻找一个具体的内容，一个具体的"死亡"或"生命"的替代物，一个"临界状态"（雅斯贝尔斯）的代表，一个象征性的代表（欧文·施特劳斯）。例如，广场恐惧症中的"街道"，或者怯场情况下的"舞台"都承担了一种"代表性功能"。患者们描述自己的症状和痛苦时所用的词语，看上去只是比喻式的，却指出了神经症真实的、存在层面的根源。一位广场恐惧症病人说自己"好像悬在空中"；事实上，这正是对他整个精神状态最贴切的描述。是的，他的整个神经症归根结底是这种精神状态的一种心理表现。广场恐惧症患者曾经在街上经历过的那种焦虑和头晕的感觉，从存在主义分析的角度来讲应该是病人对自己存在处境的表达。类似的情况比如，一位怯场的女演员曾经这样描述她的焦虑经历："所有的一切都放大了——所有的一切都在追逐我——我害怕，生命正在消逝。"另一位患者描述了自己的广场恐惧经历："就像我经常脑子里一片空白一样，我在现实中也看到了这样的空白……我根本不知道我属于哪里，我想去哪里。"

神经症焦虑不仅是对存在焦虑的直接心理表达，而且在个别情况下是为达到目的而采取的间接手段。[55]并不总是如此，有时神经症焦虑会间接地使患者在一个或另一个家庭成员面前表现出暴虐倾向，或者作为"合法疾病"，用来使患者在别人或自己面前自我辩护——正如个体心理学的一些案例中所一再展示的那样。除了这种双重意义上对焦虑的"间接"运用——"次要"的运用和作为"手段"的运用——除了这种可能的神经症焦虑的"安排"特征，它最主要的特征是直接表达性。弗洛伊德将"从疾病中获益"称为"疾病的次要动机"。但即使这种疾病的次要动机真的存在，我们也不建议"直截了当地"告诉患者，他其实只想用他的症状将他的妻子拴在自己身边，或控制他的妹妹等。我们如果这样做，往往会遭到患者的抗议。否则，我们就是在向病人施压，不断地跟病人说，他的症状是一种恐吓他的亲属的武器——直到他终于聚集了所有力量，并以某种方式克服了症状，只是为了不让医生这样说自己。某些心理治疗师的治疗正是使用了这种不大公平的手段才取得了成功。与其通过这种手段来"消除"症状从而强制治愈，不如等到患者精神放松，等他自己意识到，他是在利用甚至滥用自己的症状，从而在社会或家庭环境中获得权力。只有这种自发性的自我意识和坦白才能带来真正的治疗效果。[56]

对焦虑性神经症案例的存在主义分析最终将神经症理解为一种存在模式，一种存在方式、人的立场态度和精神决定，意义疗法是一种应对神经症的适当的、特别的手段。我们举一个更年期焦虑神经症的病例，内分泌失调是该病症的体源性基础，但其根源在精神和存在维度之中。这个病人曾是一个被周围人宠坏了的美女；然而，随着岁月的流逝，病人的精神受到生活上种种困难的威胁，生活危机最终发展成了存在危机，人老珠黄的她开始面临如何"生存"的问题。她发现自己的生活没有目标，空无一物——存在对她来说似乎毫无意义。"早上起床后，"她说，"我问自己：今天是什么日子？今天什么都不是……"然后焦虑就开始蔓延。由于人生没有目标，她无法过上充实的生活，于是就陷入焦虑的泥潭之中。

现在是时候树立人生目标，寻找人生意义了；她自己、她的自我、她内在的可能性，所有这些都与美丽的外表以及社会地位无关。我们的目的是让病人远离焦虑，并且专注于她自己的生命任务。前面已经说过，存在主义分析的意义疗法的积极目标甚至可以在所有狭义的心理治疗的消极目标之前实现。是的，在某些情况下，积极目标的实现可以使患者摆脱神经性焦虑——只要剥夺这种焦虑存在的基础。一旦重新发现生命的意义，存在的神经性焦虑就失去了存在的空间，正如患者所说的"没有时间"了。我们必须要做的是，引领这个人在他的具体情况下完成他生命中独特的任务，然后让他成为"他所是的那个人"；在他面前摆着"一幅他应该成为的人的图画"，只要他不是那样，用吕克特（Rückert）的话来说，"他的内心就不会完全平静"。更年期危机必须被塑造成一种"精神"上的批判性重生——**这就是意义疗法的任务**；在这一过程中，治疗师当然扮演了**苏格拉底意义上的助产士角色**。正如将要展示的那样，如果医生想将任何任务强加给患者，那将是彻头彻尾的医疗事故。相反，正如我们所看到的，存在主义分析的任务就是要引导患者独立承担责任。

上文提到的那位患者最终找到了"她的"生活目标。她带着重新获得的存在意义和自我实现的体验全力投入新生活，这不仅让患者如获新生，她身上所有的神经症症状也都无影无踪。尽管更年期的基础仍然存在，但患者所遭受的所有功能性心脏病，例如焦躁不安和心悸都消失了。由此可见，这种"焦虑不安"的神经症体验最终是一种精神上的不安，是一个人在完全未得到救赎状况下的表现。奥古斯丁有言："我们的心如不安息在你怀中，便不会安宁。"我们的病人的心也会焦虑不安——如果她无法在自己独特的任务中，在这些任务面对的责任和义务中找到平静。

2. 强迫症心理学

即使那些原先更倾向于心理发生或心理治疗的研究人员，如韦克斯伯格等人，最终也假设躯体的次级结构导致了强迫性神经症。人们已经熟悉了后脑炎疾病过程的临床图片，同时注意到了它与强迫性神经症综合征的相似性。他们犯了一个错误，就是把形式的相似性和本质的相似性混为一谈，最终不仅将身体因素，还将其过程因素作为强迫性神经症的基础。对那些具有渐进过程或阶段性特征的病例的了解强化了人们对这一基础的看法。但也不能排除前者是伪装的精神分裂症，后者是伪装的忧郁症的情况。即使非精神病过程被认为是强迫症症状的生理基础，这个命定性的因素也会在另外的意义上被推到前台：在体质性精神病的意义上。有人说"强迫综合征"是一种强迫性精神病的表现，在其中我们看到了强迫症的遗传因素；也有人说它有自己的遗传基因，是一种特殊的显性遗传。最后，有人建议用"强迫病"来替代"强迫性神经症"的说法，以强调其命定性特征。

在治疗过程中，我们认为所有这些不同的说法都相对不重要。特别是，我们认为，强调强迫症基础中的命定性因素，既不会免除心理治疗的义务，也不会给它带来机会。因为强迫性精神症只不过代表了某种特定的性格特征，例如迂腐死板、执着于秩序、洁癖或放浪不羁等。这些都不会对患者本身和他周围的人造成影响。它们只是真正的强迫性神经症得以生长的非必要性土壤。神经症发生的实际基础与人类自由的基础相关联：在那里，人类对精神病体质的态度从根本上说是自由的，即不再像体质本身一样具有命定性，或者用欧文·施特劳斯的话来说是"造物性的"。只要造成强迫性神经症的主要原因不是心理上的，即不是心因性的，那么它就只是一个性格气质问题，而不是真正意义上的疾病。这种性格气质本身是某种纯粹形式的东西。在明显的强迫性神经症的情况下，还要加上心因性的内容。

当然，这并不意味着对具体内容的心因性的揭示已经具有疗效。相反，我们对处理症状内容所涉及的危险知之甚详。在我们看来，对单个症状的治疗是强迫性神经症治疗的禁忌。例如，对精神分裂症进行催眠治疗可能会引发患者的被影响感（Beeinflussungsgefühl），或者对忧郁症患者来说，个体心理治疗被指责为利用情感作为权力工具来对付患者，而这只会加剧患者的自责。详细的症状治疗可能只对治好病患的瞎琢磨有一定帮助，而通过意义疗法所进行的镇痛治疗必须与这种针对症状治疗的方式区分开来。意义疗法不是治疗个别症状或疾病本身，而是治疗强迫神经症患者的自我，它要改变的是患者对强迫性神经症的态度。正是这种态度将基本的身体障碍变成了疾病的临床症状。而这种态度至少在轻度病例或早期阶段是可以被纠正的，因此，在态度本身还没有发展到那种典型的强迫性僵化的情况下，在它本身还没有被基本障碍渗透的情况下，是一定有可能发生某种转变的。

在对待强迫性神经症时，狭义的心理治疗同样致力于从整体上改变患者对神经症的态度。这种转变以类似焦虑性神经症的方式发生。和对待焦虑性神经症一样，这里的首要任务也是创造"与症状的距离"。就像治疗恐惧症一样，强迫性神经症的治疗方法也是让患者放松，从整体上消除患者对神经症的紧张态度。毕竟，患者与强迫症进行的紧张斗争只会使"强迫"加剧。压力会引发反抗；病人越是与他的强迫症斗争，这些症状就会变得越强大。正如欧文·施特劳斯所说的，病人最需要的是沉着和幽默。我们可以将这两个要素结合起来应用到心理治疗中。强迫性神经症患者必须用我们鼓励焦虑性神经症患者的那种自我揶揄的方法来面对强迫症恐惧。例如，一位患者总是害怕自己在神不知鬼不觉的情况下去骗有轨电车售票员或商人几分钱。他很快就学会如何应对这种恐惧，他对自己说："什么？我是不是骗了那个人几分钱？不，我骗了他几千先令——我想骗他，而且我想骗更多的人，骗更多的钱！"

不与强迫性想法作斗争有一个必要前提，那就是病人不惧怕他自己的强迫性想法。患者往往会高估自己的强迫性神经症，以至于他们会认为这些是精神病的先兆或症候。这样他们就必然害怕自己的强迫念头。所以病人首先要做的是摆脱对即将发生的精神病的恐惧，这种恐惧偶尔会升级为明显的精神恐惧症。只有让患者摆脱对强迫性神经症的畏惧，我们才能成功地让他们与自己的强迫症拉开距离，并以客观的态度对待，从而达到良好的治疗效果。只有在这种意义上轻视强迫性念头，患者才能以某种方式忽略进而超越它们。如果存在精神恐惧症，我们的建议是，冷静地接受它；我们也会毫不犹豫地向患者推荐皮尔茨（Pilcz）和施滕格尔（Stengel）的作品，从中我们可以了解强迫性神经症和精神病之间的某种对抗，即正是由于患有强迫性恐惧，患者才对精神病有某种免疫。患者担心的"从强迫性神经症向精神病的转变"曾经是一个关于真正的强迫性神经症病程统计中的一个单独栏目，该统计资料曾被当作在心理治疗师大会上发言的支撑材料；这个栏目的统计数字是一个令人欣慰的零。

我们问病人是不是一直有反复检查燃气阀门和房门是

否百分百关紧的习惯，一旦病人一脸惊讶地给予肯定的回答，我们就严肃地向他解释，仿佛我们要在精神上判他死刑："你看，任何人都可能得精神病；唯独有一群人不会，他们对精神疾病免疫，那就是具有强迫症性格的人，他们有各种强迫性恐惧倾向，甚至深陷其中，不堪其扰。您之前说到的情况，我们把它称为重复和控制强迫，是典型的强迫性焦虑。所以我必须打消您的幻想，您无论如何都不会得精神病！正因如此精神病才绝对不会找上您！"如果你这样告诉病人，那么**他们就可以完全卸掉心理包袱**。

强迫性神经症患者不仅害怕自己的强迫性神经症会变成精神病，而且害怕有朝一日他们的自杀或杀人强迫会付诸行动——如果患者不能战胜自己的强迫症的话。在这种情况下，病患首先必须客观地拒绝这种恐惧，以停止与强迫冲动的不利斗争。

如果我们能成功地消除患者对精神病的无端恐惧，我们就达到了显著的"缓解心理压力"的目的；现在，自我方面将不再施加反抗力（Gegendruck），它正是由强迫的压力所产生的。为了减轻这种压力，在进行进一步的心理治疗和意义治疗之前，引导患者完全改变对自身病症的看法非常重要。病人应该学会将强迫性神经症看作一种命定的东西，以避免增加不必要的心理痛苦。患者应该学会对心理治疗真正无法影响的性格偏执说"是"。我们越是将患者变成一个无条件地拥抱命运的人，那些无法控制的命定症状就会变得越发微不足道。

一位患者罹患严重的强迫性神经症长达15年，他在大城市进行了数月的心理治疗。在那里，他接受了精神分析，由于时间太短，结果没能成功。于是，他决定回家安排好家庭和生意后就自杀。临行前几天，在朋友的催促下，他咨询了第二位医生。由于时间紧迫，医生不得不从一开始就放弃任何分析，直接将治疗重点放在改变患者对强迫症的态度上。医生尝试调和病人与疾病的关系，之所以这样做，是因为患者是一个虔诚的信徒。医生要求病人从自己的疾病中看到某种"上帝的旨意"、某种命运赋予的东西，他不应该再怨天尤人，而是应该过一种虔敬的生活。这之后病人身上发生了惊人的变化，甚至连医生自己都感到惊讶：在第二次心理治疗时，患者说自己**十年来头一次摆脱强迫念头**，感受到了整整一小时的自由。回家后该患者随即写信报告，他的病情已经大大好转，几乎达到了痊愈的程度。

强迫症患者与他们的强迫念头进行紧张斗争，在纠正这种心理错位的过程中，必须让患者清楚两件事：一是，他不必在意这些强迫神经症的"念头"，二是，他必须在意对付这些"念头"的行为。因为正是这些行为让不愉快的念头折磨自己。人在与这些念头"打交道"时，会在内心继续琢磨，或者出于对这些念头的恐惧而不断对抗它们。在这里，也必须在消极的、狭义的治疗中加入积极的意义治疗的成分，通过意义疗法，患者最终将学会如何摆脱强迫性神经症的困扰，过上有意义的生活。很明显，转向生活中的具体任务可以使人更容易地摆脱强迫性念头。

强迫性神经症体验的现象学分析

除一般意义疗法外，还有一种针对强迫性神经症的特殊意义疗法，这一疗法致力于研究强迫性神经症患者的特定心理态度，并努力纠正患者的典型世界观，我们稍后会讲到这一点。对强迫性神经症的特殊存在论分析有助于我们理解这种世界观，而这必须从对强迫症体验的客观现象学分析入手。

例如，当强迫性神经症患者被怀疑困扰时，会发生什么？他计算出 $2 \times 2 = 4$。具体案例可以证明，在任何怀疑之前，他其实都知道计算是正确的；尽管如此，他还是会怀疑。"我必须再做一次，"这类病患往往会这样说，"虽然我知道已经做得很好了。"但他总感觉有什么事没有做完。正常人往往对自己思考的结果感到满意，不会再有进一步的要求，而强迫性神经症患者则缺乏思考之后所产生的简单感觉，在计算完 2×2=4 的情况下，他会说："这样也行吧。"正常人在这里体验到的是明见性，而强迫性神经症患者所缺乏的正是这种明见性。因此，我们可以说，强迫性神经症患者的明见性感觉是不足的。正常人能够以某种方式阻挡附着在所有思考结果上的非理性残留，即使在更困难的算术运算或其他复杂的思考行为中，他们也能应付。强迫性神经症患者则无法摆脱这种非理性残留，无法越过它们进行思考：对非理性残留的不容忍正好与**明见性感觉的不足**相辅相成。

对于这些非理性残留，强迫症患者会有什么反应呢？在新的思维起点上，他试图克服这些非理性残留，却无法从根本上完全消除它们。他被迫在新的思维行为中一次又一次地尝试剔除非理性残留，但每次都只能减少它。这种游戏类似吸气泵的功能，众所周知，吸气泵有一个"死角"，永远不可能产生绝对的真空，排气后，容器中存在的空气量每次只能减少到一定的百分比：第一个活塞冲程将空气含量减少到大约十分之一，下一个冲程减少到百分之一，以此类推。活塞冲程徒劳的重复对应了强迫症中的强迫性重复。在修正一个思维结果时，强迫症患者会对此感到一点确定；但即使在这种情况下，无论强迫症患者如何努力，不确定性的残余仍然存在。患者会不断努力，直到筋疲力尽，几经踌躇后，最终做出一个模糊的决定，然后停止胡思乱想（直到下一次强迫发生）。

作为一种认识层面的基本强迫性神经症障碍因素，明见性感觉的缺失对应了决定层面的**本能确定障碍**。对强迫性神经症患者经验模式的进一步现象学分析表明，强迫症患者本能的确定性被动摇了，这种确定性在日常生活中指导着健康人，减少了他们的一些平庸琐碎的决定。**正常人的本能确定性使他们在面临重大抉择时具有责任意识，它以某种非理性的形式，即良知的形式生效**。强迫性神经症患者则必须通过特殊的意识和责任感来弥补他所患的两种情感心理缺陷——明见性感觉的缺失和本能确定性障碍。因此，他的过度自觉和过度意识被证明是心灵心理的过度补偿［此处引用了斯特兰斯基（Stransky）著名的对立概念"心灵心理"和"情感心理"］。情感的自我确定在认识和决定层面上的动摇导致了强迫性神经症患者的被迫的自我控制。这种自我控制以一种补偿的方式在患者身上产生了对认识和决定的绝对确定性的意愿,一种对绝对确定认识和绝对道德决定的追求。一个正常人会带着某种责任心和意识去选择职业或配偶,而强迫症患者则会以同样的责任心和意识锁上公寓的门或把信扔进邮箱。众所周知,过度意识和过度强化的自我审视会对人产生负面效果。强迫性神经症患者身上的那些伴随其认识和决定行为的过度意识使他们缺乏健康人在生活、思考和行动中的那种"流畅风格"。例如走路时,如果将注意力过多地集中在走路行为本身而不是目标的话,人就很容易跌倒。在过度意识中,人最多只能做一件事,在做这件事的过程中必定会受到干扰。

因此,强迫性神经症患者的过度意识和夸张的认真仔细代表了他的两种典型特征,其根源可以追溯到人格的情感心理基础。因此,治疗的任务之一是帮助强迫性神经症患者**以某种方式找到情感深处埋藏的明见性感觉和本能确定性**,例如让患者重新相信,自己身上仍然残留着明见性感觉和本能确定性。

正如我们所说,强迫症患者在认识和决定方面寻求绝对的确定性。他力争做到百分百完美,总是想要绝对和完全。欧文·施特劳斯指出,强迫性神经症患者总觉得自己面对的是"整个世界"。我们想补充的是,他承受着整个世界的负担,就像阿特拉斯[i]一样遭受着痛苦。人类认识的局限性和决定的可质疑性深深困扰着强迫性神经症患者!

施特劳斯还指出,与强迫性神经症患者相反,健康人所看到的是部分的世界,或者说是某一视角下的世界。我们还想补充一下:每个健康人看到的具体世界各不相同,而对强迫性神经症患者来说,所有的具体性都落在了一个盲点上。与施特劳斯不同,我们认为这种精神性盲点是可以搞清楚的。我们还将看到具体的意义疗法在多大程度上能够使用客观的论据纠正**强迫性神经症患者的百分之百的世界观**。

施特劳斯最后指出,强迫性神经症患者无法忍受正常人都能应对的"临时性"。此外,我们还注意到,强迫性神经症患者身上有一种特殊的不耐烦。因此,他不仅**不能容忍思想中的非理性残留**,也不能容忍**"存在"与"应该"之间的差异**。这可能是阿尔弗雷德·阿德勒所说的人类致力于追求成为"像上帝一样完美之人"的基础,我们在其中能看到人类面对"造物的"不完美而做出的努力。这种

---

[i] 阿特拉斯是希腊神话中被罚做苦役的大力神。

对不完美性的承认正好对应了人类一直置身其中的"存在"与"应该"之间的张力关系。

我们认为,施特劳斯关于强迫性神经症患者不能适应生活中的临时性的论述还需以下补充,即强迫性神经症患者也无法在随便性中思考。**就像他拒绝一切临时的东西一样,他也不想要一切顺带的东西**。因此,我们看到,强迫性神经症患者在实践上追求百分百完美正好对应了他在认知角度上相同的要求。

存在主义分析认为,强迫性神经症的本质最终被证明是对浮士德式努力的歪曲。强迫性神经症患者的所有意愿都是绝对的,他在每一个领域都努力争取百分之百,**就如同一个残疾的浮士德**,最终在"悲剧的"人性和"悲哀的"病态中沉沦。

在焦虑性神经症中,恐惧往往被浓缩在恐惧症系统中。而在强迫性神经症中,我们也可以找到一个类似的例子:由于百分百完美主义的要求不可能完全被满足,强迫症患者必须把这种要求聚焦在生活的特定领域。由于百分百完美不可能随时随地实现,因此它被限制在某个特定的、似乎更有可能被实现的领域(例如永远保持双手洁净的洗手强迫症)。强迫性神经症患者能够成功地在以下这些事情上实现自己的意志：例如，家庭主妇总要把屋子打扫得一尘不染，脑力劳动者总是要把自己的桌子收拾得整整齐齐，"便利贴人士"总要把一切都记录在小纸片上，按部就班的人总是绝对守时，等等。强迫性神经症患者在每一种情况下都把自己限制在一个特定的存在领域；在这个"以部分代替整体"的领域中，他试图实现自己的完美主义主张。[57]正如在（较被动型病人的）恐惧症中，患者对整个世界的恐惧是非常具体的，往往指向单一的对象，在强迫性神经症症状中，（较主动型的人）按照自己的形象塑造世界的意愿也同样指向生活中的特定领域。但在这些领域中，强迫性神经症患者也只是零星地或者虚构地成功实现了他们的完美主义主张，而且在每一种情况下都是以他的天性，或者说他的"造物性"为代价的。因此，他所有的努力在某种程度上是非人性的。他逃避"将要成为的现实"（施特劳斯），鄙视那些使正常人实现存在自由的现实；他以虚构的形式期待人生任务的完成。

强迫症患者和焦虑性神经症患者都具有这样的特点：他们对确定性的追求是扭曲变形的，具有某种主观主义的特点，如果不是心理学特点的话。为了更好地理解这些特点，我们得从正常人的确定性追求说起，其内容**无非**就是确定性。但神经症患者对确定性的追求绝不满足于这种**模棱两可的**确定性、这种一切造物的模棱两可的确定性。神经症患者在某种程度上是"受惊吓"的,这迫使他必须要追求确定性。因此,在他身上就会产生追求**绝对**确定性的意志。在焦虑性神经症患者中,这种意志指向一种免遭灾难的确定性。然而,由于不存在绝对的确定性,焦虑性神经症患者只能把自己禁锢在纯粹的安全感中。这也让他远离现实的**客观**世界,进入了**主观**世界:焦虑神经症患者的世界里早已失去了普通人所拥有的相信灾难相对不可能发生的那种安宁,他们想要让灾难绝对不可能发生。这种追求绝对确定性的意志迫使他过分崇拜安全感;背离现实世界让他有罪责感,并因此内疚,进而迫切需要获得补偿,而焦虑神经症患者只能通过非人性的夸张的方式来获得这种补偿。

  焦虑性神经症患者关注的是免遭灾难的绝对安全——在这一过程中,他被迫追求一种纯粹的安全感。强迫性神经症患者关注的是其认识和决定的确定性,对他来说,这种对确定性的追求并不包含在"造物性"存在的随便性和临时性中;相反,他对确定性的追求是主观的和狭隘的,以对于纯粹的"百分之百"的安全感的追求作为结束。这也显示了一种悲剧性的徒劳，因为如果他那种"浮士德式"的对绝对确定性的追求注定失败的话，那么争取绝对安全感的努力更是如此。因为就在这种感觉被作为目标（而不是作为自然产生的、客观行为的单纯后果）的那一刻，它就已经被赶走了。人无论如何也不可能拥有完全的确定性，更不可能被赋予那种绝对的安全感，而这种安全感正是强迫性神经症患者所拼命寻求的。总而言之，我们可以说，正常人希望处在一个**基本**确定的世界中，而神经症患者则努力追求**绝对**的安全感。正常人想把自己交给那个自己心爱的人，而性神经症患者则努力追求高潮，然而他越是追求，效果就越会打折扣。正常人只想"随便"认识世界的一部分，而强迫性神经症患者却想有一种明见性感觉，并无限地被这种动机驱使。最后，正常人只想对具体的存在负责，而强迫性神经症患者却想要获得一种**绝对**问心无愧的良好感觉，他们过分期待，实际上却基本无法实现。

在我们看来，强迫性神经症似乎是所有神经症里陷入自由与束缚的矛盾的一个典型案例。欧文·施特劳斯在其关于强迫性神经症的心理学著作中，将强迫症的特征表述为类似"造物性"的东西。我们不能同意这一点；我们不认为性格发展成明显的强迫性神经症是不可避免的宿命。

相反，我们认为**心理矫形**是完全有可能的。我们之前也说过，这一点非常必要，例如从心理教育意义层面训练强迫性神经症患者获得他们所缺乏的幽默和冷静的性格特征。施特劳斯的功劳在于，他是最早将强迫性神经症追溯到存在领域的人；然而，他忽略了从精神上治疗强迫性神经症的可能性！他的观点是，强迫性神经症的治疗是不可能的。但事实是，面对强迫性神经症，病人的行为在某种程度上仍然是自由的。"行为"在我们提到的诸多案例中是指人格面对病态心理的行为。人格对精神疾病的态度也属于意义疗法的治疗范畴。我们已经尝试介绍了强迫性神经症的一般意义疗法（人格对精神疾病态度的转变）以及强迫性神经症的特殊存在主义分析（对浮士德式人物的阐释）；下面我们将讨论强迫性神经症的特殊意义疗法和对强迫性神经症世界观的纠正。

强迫性神经症"诱惑"人们趋向上面提到的百分百完美的世界观。施特劳斯在强迫性神经症世界观中只看到了一种心理症状，而我们的问题则是寻求将世界观变成一种治疗工具的可能性，以应对强迫性神经症以及强迫性世界观。下面，我们将通过一个案例来讨论这种可能性，在这个案例中，强迫症世界观处于萌芽状态。案例中的病人是一个处于青春期后期的年轻人，他的强迫性神经症世界观伴随着青春期的阵痛而"诞生"——但与此同时，这一案例也具有通过意义疗法进行调节的可能性。

这个年轻人被一种浮士德式的求知冲动驱使。"我想回到事物的起源，"他说，"我想证明一切，我想证明所有显而易见的东西，例如我是否活着。"我们知道，强迫性神经症患者缺乏明见性感觉；但在我们看来，正常的明见性感觉也代表了一种真正的"执行的现实"。因此我们往往不会去有意追问这些东西：如果我们试图从认识论角度仅仅相信我们的明见性感觉，那么我们就会陷入一个无限的逻辑怪圈之中。从精神病理学的角度看，这相当于强迫性神经病患者的重复性强迫或强迫性忧虑。我们决不能回避对这种强迫性忧虑进行内在批判。

激进怀疑论的最后一个问题或者说首要问题是关于"存在的意义"。但就"存在"先于"意义"而言，询问存在的意义是毫无价值的。因为关于存在意义的问题已经预设了意义的存在。存在就像是一堵墙，不管我们如何质疑它，我们都不能退到它的身后。然而，我们的病人却想证明"存在"这一生动的、直接的事实；我们必须告诫他，"证明"这种现实是不可能的，也是不必要的：它们是生动的，这是显而易见的。他的怀疑是完全没有依据的。对显而易见、直接给定的存在的怀疑在逻辑上是不可能的，这符合心理学上的非真实性，因为这种怀疑就是一种空谈。在行动和思维中，最激进的怀疑论者在现实中的表现和一个认识到现实规律和思维规律的人完全一样。

阿图尔·克伦费尔德（Arthur Kronfeld）在他关于心理治疗的书中说，怀疑主义消除了自己[58]——这是一种常见的哲学观点；我们认为这是不正确的。因为"我怀疑一切"这句话对"一切"的理解只是除了这句话以外的一切。它绝对没有反驳自己也没有自相矛盾。正如苏格拉底说的："我知道我什么都不知道。"他的意思是："我知道我什么都不知道，除了'我什么都不知道'这一事实。"

像所有认识论上的怀疑主义一样，强迫性神经症也在努力寻找一个阿基米德点，一个绝对确定的基础，并在其上建立一个具有无条件的真理意志和逻辑一致性的世界观。人们在这里寻找一个最根本的源头。这样一种第一哲学的理想似乎是一种能在认识论上证明自己的原理。可以理解的是，这种要求只能由一个原理来证明，这个原理把在所有可疑情况下利用概念思维的不可避免的必要性作为它自己的内容，这一思想的内容是思维对概念的依赖（因此是对自明性观点以外的东西的依赖）。

理性主义的这种自我辩解与其自我消除相对应。在这个意义上，对强迫性神经症患者的意义治疗是让他那种夸张的理性主义——这是他内心一切怀疑的源头——以一种理性的方式得以消除。理性的道路是我们必须为怀疑论者搭建的一座"金桥"。这座金桥符合以下论点："**最理性的事情就是不要让自己太过于理性。**"[59]那些被自己哲学式的胡思乱想和怀疑困扰的病人必须遵循歌德的教导："积极有效的怀疑就是不断地努力克服自己。"因此，针对强迫性神经症患者的怀疑论世界观的特殊意义疗法必须要让患者了解这种形式的怀疑。借助意义疗法给予他的武器，他能够将自己从典型的强迫症世界观控制中解放出来。通过理性的手段，他最终认识到了存在的非理性特征，进而实现思想上的转变。思想根本源头的问题最初只是一种理论上的公理，现在它被以另一种方式提出：它的解决方案现在是在某个范畴中寻求的，就其本质而言，这个范畴先于所有科学思维和所有哲学思维，并且是行动和感觉的起源。这就是存在的范畴。这就是奥伊肯（Eucken）所说的"公理行为"。

为了对抗和击败自己身上的理性主义，强迫性神经症患者必须要遵循务实的对应措施。因为强迫症患者要求一切百分百完美，不仅在认识方面寻求绝对的确定性，在决策方面也是如此。过度仔细和过度自觉一样，都变成了他行动上的障碍。他的理论怀疑主义对应于伦理怀疑主义，他对自己思维逻辑有效性的怀疑对应于对自己行为道德有效性的怀疑。这导致了强迫性神经症患者无法做出决定。例如，一位强迫症患者不断怀疑自己应该做什么。这些疑虑一发不可收拾，使她永远无法做出任何决定；即使在最微不足道的情况下，她也不知道应该选择什么。例如，她无法决定是去听音乐会还是去公园，经过一番内心的挣扎，时间过了，她就干脆待在家里。这种典型的无法做出决定的特点让强迫症患者不仅无法做出重要决定，甚至连做出最微不足道的决定也极为艰难。但强迫性神经症患者的过度仔细也可以像过度理性一样，通过特殊的意义疗法来治愈。歌德有一句话说得很有道理："行动者永远没有良知，只有观察者有良知。"但我们也可以为一丝不苟的强迫性神经症患者搭建一座"金桥"。我们只需再告诉他一句话：在某种程度上，这样做或那样做可能是没有良知的；但最没有良知的事情是，什么都不做。决定什么都不做的人，根本不做决定的人，无疑是用他的不作为做出了最没有良知的决定。

矛盾意向的意义疗法技术

在意义疗法背景下,"逻各斯"意味着精神,除此之外,它还表示"意义"。我们所说的精神是指具体的人类现象维度,与还原论相反,意义疗法拒绝将精神还原为任何非人类现象,也拒绝从这些现象中推导出精神。

在其他现象中,我们必须把存在朝向逻各斯的自我超越定位在人的维度上。事实上,人的存在早已超越了自身,指向了一种意义。因此,人的存在不是为了欲望或权力,也不是为了自我实现,而是为了实现意义。在意义疗法中,我们讨论的是追求意义的意志。因此,意义和精神一样,是意义疗法这个椭圆形的焦点之一。

除了**自我超越**,还要加上与其对立的**自我割离**。自我割离刻画了人的能力特征,同时建构了人本身。

泛决定论的人类学将人类从自身割离这一基本能力排除在外。我开发的矛盾意向法[60]则更充分地利用了这种能力。这种意义疗法技术是通过让恐惧症患者希望获得他所害怕的东西进行治疗。通过这种方法,恐惧就自然被消除了。

恐惧会使所恐惧的东西成为现实。太过强烈的愿望会使所渴望的事情泡汤。意义疗法利用了这一点，它试图引导病人去做他一直以来所害怕的事情，即使只是片刻。例如，一个广场恐惧症的病人告诉自己："今天我要出去中风。"

我们来看一下具体的病理报告。

我曾在一次临床讲座中介绍过矛盾意向法，这之后我收到了一位听众的来信，她告诉我以下事实：这位听众曾患有震颤恐惧症，每当解剖学教授进入解剖室时，她总是出现这种情况；现在，当她在我的讲座中听说了震颤恐惧症的案例后，她试图独立地对自己采用同样的疗法；后来每次教授来观看解剖时，她都暗自下定决心："好吧，我现在给他来个小颤抖，让他瞧瞧我的颤抖能力有多强！"于是，正如她写给我的那样，震颤恐惧症和震颤的症状都迅速消失了。

恐惧被一个很有疗效的愿望取代。当然，这样的愿望并不是严肃认真和一劳永逸的，但重要的是，病人在那个片刻产生了这样的愿望；至少在那一刻她在心里偷笑，她总算赢了那场游戏。这种笑或者说幽默，创造了病人与神经症之间的距离。只有幽默能做到这一点。

矛盾意向的治疗效果取决于医生是否有勇气在病人身

上施展他的手段。起初，病人会觉得好笑；但只要他在焦虑发作的具体情境中应用矛盾意向，他就必须这样做，最后，他将学会嘲笑恐惧，并逐渐远离它。哈佛大学的心理学家奥尔波特曾经说过，如果一个神经症患者能够自嘲，那他就离痊愈不远了。奥尔波特的这一观点在矛盾意向法中几乎得到了临床验证。

没有什么能像幽默那样有效地改善人的生存条件和环境。有一件趣事足以说明对待恐惧症的态度的重要性。第一次世界大战期间，一名高级军官和一名犹太军医坐在一起，外面突然发生了空袭。军官调侃说："在这里我们又看到了雅利安人对闪米特人的优越性，现在，医生，你已经开始害怕了，不是吗？"犹太军医回答说："我当然害怕了——但为什么您还有优越感？如果您，长官先生，有我这样的恐惧，您早就溜之大吉了。"这个"案例"是关于现实的恐惧的；相反，在我们的案例中涉及的是神经症的焦虑前兆（Angstbereitschaft）。在这两种情况下重要的是态度或态度的转变。

矛盾意向需要的是我们称为精神的反抗力量的东西。[61]这不仅需要**英勇无畏**，还必须**敢于自嘲**。

我们也许可以引用下面的一则趣事，这件事虽然听起来很夸张，但生动地描述了典型的**矛盾意向**：一个小学生上学迟到了，他的借口是："路上的冰太滑了，我每向前走一步，就会向后滑两步。"老师说："如果真的是这样，你怎么会来上学呢？"很显然，学生只是在说瞎话，但他并不尴尬，他说："很简单，我转身向家里走。"

我的同事伊娃·尼鲍尔-科兹德拉（Eva Niebauer-Kozdera）和库尔特·科曹雷克（Kurt Kocourek）在矛盾意向法的帮助下，[62] 短期内成功地改善了患有顽固的强迫性神经症的老年患者，这些患者甚至还可以重新工作。莱比锡卡尔·马克思大学神经-精神病诊所的主任 D. 穆勒·黑格曼（D.Müller Hegemann）教授认为这种心理治疗措施是一种非常有价值的技术，近年来他在恐惧症病例中观察到的有利结果也证明了这一点。[63]

美国康涅狄格州立医院的临床主任汉斯·O. 格尔茨（Hans O. Gerz）博士[64]拥有丰富的案例资料，这些资料显示，24 名恐惧症、焦虑症和强迫性神经症患者，病程从 2 周到 24 年不等，接受了矛盾意向的治疗。根据他多年的临床经验，格尔茨博士认为矛盾意向法是一种对恐惧症、焦虑症和强迫性神经症病例特别有效的技术。即使在严重的强迫性神经症病例中，这种方法也至少可以使病人得到相当大的缓解。他指出，对于急性病例，这显然是一种短程治疗。"正如我已经能够确定的那样，意义疗法也可以成功地应用于对严重慢性恐惧性神经症病例的治疗。下面的病例可以证明这一点。"

A. V., 45岁，已婚，有一个16岁的儿子，24年病史，患有严重的恐惧综合征，包括幽闭恐惧症、广场恐惧症、恐高症、电梯恐惧症、过桥恐惧症等。病人四处求医，治疗了整整24年，包括多次反复的远程治疗。此外，她还曾多次被隔离，其间遭受多次电击。医生最后建议她进行脑白质切除手术。过去四年，她不得不住进疯人院，而且她所在的病房情况极其混乱。通过电击或用巴比妥类药物、吩噻嗪类药物、单胺氧化酶抑制剂和安非他明制剂进行强化治疗都没有效果。她甚至无法在病床周围的某个区域之外停留。尽管被注射了镇静剂，但她一直处于高度兴奋状态。住院期间，一位经验丰富的分析师对她进行了长达一年半的密集精神分析治疗，但仍以失败告终。1959年3月1日，格尔茨医生接手了这位患者，并开始对其使用矛盾意向法治疗。治疗期间，尽管停用了所有药物，但病人的症状接连消失了。起初，病人被告知要做好虚脱和面对巨大焦虑的准备。然而几星期后，病人就成功地做到了她以前不能做到的所有事情：离开病房、乘坐电梯，等等。病人完全做好了昏厥、失去意识的准备，并打算向格尔茨医生展示"她是多么容易陷入恐慌"。例如在电梯里，她说："你看，医生，我很努力地让自己崩溃和害怕，然而没用，我根本做不到。"多年来她第一次敢在病房外溜达，她打算害怕，但没法真正做到（"不断努力变得恐慌和麻痹"）。5个月后，病人的症状完全消失了。24年来，她第一次摆脱了所有恐惧。不对，在桥上行走时她仍然还会焦虑。因此，回到医院后，当天晚上格尔茨医生就开车将她拉到一座桥上并对她说："你为什么不试着去害怕，尽可能地害怕呀！""你的话不起作用了，我不害怕，它不起作用了，医生。"这就是她当时的反应。不久之后，患者就出院了。4年半过去了，这期间她在家人的陪伴下过着平凡而幸福的生活。她每年都会去看望格尔茨医生几次，只是为了表达她的谢意。

D.F.，男，41岁，已婚，有两个女儿，患有典型的"存在真空"。他无法在有他人在场的情况下写字，有人在的话他就会立即开始颤抖。这成为他职业生涯中的一个严重障碍。此外，他还无法在别人面前完成一些简单的机械性动作。例如在公共场合，他连一个装满水的杯子都端不起，更不用说给吸烟的同事递火了。在治疗过程中，他被要求向"周围的人展示他是一个多么出色的颤抖者"。"让他们看看你能有多紧张，你能洒出多少咖啡！"三个疗程之后，他的症状完全消失了。"我完全不颤抖了！我也不再害怕了！不管我怎么努力！"他说。最后，他的"存在真空"也得到了成功的治疗。

A. S.，30岁，四个孩子的母亲，患有严重的恐慌性焦虑症，首先是持续不断的死亡恐惧。本案例的细节我在此不赘述，只描述一下其中的矛盾意向法的指令："从现在开始，你每天至少都要做好承受巨大打击的准备！"本案例的特别之处在于，激烈的婚姻冲突是神经症的基础。在矛盾意向法的帮助下，病人的病情在短暂治疗后得到了快速缓解，她也在心理治疗的过程中很快摆脱了婚姻冲突。"**我们不能说使用矛盾意向法就完全排除了对可能的神经症冲突的理解和研究**。相反，不言而喻的是，即使在矛盾意向法成功的情况下，我们也必须在传统心理治疗或意义治疗的层面上来讨论这些冲突。"

W. S.，35岁，已婚，三个孩子的父亲，通过家庭医生介绍给格尔茨医生治疗。患者担心自己会死于心脏病，特别是在做爱时。患者已经接受了彻底的器官检查，结果

（包括心电图）一切正常。当格尔茨医生第一次见到他时，他非常焦虑紧张并相当沮丧。他告诉格尔茨医生，自己一直都很紧张，略有焦虑，但他从未经历过像现在这样的情况。他随后报告说，有一天晚上，在做爱之后，他立即去浴室清洗身体，当时他在浴缸里弯着腰，突然，他感到心脏部位一阵剧痛，这使他产生了一种恐慌的感觉。对此患者补充说，他记得他姐姐在24岁时死于心脏病，他的母亲在50岁时死于心脏病。他害怕自己也有同样的遭遇。随后他开始一阵阵出汗，认为自己命不久矣。那晚之后，他开始关注自己的脉搏。焦虑使他反复心悸。他的家庭医生向他保证，他的身体器官没有任何问题，但没有用。实际情况大概是患者在浴缸里弯腰时造成了胸部间歇性肌肉拉伤，由此触发了预期焦虑的恶性循环。在意义治疗过程中，医生向病人解释了这一切，并要求他尽最大努力加快心跳，"当场猝死"。对此，病人笑着回答："医生，我正在努力，但我做不到。"他还被要求以类似的方式处理预期焦虑。最后，他带着"尽一切可能每天至少三次心悸"的指示离开了诊室。三天后，他再次来到诊所——他的症状消失了。他成功地应用了矛盾意向法，总共只来治疗了三次。一年半的时间已经过去了，他的病仍然没有再发作。

P.K.，38岁，已婚，两个十几岁孩子的父亲，被一系列严重的焦虑和强迫性神经症症状折磨超过21年。最主要的是，他害怕变成同性恋，害怕因为去抓身边的某位男性的生殖器而造成自己永远无法正常社交。他已经被一位精神病医生诊断为精神分裂症，还接受了密集的药物治疗和电击治疗。然而，这一切没有给他带来任何明显的缓解。当K先生第一次到格尔茨医生的诊室看病时，他很紧张，极度激动，还流着泪。"20多年了，我过着地狱一样的生活！我把一切都藏在心里，只有我的妻子知道；唯一的解脱只有在睡觉的时候。"例如，当他不得不去理发店时，就会产生那种抓住别人生殖器的剧烈恐惧。每次他都会在脑子里想象自己在大庭广众之下颜面尽失以及因此失去工作的情形。在这里，我们暂且不谈论其他几十种使他的生活变得如同地狱一般的强迫性恐惧。这些病症给病人造成了巨大的障碍，以至于他不能去任何地方度假。他参加的意义疗法课程每周两次，为期六个月。其间症状接连消除了。这里只挑最重要的细节：当病人被"建议"利用任何机会——在街上、餐馆或任何地方——伸手去摸别人的阴茎时，K先生就会开始发笑，这也是对他的强迫性恐惧发笑。然后没多久，他就不再受这些恐惧的困扰了。然而，令人印象最深刻的是他对自己人生中第一次飞机旅行的描述，他很快就进行了这种旅行：去佛罗里达度假，然后回家（这是他多年来第一次鼓起勇气去度假！）。他告诉格尔茨医生，他在飞机上如何"直接努力"让自己陷入恐慌，首先就是想象自己"在机舱内走动，一个接一个地触摸阴茎"。结果呢？完全没有恐惧的问题。相反，这次旅行和假期变成了一连串的快乐体验。病人的症状完全消失了，生活各方面也完全恢复正常了。

A. A.，31 岁，已婚，被多种恐惧症折磨了 9 年，其中最突出的是严重的恐高症。最后，病情发展到根本无法离家。她曾在精神病诊所和大学综合医院反复接受治疗，包括**精神分析**和电击以及药物治疗。这些治疗对她没有任何帮助。"在这个案例中，意义疗法或矛盾意向的应用是由我的一个助手施行的——我用弗兰克的技术对他进行了指导——治疗总共持续了不到 6 周。之后病人出院，症状完全消失，并且在此后的 3 年再也没有复发。"

S. H.，31 岁，他的情况与上面讨论的案例非常相似。只是他的神经症已经持续了 12 年。病人在诊所和疗养院反复住院，进行的各种治疗也都完全不成功。最后在 1954 年，医生对他进行了脑白质切除术，仍然以失败告终。然而，病人在应用矛盾意向法后，病情在6周内得到了改善。"病人随后从我们这里出院，并在此后的3年半里一直没有再复发。"

在第六届国际心理治疗大会组织的意义疗法研讨会上，格尔茨医生介绍了以下两个案例：

R.W.女士，29岁，三个孩子的母亲。她因恐惧症接受精神病治疗已有10年。5年前，她不得不在一家疗养院接受电击治疗。在格尔茨医生接手治疗的两年前，她在康涅狄格州立医院接受隔离治疗。出院后，病人找了另一位医生，又继续进行了两年的精神分析。结果是，病人确实学会了从心理动力学角度解释她的神经症，但她并没有摆脱神经症。来找格尔茨医生时，她已患有多种恐惧症：恐高、害怕独处、害怕在餐馆吃饭、害怕呕吐或惊慌失措、害怕去超市、害怕坐地铁、害怕在人群中、害怕独自开车、害怕停车等红灯、害怕在教堂做弥撒时突然大声喊叫或骂人，等等。格尔茨医生指导这位病人，去期盼她之前所害怕的所有东西。例如，她应该下决心与丈夫及朋友一起外出，在吃晚餐时直接把食物"吐在别人的脸上"，并制造"可以想象的最大混乱"。事实上，病人很快就开始开着车去超市，去理发店，去银行，"尽量被恐惧笼罩"，最后她自豪地报告已经成功做到的事情。接下来，她甚至独自把车开到了格尔茨医生的家里——总共80公里。她骄傲地说："我已经自己开车去所有的地方了。"在接受矛盾意向法治疗四个月后，她驱车160多公里来到纽约，穿过乔治·华盛顿大桥，穿过林肯隧道，乘坐公共汽车和地铁穿过整个纽约，最后乘电梯到世界上最高的建筑——帝国大厦的顶部，完成了她自我征服和从所有恐惧症中解放出来的旅程。"这实在是太好了。"她说。她的丈夫向格尔茨医生保证："我的妻子已经变成了一个完全不同的人，她现在可以完全享受做爱的过程。"在此期间，病人有了她的第四个孩子，并与她的家人过着正常生活。现在她已经超过两年没有症状了。在心理治疗的同时，她还每天服用25毫克安定。

下面是一个强迫性神经症患者的案例。M.P.先生是一名56岁的已婚律师，还是一名18岁大学生的父亲。17年前，他"突然像遭到晴天霹雳一样，被一种可怕的执念困扰"。他可能少交了300美元所得税，这种行为构成了对国家的欺骗——尽管他已经很认真仔细地计算过。"我当时无法摆脱这个想法——无论我如何努力。"他告诉格尔茨医生。他想象自己因欺诈被起诉、监禁，报纸上写满了关于他的文章，甚至他还因此丢了工作。于是他去了一家疗养院，在那里他首先进行了心理治疗，然后接受了25次电击，都没有成功。在此期间，他的病情恶化，以至于他不得不关闭自己的律师事务所。漫长的不眠之夜，他都要与越发严重的强迫症作斗争。他告诉格尔茨医生："我刚摆脱了这一个，另一个就会马上出现。"他开始一遍又一遍地检查所有的东西——甚至包括自己汽车的轮子。与此同时，他还被另一种执念困扰，那就是自己的各种保险单可能在不知不觉中过期了。于是他不得不一遍又一遍地检查它们，然后把保险单锁到一个特殊的钢质保险箱中，还反复地把每一份合同都捆绑起来。最后，他在伦敦劳埃德公司购买了一份特殊保险，旨在为他在法律实践过程中可能犯下的任何无意识和非故意的错误买单。然而，很快，这种做法也失去了效力；后来他的强迫性重复越发严重，最终被送入米德尔敦精神病院。现在，他开始在格尔茨医生处接受矛盾意向法治疗。疗程持续四个月，每周三次。医生反复指示病人使用以下矛盾意向来表述自己："我对任何事情都不关心。让完美主义见鬼去吧。对我来说，什么都可以做——让他们把我关起来，我不在乎。越早越好！我才不怕犯错呢！让他们逮捕我——一天三次！这样至少我可以拿回我的钱，我把它扔给了伦敦那些贪婪的家伙……"他开始盼望自己可以尽可能多地犯错，并决心犯更多的错，把所有的工作搞得一团糟，向他的秘书们证明他是"世界上最大的犯错者"。格尔茨医生毫不怀疑，病人不仅能够自相矛盾地表达意图，而且可以尽可能幽默地表达这些意图，这时他就完全没有任何顾虑了。他经常在诊所里这样跟病人打招呼："老天爷啊，你怎么还能随便乱窜？我以为你已经被抓起来了呢。我天天都等着在报纸上看关于你的大丑闻。"这时病人就会大笑起来，而且也开始越来越多地采取这种讽刺的态度，反过来讽刺自己和自己的神经症，例如他说："我不在乎——让他们把我关起来吧；最多是保险公司破产。"现在，治疗结束已经一年多了。"医生，这些疗法——你所说的矛盾意向——对我很有效；我只能告诉你，它像一个奇迹一样！在四个月里，你成功地把我变成了一个完全不同的人。当然，现在，一些旧的愚蠢的恐惧会偶尔出现在我的脑海中，但你知道，现在我可以立即处理掉它们——现在我知道如何对付自己了！"他笑着补充说："最重要的是，医生，没有什么比直接把我关起来更美妙的方法了……"

伊娃·尼鲍尔-科兹德拉[65]在她根据存在主义分析—意

义疗法原则开办的心理治疗门诊的统计结果报告表明，意义治疗可以在相对较短的时间内施行：报告显示，平均只需 8 次治疗，治愈和改善率就达到 75.7%——改善意味着无须进一步治疗。汉斯·O. 格尔茨指出："需要的治疗次数主要取决于病人患病的时间。根据我的经验，几周到几个月的急性病例可以在 4 到 12 次的治疗中得到治愈，而有多年病史的病人平均每周需要两次治疗，总体上需要 6 到 12 个月的时间才能恢复。因此，新学会的行为模式，即向矛盾意向的转换异常重要。但是，我们从行为主义学习理论中不难了解，这种旨在使条件反射性事件脱离轨道的转换首先要为自己铺平道路。这肯定需要一定程度的训练。"

在伦敦举行的意义疗法研讨会上，格尔茨医生强调，愿意运用矛盾意向法的心理治疗师如果要以这种方式取得成功，就必须有耐心和毅力。矛盾意向治疗的成功取决于治疗师是否真正掌握了这种技术。他认识一位同事，这位同事把一个患有广场恐惧症和幽闭恐惧症，已经进行了一年半矛盾意向治疗的病人介绍给他。在格尔茨医生那里，四个疗程后，病人就可以独自离家购物，还能到 30 公里外的诊所就诊。

最后，格尔茨医生给出了以下统计结果：

在过去的 6 年中，他用矛盾意向法治疗了 29 名恐惧症患者和 6 名强迫性神经症患者。在这些恐惧症患者中，有 22 人被治愈，5 人情况大有改善，2 人情况无变化，在这两个情况无变化的案例中，出现了继发性病症。在 6 名强迫性神经症患者中，4 人被治愈，2 人在 3 年内可以重新工作。还必须指出的是，这些病例中的大多数都是慢性的，其中有一名病人患神经症足足 24 年，并且已经接受了所有常规疗法的治疗。

人们一再对矛盾意向的永久性结果提出质疑。这种怀疑是没有道理的；因为除了那些通过矛盾意向进行治疗，然后观察数年至数十年没有任何复发的案例之外，H.J.艾森克（H.J. Eysenck）最近宣传的行为主义心理疗法认为，所谓的"对症心理疗法迟早会出现其他症状，因为神经症本身还没有被治愈"这种观点不过是一种偏见，用艾森克的话说，"这个概念首先是在没有证据的情况下被接受的，通过灌输的方式被延续了下来"。[66]艾森克继续说："所谓的对症治疗可以实现，而且是长期的，不会产生替代性症状，这一事实有力地反驳了弗洛伊德假说。"

不以精神分析为导向的心理治疗也很成功，在反射疗法学派中尤其如此。不言而喻，只要敢于进入精神层面，即实际的人性层面，成功的可能性就会成倍增加。"一个不可估量的优势在于，神经症和病理症状不在同一层面上，前者是在更高的、人格层面上的治疗。"[67]

艾森克的实验心理学的追随者们没有对自己的成功抱有不加批判的态度。艾森克本人以及他理智研究路线的追随者没有错判和否认，神经性疾病具有身体上的素质敏感性："神经症症状往往最常出现在那些可能被认为在遗传上具有过度反应的自律神经系统的人身上。"鉴于神经性疾病的身体基础，心理治疗从一开始就只能是对症治疗："基于心理学的治疗只能是对症治疗，因为对素质敏感性的治疗最终必须通过遗传或化学手段。"意义疗法关于打破继发循环机制的重要性的论点在艾森克发表的以实验为导向的心理学著作中得到了更多的证实。

行为主义背景在理论和实践上同样适用，而且是在一种限制性的意义上：行为主义心理治疗所采用的理论并没有超越心理学层面进入实际的人性层面，即心灵性空间中，而是坚持被阿波特讽刺为"机器模型"或"大鼠模型"的片面实验性和行为主义导向的心理学的人的形象。其结果是，一种只有人类可以拥有的态度，比如幽默（所有的动物都没有大笑的能力），并没有在非人类的心理学投射中出现，只是出现在具体的人类现象的精神空间中。

与沃尔普（Wolpe）指出的"去条件疗法"相比，比亚内·科维尔豪格（Bjarne Kvilhaug）[68]和N.彼得里洛维奇（N. Petrilowitsch）[69]指出，意义疗法超越了学习过程和条件反射的层面，并且鼓励病人超越这些层面。它不是在同一层面上攻击神经症症状，而是从实际的人类现象维度出发，例如，在发生矛盾意向的过程中，调动根本的人类自我割离能力来对抗神经症。人类所特有的幽默能力同样是在矛盾意向的框架内被调动起来的。

无论是哪种方式，在消极实践、交互抑制或矛盾意向的帮助下，心理治疗都会产生所谓的"反馈机制"的突破。我们归纳出特定的神经症反应类型，并将其描述为**焦虑性神经症、强迫性神经症和性神经症的行为模式**，特点分别是逃避恐惧、与强迫斗争和寻求性快感。[70]在这种情况下，我们必须指出，最终的决定性步骤超越了矛盾意向，因为它最终达到了意义疗法所谓的**逆反应**（Dereflexion）状态，当具体的意义可能性被分析和领会，而这些意义可能性的实现对病人个人产生积极影响，并从存在角度对他提出要求时，神经症就会在一定程度上得到克服。让我们考虑一下恩斯特·克雷奇默（Ernst Kretschmer）的明智告诫："人必须给生命注入强大的积极动力，使之朝着适合自己个性的目标前进。复杂的心理情结在一潭死水中可以肆意滋生，而新鲜有力的水流却能将它们立刻冲走。"[71]

"当然，病人的生活史和他可能的冲突情况一般都是通过心理治疗的方式进行研究的。矛盾意向以及一般的意义治疗绝不是为了取代心理治疗，而是为心理治疗提供补充。"[72] "我认为在精神分析和意义治疗之间制造对立是不合适的。毕竟，矛盾意向技术所取得的成功也可以从精神分析的角度来理解和解释。伊迪丝·乔尔森（Edith Joelson）首先进行了这样的尝试。如果病人——正在使用矛盾意向法——被敦促去做他害怕做的事情，换句话说，如果他至少象征性地发挥了自己的攻击性，那么，恐惧症可以被解释为被压抑的攻击性的产物，相应地也可以被消除。"[73] "然而，我们完全理解，那些花了多年时间学习精神分析的精神科医生，很少能克服他们对弗兰克技术的**偏见**，通过实验来说服自己相信意义治疗法的有效性。但学术精神要求我们不带偏见地检验任何治疗的可能性。意义疗法可能更是如此，尤其是矛盾意向法，它从一开始就不是作为传统心理疗法的替代品，而是它的补充。"

有的人总是害怕自己彻夜不眠，陷入这种焦虑期待中的人都会想尽快入睡，这完全可以理解；但正是这种非常想入睡的愿望让人不得安宁，也无法入睡。入睡的前提无非是放松，但这种放松并没有出现。所以在睡眠障碍的心理治疗中，同样有必要打破患者的预期焦虑的恶性循环。最简单的方法还是在矛盾意向的帮助下，使睡眠障碍者对具体的预期焦虑不屑一顾。要达到目的，病人要做的并不是睡觉，而只是做一做放松运动。我们必须教会病人尽可能地相信身体会提供自己所需要的睡眠。

来自美国田纳西州纳什维尔范德比尔特大学精神病诊所的汉斯·约阿希姆·沃布什（Hans Joachim Vorbusch）医生在奥地利心理治疗医学会的一次会议上报告了他使用矛盾意向法治疗严重慢性睡眠障碍方面的经验。他的病人中有人罹患睡眠障碍症长达10年之久。在短短一年内，他治疗的38个病人中有33人睡眠恢复正常，平均时间在一个星期内。这些病人之前都经过反复治疗，但没有效果，其中有一半的病例还有明显的药物成瘾状况。以下两个案例取自沃布什医生的病人：

第一个病人是一位41岁的记者，他有20年的酗酒史，但睡眠障碍并不是酗酒的原因。由于患有震颤性谵妄症，他不得不反复住院治疗。在过去的3年里，他无法工作。入院后，在第一次接受矛盾意向治疗时他感到根本无法接受，大笑不止，甚至充满敌意地骂沃布什医生是疯子。不过最后他还是决定试一试，但同时毫不掩饰他的执念，那就是不用药就不会有任何效果。他被要求晚上在纳什维尔诊所的走廊或花园里散步或者工作，也就是写文章。结果证明有效。快一星期后，病人第一次能够连续睡够3小时，在接下来的两个星期内，他的睡眠完全恢复正常。在随后进行的彻底心理治疗过程中——这当然已经超出了本案例中单纯的症状性睡眠障碍，进入了深层次的治疗——病人提到，他曾严重怀疑沃布什医生的医术，以至于他曾想要利用自己的政治关系和所有影响力来剥夺沃布什医生在纳什维尔诊所的领导地位。在他的睡眠恢复正常后，由于酗酒的原因他还要继续住院，在此期间他最终变成了矛盾意向法的热心宣传者，并成为酗酒心理治疗小组的关键人物。

第二个病例是一名49岁的工人，他由于心因性喉痉挛进行过两次气管切开手术。第一次气管切开手术后，插管一拔出，病人就陷入了害怕窒息的严重焦虑中，这导致他的气管不得不被再次切开。鉴于反应性抑郁和连续的自杀意念，病人被送入纳什维尔医院。插管本应在医院拔出。然而，事实上，当插管还留在原位时，病人就发生了一系列的窒息状况，他的焦虑感也随之大增。住院后，医生对这位病人实施了矛盾意向治疗。拔出插管后，沃布什医生指示病人来一次"真正的窒息发作"，这个过程重复了多次，结果成功了。仅仅几天后，插管被完全移除。接下来是继续通过矛盾意向法来治疗病人严重的慢性睡眠障碍。几天后，病人的睡眠障碍就得到了极大缓解。在丧失工作能力一年多之后，病人从纳什维尔医院病愈出院，逐渐恢复了正常工作能力，经反复检查一直没有任何复发症状。[74]

佛尔哈德（R. Volhard）和兰根（D. Langen）在实施矛盾意向法的过程中有特别的经验。兰根[75]指出："矛盾意向在治疗恐惧症、预期焦虑和性失败等方面有很好的疗效。"维尔茨堡大学妇科医院的汉斯·约阿希姆·普里尔（Hans Joachim Prill）教授[76]也认为，在相关病例中，"矛盾意向是有效的"。有一位病人为了怀孕已经4个月没有下床。由于一直没有怀孕，病人在受孕问题上变得越发僵硬和顽固，普里尔教授对她采取了相对较为温和的矛盾意向引导[77]，他告诉病人，未来她有可能会患上不孕症，她首先必须让身体进入最佳状态。这样一来，病人不得不完全抛开自己生育孩子的愿望。在经历了一系列强烈的情感反应之后，病人离开家，外出旅行休养，两个半星期后她报告说自己怀孕了。

最后，为了引起注意，我想提一下下面这个案例。曼弗雷德·艾森曼（Manfred Eisenmann）在他的论文《基于V.E.弗兰克尔的矛盾意向法的口吃病因探究和治疗》中，引用了他从戈珀特（Göppert）那里听来的"一个关于不经意使用矛盾意向法的绝佳事例：一个口吃病人报告说，他曾经想在聚会时讲一个有关口吃的笑话。但当他模仿口吃者时，他突然开始流利地说话，以至于在场的一位客人只得打断他：'别说了，你根本没有口吃！'"。

下面这段话来自美因茨大学神经学医院主任海因里希·克朗兰茨（Heinrich Kranz）教授，我认为也很有价值，他说："多年前，当我还在法兰克福执业时，在我了解你和你的矛盾意向法之前，有一个中学生来找我咨询，他口吃得很厉害。这种情况很常见，没有什么特别之处。然而，奇妙的是，这个男孩告诉我，他曾经有一次一点也没有口吃，那时他所在的班级要为家长会排一部话剧，剧中有一个口吃患者的角色。大家觉得他扮演这个角色正合适，然而他……完全'失败'了；他在几次排练中都能流利地说出台词，以至于最后不得不换人！"

3. 忧郁症心理学

内源性精神病也可以成为意义疗法的对象。当然，需要治疗的不是内源性成分，而是可能涉及的反应性、精神性成分。在讨论人类对以精神病形式出现的心理命运的精神态度时，我们已经提到了病理可塑性的因素，与发病机制的因素相反，它被理解为对精神病进行塑造的结果。在同一背景下，我们还举了一个原本是内源性抑郁症的例子，在这种状态下，除药物治疗外，也可以根据精神因素进行心理治疗，除前两者外，还可以进行细致的意义治疗，其目的是使病人完全转变对命定疾病的态度，同时要完全转变观念，将生命视为一项任务。

很明显，在通过任何意义治疗完全改变病人对精神病的看法之前——只要这种改变是可能的——在出现的"病理可塑性"中已经包含一种态度。在这种情况下，精神病患者的外在行为已经不仅仅是命定的、"造物性"的感情的结果；它同时是患者精神态度的表达。这种态度是一种自由的态度，同时受制于一种"正确"或"要变成正确"的要求。在这个意义上，罹患精神病，在某种程度上最终也是对人的一种考验或者说对精神病患者的人性的考验。精神病患者从人性中所体验到的病理可塑性是对人性的考验。精神病中仍然残留着自由，病人对精神病的自由态度使他总是能够实现态度性价值。意义疗法指导病人寻找这些残留的自由，即使罹患精神病，意义疗法也要让病人看到实现价值的可能性，哪怕只是在实现态度性价值的意义上。

在我们看来，即使是精神病也有一定程度的自由。事实上，就算患有内源性抑郁症的人也能战胜这种抑郁症。请允许我用一个病例的摘录来说明这一点，我认为这是一份关于人性的记录。这位病人是一位加尔默罗派教徒，她在日记中描述了自己生病的过程和治疗方法——请注意，这种治疗方法不仅是意义疗法，其中也包括药物治疗。我只想引用这本日记中的一段话："悲伤是我永恒的伴侣。无论我做什么，它都像铅块一样重重地压在我的灵魂之上。我所追求的那些理想，那些伟大、美好、善良都在哪里？昏昏欲睡的无聊感禁锢了我的内心。我的生活就像被扔进了一个真空中。很多时候，我连痛苦的能力都丧失了。"以上是一段有关忧郁症麻醉的描述。病人接着说："在这种痛苦中，我呼唤着上帝，但他也沉默不语。所以我只想做一件事，那就是死，就在今天，如果可能的话马上就死。"后来日记内容出现了转机："以前我总认为我无法决定我的生命,否则的话我可能早就死过很多次了。"接着她又带着胜利的口吻继续说:"在这种信念中,令人难以忍受的苦难发生了变化。因为那些认为生命必定会一步接一步走向成功的人,就像一个站在建筑工地前摇头晃脑的傻瓜,他们对建教堂还要挖地基这件事感到无比惊讶。上帝在每一个人的灵魂中都建造了一座圣殿。对我而言,他还处在挖地基的阶段。我唯一的任务是心甘情愿地给他递铲子。"

在下文中,我们将尝试从存在主义分析的角度理解内源性抑郁症,并将其理解为一种存在模式。对内源性抑郁症进行存在主义分析,首先要面对的是它的突出症状:焦虑。从身体角度看,内源性抑郁症是一种适度的生命力低迷状态。因为内源性抑郁症患者所处的低迷状态无法解释整个忧郁症症状,甚至也不能解释忧郁症焦虑,这种焦虑主要是对死亡和良心的焦虑。只有当我们把忧郁症的焦虑感和内疚感理解为人类的一种存在方式时,我们才能真正理解它们。我们不能从单纯的生命力低迷角度来解释这种现象——众所周知,这种生命力低迷状态的原因还无法解释。最有可能引发忧郁的是一种"转换病态"(Transmorbides):只有人才会从生命力低迷状态中创造出忧郁的体验方式,这正是人类的一种存在方式。内源性抑郁症的单纯病态只会导致诸如精神运动方面或分泌方面的抑制，而忧郁体验是**人与病态对抗**的结果。由此，我们可以想象发生在动物身上的由于机体衰退而导致的某种抑郁状态（有时也伴有焦虑）；而内疚、自责、自我指控等感觉属于人类所特有的内源性抑郁症的病理特征，这在动物身上是无法想象的。内源性抑郁症患者的良心焦虑"症状"并不是由内源性抑郁症的身体层面引起，而是一种人特有的"成就"。良心焦虑只能从生理学之外，也就是从人的角度来理解，它只能被理解为人的焦虑，一种存在的焦虑！

内源性抑郁症生理基础的缓和低迷状态所造成的是一种机能不健全的缺陷感。然而，这种缺陷感表现为任务的不充分感，这远远超出了疾病的内源性。动物也会有焦虑，但只有人才会对自己的存在负责，才会有良心焦虑或内疚感。人类所罹患的那些精神病，在动物身上是无法想象的，因此，人性一定在其中占有主要的部分。作为精神病事件基础的身体事件在变成精神病体验之前总是被转变成人性化的东西：它必须首先变成一个人性的主题！

只有人类才能体验到内源性抑郁症引发的心理及生理上的缺陷：它表现为一种"存在"与"应该"之间的张力。

内源性抑郁症患者能自然地体验到现实与理想人格之间的巨大差距。生命力的低迷加剧了**存在的张力**——这是人的存在本身所固有的。在内源性抑郁症中，缺陷体验使**"存在"与"应该"的距离**大大增加。对内源性抑郁症患者来说，"存在"与"应该"之间的距离变成了**一个深渊**。在这个深渊深处，我们必须意识到作为责任存在的人的存在的最根本的东西，也就是良心。忧郁症患者的良心焦虑应被理解为来自实现目标的必要性和可能性之间的高度紧张体验，这是一种真正的人类体验。

这种基于巨大缺陷的忧郁体验，对不能胜任某种任务的体验，表现为不同的形式。在典型市民患病前的贫困焦虑中，这种缺陷感与如何赚钱有关。如果叔本华区分了"一个人是什么，一个人拥有什么，一个人看起来像什么"三个方面，那么，对于一个患上内源性抑郁症的人来说，"他所拥有的东西"就是良心焦虑和内疚感的来源。在患病前缺乏安全感的患者的死亡焦虑中，忧郁缺陷体验是为了保住生命，而患病前有愧疚感或仅仅是多虑的病人的良心焦虑则与道德辩护的任务有关。

如果内源性抑郁症的基本生命紊乱导致忧郁症患者体验到存在张力的急剧增加，那么他的生活目标对他来说一定是遥不可及的。他失去了对目标、结局以及未来的感觉。"我越活越倒退,"一位忧郁的病人说,"当下的生活完蛋了——我迷失在朝向过去的生活中。"对未来丧失感觉,带着一种"没有未来"的体验,生命结束了,时间走到了尽头。一个病人说:"我看到的不是鲜活的生活在昨天和今天的人,所有人在我看来都大限将至——不管是老人还是孩子。我看到了更远的地方,我自己也不再生活在当下。"内源性抑郁症表现为一种"末日般"的氛围,即死亡氛围。如果克伦费尔德将精神分裂症的存在体验描述为"预期死亡"体验的话,那么我们可以将忧郁症描述为一种**永久性死亡**体验。

内源性抑郁症中的悲伤情绪与躁狂症中的喜悦情绪相对应,而忧郁性焦虑体验则与狂躁性旺盛体验相对应。忧郁的人总是觉得自己的能力无法达到自己应达到的状态,而狂躁的人却总觉得自己可以超常发挥。狂躁的力量感正对应了忧郁的内疚感。忧郁性焦虑患者总是对未来忧心忡忡(如灾难焦虑来自对灾难性未来的忧虑),躁狂症患者却是生活在未来之中:他做出方案,敲定计划,一直在预测未来,总是将可能性当作现实——他的生活中"到处都是未来"。

由于自身的缺陷体验，内源性抑郁症患者对自己的价值视而不见。这种价值盲目性后续也会蔓延到周围。因此，虽然内源性抑郁症患者的价值盲点在开始时同等重要，它最初只影响到自我，但它可以离心式地发展并导致非自我价值的瓦解。然而，只要自我被贬值，就必定会体验到价值的缩减。这种体验发生在忧郁症的自卑感中。内源性抑郁症患者觉得自己毫无价值，自己的生活毫无意义——从而导致了自杀倾向。

在内源性抑郁症的虚无主义妄想中还发生了另一种情况：随着价值的出现，事物本身，即价值的承载者被伪装起来；可能价值的根基也被否定了。在这里，首当其冲的是自我，自我发生了去人格化。"我根本不是一个人，"一个病人说，"我谁也不是——我根本没有生活在这个世界上。"接下来世界被纳入虚无，发生了去现实化。面对医生的介绍，一位病人声称："没有医生——从来没有过。"

科塔尔（Cotard）描述了一种忧郁症综合征，其中包括"诅咒意念、不存在的意念和不能死的意念"。忧郁症的"诅咒意念"可以不用多说，我们已经能够理解上述的虚无主义去人格化；不能死的意念、不死的妄想，也会在某些形式的内源性抑郁症中单独出现。人们可以把这些临床现象称为**阿赫斯维**[i]**忧郁症**。这种类型的疾病应该如何从存在主义分析的角度来解释呢?

此在张力的增强体验会不断加剧内源性抑郁症患者的内疚感,在这种情况下,内疚感对他来说是一种无法抹掉的难忘体验;出于缺陷体验,他感到无法应付生命中的任务,在他看来甚至在无限的一生中都无法完成。在这种情况下,也只有在这种情况下,我们才能够理解病人下面的陈述:"我不得不永远活着——为我的罪孽赎罪。对我来说,这就像地狱的边缘。"在这样的内源性抑郁症患者身上,生命的任务特征被无限放大。"我必须背负整个世界,"一位患者说,"实际上,在我身上只有良知还活着。一切对我来说都无比压抑。周围的一切世俗事物都从我身上消失了;我只看到了来世。我应该创造整个世界,但我不能。我应该移动海洋和山脉以及所有的一切。但我没有钱。我不能挖出一座矿井,也不能挽救国家的衰败,一切都将灭亡。"这种对自己以及整个世界的贬低导致内源性抑郁症患者有一种普遍的厌世情绪。他不仅厌恶自己,也厌恶别人。在他眼里,任何价值都不可能存在。"因为一切存在的事物

---

i 基督教传说中的人物,引申为永远漂泊流浪的人。

都注定灭亡。"这个梅菲斯特式的句子是对世界末日思想的一种解释,从这句话中我们正好可以看到内源性抑郁症患者对灾难焦虑的一种病态、妄想的表达。但是,生命的任务——被缺陷体验所扭曲——在他看来是艰巨无比的,这使我们能够以一种存在主义分析的方式来理解这种内疚感,其艰巨无比性只能通过诸如以下的妄想性话语来表达,例如:"一切都应该消失,我应该重新创造它们——而我做不到!我应该做一切事情。现在我到底该从哪里弄钱?我无法创造出属于这个世界的马驹、牛和其他家畜。"

正如在眩晕的体验中存在着伪运动一样,在焦虑中——克尔凯郭尔将其理解为自由的高度眩晕——也存在着一种精神上的伪运动。在忧郁症的情况下,"存在"和"应该"之间的深渊必然导致自我和世界、生命和价值的沉沦感。

在对内源性抑郁症进行有目的的心理治疗的意义上,[78]我们必须注意,试图进行的心理治疗本身不会成为致病的毒剂。最重要的是,任何试图呼吁病人振作起来的做法都是完全错误的;相反,最好是指导病人接受抑郁症的内源性,换句话说,把它客观化,从而与它保持距离——这是有可能的,在轻度到中度的情况下是完全有可能的。我们不要指示病人"振作起来",而是要让他们有意识地接受发生在自己身上的抑郁症。看不到价值,无法找到自身的价值和生活的意义,都是抑郁症的症状;我们要向他表明,他对于患病没有义务,或者说他只有两个义务:第一,相信医生和医学预测——我们可以向他保证,他至少会恢复成原来的样子;第二,要对自己有耐心——坚持到自己恢复的那一天。

4. 精神分裂症心理学

以下关于精神分裂症的一般心理学评论应该可以从存在主义分析的角度来理解,我们想从临床观察开始。我们曾多次有机会观察到一些精神分裂症患者的特别经历。有关病人总是报告说,他们有时会有被拍摄的感觉。值得注意的是,相应的检查表明,这种感觉完全没有任何幻觉基础:病人并没有说听到拍录像的摄像机的曲柄声或照相机快门的声音。在视觉上,他们也看不到任何拍摄设备和摄影师,也没有证据表明他们有妄想的念头,病人的说法可以被解释为继发性的合理化解释妄想。当然,有些病例确实是妄想症状;例如,这些病人声称他们在新闻片中看到了自己,还有人声称他们的敌人或迫害者会根据秘密拍摄的照片来识别他们。但是，我们从一开始就把这种具有妄想症基础的案例排除在相关调查之外，因为在这些案例中，被拍摄这件事并不是病人的直接经历，而是在事后被重构的。

我们在选择的病例中所遇到的情况从纯粹的现象学角度描述可以称为**被拍摄妄想**（Filmwahn）。被拍摄妄想展现了雅斯贝尔斯意义上的真正的"认识幻觉"；也可以算作格鲁尔（Gruhle）意义上的"原发的妄想性感觉"。当我们问一个病人，她为什么认为自己被拍摄了，却没有注意到任何可以表明这一点的东西时，她给出了一个很有特点的答案："我就是知道——我不知道为什么。"

还有一些病例明显从被拍摄妄想过渡到了与此类似的情况。例如，这类病人说，有人对他们进行了"录音"。在这里，录音对应了被拍摄妄想。也有病人声称他们被"监听"或"偷听"。还有一些情况，病人声称，他们感觉到有人正在以某种方式"寻找"自己，或者毫无根据地确信有人正在"惦记"他们。

那么，所有这些体验的共同点是什么呢？那就是人把自己作为一个对象来体验——作为摄像机**镜头的对象**，或照相机以及录音机的对象；推而广之，作为被"窃听"、

"寻找"和"惦记"的对象。如果我们将这些体验类型总结一下，就是作为其他人各种意图行为的对象。这里归纳的所有病例都把自己想象成他人心理活动的对象；上文所提到的那些设备，只不过是心理活动的机械延伸，是看和听的意图行为的"技术"延伸（因此，对于精神分裂症患者来说，有些机械装置仍然保留着一种荒唐的意向性，也就不难理解了）。在上述精神分裂症的案例中，涉及的是一种原发的妄想性感觉，我们也可以称为纯对象性体验。然而，从我们现在获得的基础来看，我们也可以把所谓的被影响感（Beeinflussungsgefühl）、被观察妄想或被迫害妄想理解为纯粹对象性的更普遍经验的特殊形式：在这些特殊形式中，精神分裂症患者就会把自己体验为他周围的人的观察或迫害意图的对象。

我们想把这种对纯粹对象经验的强调看作自我失调的一个侧面，格鲁尔把它看作精神分裂症的"原发症状"之一。正如可以通过地质断层线推断出深层岩石的结构一样，我们认为，也可以从原发症状（所谓的症状学表面）中推断出精神分裂症的"基本障碍"本质。事实上，我们可以把单纯的对象性体验的各种表现形式简化为精神分裂症体验模式中的统一的规律性。精神分裂症患者体验到自己，就好像他——主体——被转化为一个客体。他在心理行为中仿佛变得被动。正常人可以体验到自己如何思考、注意、观察、影响、偷听、倾听、寻找、跟踪、拍照、拍摄，等等；精神分裂症患者正好相反，他体验到这些行为、意图、心理功能时好像变得被动：他"被"注意，他"被"惦记，等等。一句话，在精神分裂症中存在一种经验性的心理功能被动化。我们认为这是精神分裂症心理学的一个普遍原则。

有趣的是，这种被动化体验迫使病人在说话时使用及物动词的形式，而相同情况下人们往往会使用不及物的表达。例如，一位精神分裂症患者抱怨说，她没有"醒来"的感觉，而总是"被唤醒"。**精神分裂症体验的被动化倾向也表现为语言表达中的被动化，这些表达往往忽略动词，而倾向于——不乏暴力的——名词结构**；而实际上动词（Zeitwort），或者说描述"行为的词"往往以一种行为体验为前提并且是这种体验的表达。

自闭症精神分裂症患者——那些在另一种意义上对世界不够"积极"的人——的典型语言还有一个特点：过分注重表达，从而不利于表征功能。我们可以由此来解释甚至理解一些精神分裂症患者所谓的艺术语言；有时也可以通过自己的表达力来和病人进行这种艺术"语言"的交流,就像和狗"交谈"一样:在这一过程中,重要的是语气,而绝不是词语的选择。

精神分裂症体验是心理活动体验的被动化,这种解释接近于拜尔泽(Berze)的精神分裂症理论。拜尔泽曾谈到精神分裂症患者的心理活动不健全的问题。他认为,主要症状是"意识减退"。如果我们把所谓的体验被动化和这种意识减退放在一起,那么我们可以从存在主义分析角度将其表述如下:精神分裂症患者的自我作为意识是"减退的",同时自我又被"体验"为负责任,就好像也受到了某种影响一样。精神分裂症患者体验到自己的整个人性是如此有限,以至于他无法再感觉到自己确实"存在"。从这个意义上说,克伦费尔德将精神分裂症描述为"预期死亡"也是可以理解的。

由于拜尔泽教我们区分了精神分裂症的过程性症状和缺陷性症状,我们知道了对精神分裂症体验的每一种现象学-心理学解释,以及存在主义分析解释,只能与过程性症状相关。在我们看来,精神分裂症的过程性症状和缺陷性症状的区别类似正常人的两种体验方式的区别,即入睡和做梦的体验。在关于精神分裂症心理学的"入睡思维"研究中，施耐德（C. Schneider）就选择了入睡思维而没有选择做梦思维作为模型，就像荣格一样，他想把精神分裂症患者理解为"清醒的做梦者"。当我们考虑到入睡也会导致意识减退，或者用雅内（Janet）的话说，导致"精神低落"时，就可以理解为什么正常的入睡体验会是精神分裂症体验的模仿。洛维（Löwy）所说的"半成品思维"、迈尔-格罗斯（Mayer-Gross）的"空洞的思想外壳"，所有这些现象在正常的入睡思维和精神分裂症思维中都有发现。当卡尔·比勒学派从思维心理学的角度谈到"思维模式"以及思维的"空白特征"时，三位学者的研究结果是一致的。我们现在可以说：睡着的人并没有填充思维的空白，而是在"其上"入睡的。现在我们也搞清楚了，为什么在入睡思维过程中，思想行为的空白能够被观察到——而在通常情况下却不会。

与入睡思维不同，做梦思维由图像语言主导。入睡时意识水平降低到了较低的程度——这与意识减退相对应——只要达到较低的意识水平，就会开始做梦；梦境在这个较低的水平上产生。根据从清醒到睡眠的过渡期间的功能变化，做梦的人"退回"到梦中的原始符号语言。

现在让我们有意识地抛开精神分裂症的过程症状和缺

陷症状之间的基本区别，然后自问，除了所讨论的那些症状（自我障碍和思维障碍）之外，其他的精神分裂症状在多大程度上能通过我们所强调的心理过程的普遍体验被动化的解释原则来阐明。我们先抛开精神分裂症患者的运动功能是否与被动化框架相符的问题——很明显，紧张症和僵住症的情况正好与我们的解释原则相符——来讨论声音幻觉的心理问题，即精神分裂症患者的幻听。如果我们从思维声音化的现象出发，被动化原则为我们提供了理解这一现象的关键：声音元素在健康人身上以所谓"内心话"的形式（或多或少）不可或缺地伴随着思维，而精神分裂症患者却是被动地接受这些声音的，对他们来说，这些声音仿佛来自外部世界，它们必须按照感知模式被体验。把自身的内心体验当作来自外界的陌生之物，好像是一种感知，这无非就是幻觉。

作为精神分裂症的心理学解释原则，心理功能的体验被动化原则在治疗领域虽然没有任何实际应用的可能性，但是在治疗领域可以获得一种经验性的确认。我们曾成功地对一位患有明显的敏感关系妄想症的年轻人进行了心理治疗。我们训练他不要在意被观察，不去观察所谓的观察者（关于他是否真的有被观察的体验这一问题从一开始就被从讨论中排除了）。事实上，只要病人学会不再观察他的周围环境，这种被观察的感觉很快就会消失。随着观察行为的停止，相应的被动体验，即被观察的体验也就消失了。在我们看来，被动观察随着心理治疗后主动观察的停止而停止，这一事实只能通过以下假设来解释，即基本障碍导致了观察经验逆转为其被动面。

对精神分裂症的特殊存在主义分析不一定要拘泥于病理学上的完美案例；我们也可以通过分析那些处于精神分裂症边缘的临床图像——如敏感性关系妄想症——来阐明精神分裂症体验。为了达到这个目的，我们现在要研究那些在当时被归入所谓精神衰弱症范畴下的分裂性精神病症的形式。相关病人的体验被描述为"空虚"，或者缺乏"现实感"。一位病人将自己比作"没有音板的小提琴"；他感到自己"好像"只是"自己的影子"。他抱怨自己与周围环境缺乏"共鸣"，产生了明显的去人格化体验。

豪格（Haug）在其专著中指出，强迫性的自我观察可以引起去个人化体验。对此我们想发表一些评论。知识不仅是对某一事物的知识，而且是对知识本身的知识，推而广之，是来自各自自我的知识。由继发性的、反思性的行为所反映的原发性行为被赋予和定义为心理行为；体验的性质只有在反思中,并且只有通过反思才能从"心理上"建构出来。

让我们尝试借助一个生物模型来说明这些联系。我们想象一下,原发性的心理行为相当于生物学中阿米巴虫的伪足,它从细胞中心朝某个对象伸展。继发性的、反思性的行为相当于第二个更小的"绕在"最初伸出的伪足之上的伪足,我们可以很好地想象,这种"反思性"伪足在"过度伸展"时就会失去与阿米巴细胞原生质的合胞连接,并最终断裂。从中我们可以获得强迫性自我观察者的去人格化体验的生物学模型。通过被称为"意向弧"的"过度张力"——与夸张的自我观察相一致——必定产生心理功能(被体验为"自动化")与自我的联系被扰乱的体验。强迫性自我观察的反射性行为失去了与原发性行为和主动的自我的经验性联系,这必然导致主动感和人格感的丧失,也就是以去人格化形式出现的自我障碍。

通过一个心理行为的伴随性反射,它自身成为主体和客体之间的桥梁。此外,主体自身成为所有心理活动的载体。除了某物之外,在"对某物的拥有"中,我还拥有"拥有"本身以及作为"自己"的"我"。因此,"自己"是已经意识到自己的"我"。这种通过自我反思而获得自觉的情况也有一个对应的生物模型,即端脑的系统发育过程:**脑幔(反思性意识的解剖学对应物)被折叠在脑干(无意识冲动的有机底质)周围,正如意识的抑制功能对间脑中心的本能反应是"反射性"的一样。**

我们说过,反思性行为的"意向弧"在去人格化的情况下"过度延伸",以至于它仿佛要断裂,而且我们试图以这种方式来解释强迫性的自我观察中自我障碍的发生。很明显,精神分裂症中的意识"减退"可能或必定导致同样的自我障碍,如精神病患者的意识亢进、分裂型精神症、强迫症患者的强迫性自我观察等。精神分裂症的自我障碍和精神症的去人格化的区别只在于,前者(对应于意识减退)的意向弧的张力太小,而后者(对应于意识亢进)的意向弧张力大到"断裂"的程度。

人在睡眠中会回归到的较低的意识水平,同时伴随着生理性的,也就是非病理性的意识减退。我们现在期望,它也表现为反射趋势的下降。实际上,我们现在可以假设,在梦中,思考行为的反射性分支或多或少地被撤回了。这种撤回的效果就是,"自由想法"的直观性元素可以不受反射性纠正的干扰,从而进行它们的幻觉游戏。

最后，就强迫症和精神分裂症的体验方式的本质区别而言，我们对其特殊存在主义分析的结果作如下概述：强迫症患者总是被防护功能不足和连续的过度意识所困扰。精神分裂症患者则被"意识的减退"引发的"心理活动不健全"所折磨。在部分事实、部分经验的层面上，精神分裂症不仅是对自我意识的限制，也是对责任和负责任主体的限制（纯粹对象性或被动性原则的体验）。尽管如此，精神分裂症患者仍有剩余的自由去面对命运和疾病，这种剩余的自由对于人类本身和患病的人来说都会一直存在，直到生命的最后一刻。

注 释

1 S. Freud, *Gesammelte Werke*, Band XI, S.370.

2 薛定谔的类似理论不是关于存在，而是关于生活。

3 "执行现实"是人在其行为表现中的实际存在，作为非实际的存在模式，与以下三种情况形成对比：一是"现成存在"（海德格尔）；二是执着于现状，不打算超越的存在；三是超越自我、反思自我的存在。

4 用我们的模型来解释的话，心理学认知的类似物是一种特殊情况，只有在这种情况下人才会真正看到视网膜图像，例如，他试图通过一只从尸体上切下来的眼睛去研究它对照相机成像的物理过程的模仿。而对心理过程的心理学态度实际上不也有一些"脱离生动的连贯整体"吗？

5 要求人有完美的认知就等于要求作曲家写一首形式和内容都非常完整的交响乐。然而每一首交响乐、每一件艺术作品都是不完整的；而认识与交响乐一样，也是零碎的、不完整的，受视角、立场的限制，其结果也注定是片面的。

6 我们可以轻描淡写地和鲁道夫·阿勒斯一起把它称为"主体间性的"。

7 实际上，主观主义否认有任何意义；它认为，意义本身并不存在，是我们自己赋予了意义，并认为它是在特定情况下产生的意义。

8 V.E. Frankl, in: *Die Kraft zu leben*, *Bekenntnisse unserer Zeit*, Gütersloh 1963.

9 "Psychological Models for Guidance", *Harvard Educational Review* 32, 373, 1962.

10 J.C. Crumbaugh and L.T. Maholick, "The Case of Frankl's Will to Meaning", *Journal of Existential Psychiatry* 4, 42, 1963.

11 *Documents of Gestalt Psychology*, University of California Press 1961.

12 参见加布里埃尔·马塞尔："贝多芬第3号钢琴奏鸣曲或第127号弦乐四重奏体现了一种显而易见又莫可名状的意义，人在其中得到了超越。"

13 这确实是一项成就，是一项最高成就，马雷克·埃德尔曼（Marek Edelmann）证实，他曾在1943年组织了华沙犹太区起义，并在17岁时成为指挥官。今天，他在罗兹当医生。埃德尔曼医生对英雄主义的定义如下："谁战斗，谁就更容易牺牲。但是，当你不能再行动时，当他们把你押往刑场时，你能够表现得大义凛然，那么你就是一个英雄。"

14 自杀涉及勇气或懦弱,这个问题不能简单地给出答案。自杀前的内心挣扎不容忽视。我们只能说,自杀行为确实展现了赴死的勇气,但也是一种对生命的怯懦。

15 "如果一个人对'为什么而活'心知肚明,那么他就会轻易地知道该'怎么活'。"(*Der Wille zur Macht*, 3. Buch, Musarionausgabe, München 1926, *Gesammelte Werke* XIX, 205)

16 我们甚至可以冷静地承认,普通人或许真的没有那么完美,只有个别相对完美的人。但是,难道不是正因为如此,每个人的任务才是要变得更好,变成那些"个别人",而不是像普通人那样"随波逐流"?

17 宗教人士身上的责任意识的深化可以通过具体的例子来说明;为了这个目的,让我们引用 L.G. 巴赫曼(L.G. Bachmann)谈安东·布鲁克纳(Anton Bruckner)的一段话:"他对上帝的责任感增长到无限大,他对他的朋友,来自克洛斯特纽堡的合唱团团长约瑟夫·克鲁格博士说:'他们希望我写点别的东西,但我的内心无法接受。在成千上万的人中,上帝赦免了我,赋予了我才华,我必须向他作出交代。如果我追随了别人而没有追随他,我该怎么去面对我们的主呢?'"因此,没有什么比宣称"宗教立场一定会使人被动"更加错误的论调了。恰恰相反,宗教立场能够最大程度地激发人的内心，它能使每一个信仰宗教的人——以一种存在性的态度——将自己看成神性在世间的战斗伙伴。对他来说，人生在世就要"做出决定"，承担起所有的来自他人和自身的斗争。现在我们引用一个哈西德派故事中的一段话作为类比。门徒们问长老："请告诉我们，人是什么时候，以及怎样知道上天对他的宽恕的？"长老回答："在人认识到自己不能再犯同样罪行的时候。"

18　当然，在这里我们只谈及这样一种宗教性，在其中上帝被体验为一种人格本质的原型，也可以说，作为第一个和最后的"你"；对这样的宗教信徒来说，对上帝的体验完全是一种对原初的"你"的体验。

19　*Problems of Life*, Wiley, New York 1952.

20　*Human Nature in the Light of Psychopathology*, Harvard University Press, Cambridge 1940.

21　*Personality and Social Encounter*, Beacon Press, Boston 1960.

22　*Journal of Individual Psychology* 16, 174, 1960.

23　*Becoming*, New Haven 1955, S.48f.

24　S. Freud, *Gesammelte Werke*, Band XI, S.370.

25 *Basic Tendencies in Human Life*, in: *Sein und Sinn*, Tübingen 1960.

26 *Psychologische Rundschau* 8, 1956.

27 S. Freud, *Gesammelte Werke*, Band XI, S.370.

28 *Review of Existential Psychology and Psychiatry* 1, 249, 1961.

29 *Zeitschrift fur experimentelle und angewandte Psychologie.* 6, 1959.

30 "当人支持一种强烈的想法时，他就会很强大；当他反对这种想法时，就会变得很无力。"(S.Freud, *Gesammelte Werke*, Band X, S.113)

31 *Psychological Reports*, 10, 1962.

32 *Anthropologische Forschung*, Hamburg 1961, S.65f.

33 E.D. Eddy, *The College Influence on Student Character*, S.16.

34 负责任和自由之间的区别可以通过罪责和专断之间的区别来说明。如果我们把专断定为不负责任的自由的话，那么罪责从某种意义上说就是不自由的责任。如果负罪者负有某种责任，却没有摆脱它的自由，那么，这就只是一个正确立场和正确态度的问题。而对自己的罪过的正确态度就是忏悔。即使不能消除罪责，至少也能在道德层面上弥补已经发生和被指责的事情，舍勒在他关于这个问题的文章中已经向我们表明了这一点。

35 这就是为什么大众也会压制个体的个性。大众也会为了平等而限制个体的自由，人与人之间的友爱被从众本能取代。

36 每一个人相对于其他人来说都是"绝对不同"的，就他所是而言，他是独一无二的。同时，就其此在而言，每个人都是独一无二的，每一个此在的意义都是独特的。正是通过在时间和空间中并置和相继的此在的有限性，责任的基础得以建立。除了以上的双重有限性之外，还有打破它们的第三个构成因素，即存在的超越；希勒尔（Hillel）提出的以下三个问题生动地总结了他的人生智慧：如果我不做，谁来做？如果我现在不做，我应该什么时候做？如果我只为自己做，那我是什么？

37 与此相对应的是，后面所说的面对不幸时麻醉自己的人的主观主义或"心理主义"。他们逃入不幸的"无知觉"中，或者处于迷醉状态中，又或者处于绝对的无意识状态下——再或者自杀。

曾经有一个病人不理解为什么死亡无法带走生命的意义。她被问及是否认识这样的人，尽管他已经死了，但他仍有一些特别的成就。"是的……我小时候的一个家庭医生……一个好人。"接下来她又被问道:"假设仍在世的病人是健忘的。也许他们已经老了,没有人记得所有的好事。这些好事是否会因为遗忘或者因为病人的死亡而被抹去?"病人回答:"不……它们会被保存下来。"

38 当然,不是所有看起来像"自我"的东西都是"自我",也不是所有看起来像"本我"的东西都是"本我"。在这方面,精神分析和个体心理学都是正确的;特别是在神经症的情况下,人的本能在精神分析的意义上往往被赋予了道德的外衣,并披着"象征性的伪装"进入了意识;而在个体心理学意义上,自我经常隐藏在虚假的本能背后(例如,在"安排"中)。是的,我们甚至可以更进一步毫不犹豫地承认,比如说,精神分析所教给我们的关于梦的所有知识基本上仍然有效;但是,我根本不做梦。"本我"怎么出现呢?

39 就像人也会失去某些东西一样,一个人并不"拥有"自由,而是"我是"自由。

40 人总需要做出决定。但什么是人呢?人就是一种始终在做决定的存在。他决定什么呢?决定在下一刻他会是什么。

41 V.E. Frankl, *Man's Search for Meaning*, Preface by Gordon W. Allport, 70. Auflage, Simon and Schuster, New York 1985.

42 虽然对于个体心理学来说,自卑感仍然是一种神经症的症状,但对于存在主义分析来说，它在某些情况下是真正的成就；因为在真正存在缺陷的地方，人类——对浮现在他面前的一种价值——感到自卑，而自卑恰恰让他的价值愿景在某种程度上获得了充足的理由。

43 与单纯的麻醉相比，迷醉（Rausch）是一种积极的东西。迷醉的本质是远离客观世界，转向"符合情况的"虚幻的世界。而麻醉只会导致对不幸的无知觉，导致叔本华消极意义上的"幸福"，一种涅槃情绪。

44 可避免的或负罪的命运（"卑鄙的不幸"）与真正的、不可避免的、不可改变的命运（"高贵的不幸"）的区别在于，只有从后者的痛苦中才有实现态度性价值的可能性。这种区别对应于登山者所熟悉的"主观"和"客观"危险之间的区别。事实上，在登山者中，沦为客观危险（如落石）的受害者不会被视为"不光彩"；而屈服于主观危险（如装备不足或缺乏登山经验或登山技术）则被视为可耻。

45 生活不是用语言，而是以摆在我们面前的事实的形式来向我们发问，我们也不是用语言，而是以行动的形式来回答它；只要我们还要对现实作出回应，我们就要面对未完成的事实。

46 V.E. Frankl, "Wirtschaftskrise und Seelenleben vom Standpunkt des Jugendberaters", *Sozialärztliche Rundschau* 43, 1933.

47 在行动和可能的自我观察之间必定有某种类似反比例的关系。在这种关系中，似乎至少不可能在全神贯注地投入行动的同时在一定距离内清晰地观察自己。人的"冲动"和反思性的自我观察之间的反比例关系会让人不由得想到著名的海森堡"不确定性关系原理"。

48 如每一种理念一样，这也只是一条规则。"它就像是靶心，人们必须始终将准星对准它，即使人们并不总是能击中它。"（歌德）正如普通人很少有能力获得真爱一样，他也很少能达到成熟爱情生活的最高发展水平。但最终，人类的每一项任务都是"永恒"的，人类的所有进步都是无限的，它进入无限，朝着无限中的目标前进。但这也只是个体在其自身历史中的进步。因为关于是否存在以及在何种意义上存在真正的、人类历史上的"进步"的问题还有待商榷。这里唯一能确定的是技术上的进步，这也许正是我们觉得是卓越的进步，因为我们生活在一个技术的时代。

49 在手淫过程中，性行为是以一种纯粹"符合情况"的方式被体验的。手淫行为缺乏超越自身，指向一个伴侣的意向性和方向性。手淫既不是一种疾病，也不是疾病的原因，它只是一种发育受阻或对爱情生活的错误态度的标志。对其病态后果表象的疑病念头是没有道理的。手淫行为后产生的内疚感，超出并独立于这些疑病念头，每当人从有意向的经验逃到符合情况的经验中时，这种内疚感就必定会折磨他。我们在谈论迷醉状态时已经谈到过类似的情况，在我们看来，手淫和迷醉状态一样，必定会引发内疚感。

50 婚姻和爱情似乎紧密相连。但是，只有在所谓的基于爱情的婚姻中才会出现这种情况。从这个意义上说，基于爱情的婚姻是一个相对较新的现象，正如社会学家赫尔穆特·舍尔斯基在其《性社会学》中指出的那样。然而，可以正确地说，爱情通常是所谓幸福婚姻的条件和前提。唯一的问题是，建立在爱情之上的幸福是否也是持久的。爱情可能是婚姻幸福的必要条件，但这并不意味着它是一个充分条件。

51 参见 V.E. Frankl, *Die Neurose als Ausdruck und Mittel*, Dritter internationaler Kongreß für Individualpsychologie, Düsseldorf, 1926。

52 V.E. Frankl, "Zur medikamentösen Unterstützung der Psychotherapie bei Neurosen", *Schweizer Archiv für Psychiatrie* 43, 1, 1939.

53 阿勒斯曾经说过："放弃胜利的人和认为不可能失败的人一样不会受到威胁，也不需要感到恐惧。"

54 参见 Gordon W. Allport："学会自嘲的神经症患者知道自我管理，从而痊愈。"

55 参见 V.E. Frankl, *Die Neurose als Ausdruck und Mittel*, Dritter internationaler Kongreß für Individualpsychologie, Düsseldorf 1926。

56 参见 V.E. Frankl, "Zur medikamentösen Unterstützung der Psychotherapie

bei Neurosen", *Schweizer Archiv für Psychiatrie* 43, 1, 1939。

57 从这个角度讲，约翰娜·迪尔克（Johanna Dürck）和冯·阿勒斯关于强迫性神经症的解释看起来很贴切。前者写道："一个强迫症患者曾经告诉我，上帝必须是秩序；他的意思是上帝给人以和平，并将人从实际存在的紧张中释放出来。由此我就能理解所谓强迫性神经症患者的迂腐。"阿勒斯说："迂腐无非是一种将个人法则强加到周围的琐事上的意志。"然而，就像所有强迫性神经症追求秩序的意志一样，这种意志在某种程度上可称为最佳意义上的人性。"永恒的意义是通过秩序得以实现的，只有通过秩序，人才对得起自己的模样。"（韦费尔）因为在我们看来，秩序可以被定义为他者中的同一性（类似于那个美是"多元中的统一"的著名定义）。

58 怀疑主义的自我消除对应于理性主义的自我辩解（见下文）。

59 参见列夫·托尔斯泰："人就像望远镜一样，只有旋转到一定角度才能看清东西，假如再旋转，就会又看不清了。"

60 我在1929年就进行过矛盾意向的实践（Ludwig J. Pongratz, *Psychotherapie in Selbstdarstellungen*, Hans Huber, Bern 1973），然而到1939年才对这一方法进行描述（Viktor E. Frankl, "Zur medikamentösen Unterstützung der Psychotherapie bei Neurosen", *Schweizer Archiv für Neurologie und Psychiatrie* 43, 26, 1939），1947年才出版相关著作（Viktor E. Frankl, *Die*

Psychotherapie in der Praxis, Franz Deuticke, Wien 1947)。这一方法与后来进入市场的行为疗法如焦虑诱发、体内暴露、满灌疗法、内爆疗法、诱发焦虑、模仿、修改预期、消极练习、饱和疗法、长期暴露等的相似性是毋庸置疑的,而且这种相似性也被治疗师们所发现。"行为疗法技术似乎是将矛盾意图翻译成了学习术语。"(L. Michael Ascher, "Paradoxical Intention", in *Handbook of Behavioral Interventions*, herausgegeben von A. Goldstein und E.B. Foa, John Wiley, New York 1978)更值得注意的是,是行为治疗师首次尝试通过实验证明了矛盾意向法。他们是麦吉尔大学精神病医院的L. 索利奥(L. Solyom)、J. 加尔萨-佩雷斯(J. Garza-Perez)、B.L. 莱德威奇(B.L. Ledwidg)和C. 绍约姆(C. Solyom)教授("Paradoxical Intention in the Treatment of Obsessive Thoughts: A Pilot Study", *Comprehensive Psychiatry* 13, 291, 1972)。他们在慢性强迫症病例中选出两个症状强度相同的病例,一个通过矛盾意向法治疗,另一个只"控制"症状而不实施治疗。结果表明,只有实施矛盾意向法的病例在几周内消除了症状(Ralph M. Turner und L. Michael Ascher, "Controlled Comparison of Progressive Relaxation, Stimulus Control, and Paradoxical Intention Therapies for Insomnia", *Journal of Consulting and Clinical Psychology* 47, 500, 1979),而且没有出现任何替代症状(L. Michael Ascher, "Employing Paradoxical Intention in the Behavioral Treatment of Urinary Retention", *Scandinavian Journal of Behaviour Therapy*, Vol.6, Suppl. 4, 1977, 28)。

61 Viktor E. Frankl, *Theorie und Therapie der Neurosen, Einführung in Logotherapie und Existenzanalyse*, Uni-Taschenbücher 457, E. Reinhardt, München 1982.

62 "Ergebnisse der klinischen Anwendung der Logotherapie", *Handbuch der Neurosenlehre und Psychotherapie*, herausgegeben von Viktor E. Frankl, Victor E. Frhr. v. Gebsattel und J.H. Schultz, 3. Band, Urban & Schwarzenberg, München und Berlin 1959.

63 "Methodologic Approaches in Psychotherapy", *American Journal of Psychotherapy* 17, 554, 1963.

64 "Zur Behandlung phobischer und zwangsneurotischer Syndrome mit der 'Paradoxen Intention' nach Frankl", *Zeitschrift für Psychotherapie und medizinische Psychologie* 12, 145, 1962. 它是对英文论文的部分翻译,参见"The Treatment of the Phobic and the Obsessive-Compulsive Patient Using Paradoxical Intention sec. Viktor E. Frankl", *Journal of Neuropsychiatry* 3, 375, 1962。

65 "Offizielles Protokoll der Gesellschaft der Ärzte in Wien", *Wiener klinische Wochenschrift* 67, 152, 1955.

66 *Behaviour Therapy and the Neuroses*, Pergamon Press, New York 1960, S.82.

67 N. Petrilowitsch, "Logotherapie und Psychiatrie", Symposium on Logotherapy auf dem Sechsten internationalen Kongreß für Psychotherapie in London.

68 "Klinische Erfahrungen mit der paradoxen Intention", Vortrag, gehalten vor der Österreichischen Ärztegesellschaft für Psychotherapie am 18. Juli 1963.

69 "Über die Stellung der Logotherapie in der klinischen Psychotherapie", *Die medizinische Welt* 270—2794, 1964.

70 Viktor E. Frankl, *Die Psychotherapie in der Praxis, Eine kasuistische Einführung für Ärzte*, Franz Deuticke, Wien 1975; Viktor E. Frankl, *Theorie und Therapie der Neurosen, Einführung in Logotherapie und Existenzanalyse*, Uni-Taschenbücher 457, E. Reinhardt, München 1982; Viktor E. Frankl, "Grundriß der Existenzanalyse und Logotherapie", *Handbuch der Neurosenlehre und Psychotherapie*, herausgegeben von Viktor E. Frankl, Victor E. Frhr. v. Gebsattel und J.H. Schultz, 3. Band, Urban & Schwarzenberg, München und Berlin 1959; Viktor E. Frankl, *Der Wille zum Sinn, Ausgewählte Vorträge über Logotherapie*, H. Huber, Bern 1972.

71 "Hypnose und Tiefenperson", *Zeitschrift für Psychotherapie und medizinische Psychologie* 11, 207, 1961.

72 Hans O. Gerz, "Zur Behandlung phobischer und zwangsneurotischer Syndrome mit der 'paradoxen Intention' nach Frankl", *Zeitschrift für Psychotherapie und medizinische Psychologie* 12, 145, 1962.

73 美国密歇根州伊普西兰蒂精神病诊所的格伦·G. 戈洛韦（Glenn G. Golloway）博士曾说："矛盾意向旨在操纵防御，而不是解决潜在的冲突，它是一个完全可敬的策略和优秀的心理疗法。这不是对手术的侮辱，手术确实不能治愈它所切除的病变胆囊。（不进行手术）病人的情况会更好。同样，对矛盾意向发挥作用的各种解释并不影响它成为一种成功的技术。"

74 有关矛盾意向的治疗意义和有效性的实验证明要感谢沃尔普诊所的 L. 迈克尔·阿舍尔医生。一般观点认为，这种意义治疗技术等同于五花八门的行为疗法的"干预"。然而，在治疗失眠和神经性排尿障碍时，意义疗法的效果甚至更好。在睡眠障碍的病例中，阿舍尔的病人最初平均需要 48.6 分钟才能入睡。经过十周的行为治疗后，平均入睡时间为 39.36 分钟。后来花了两周的时间运用矛盾意向法，入睡就只需 10.2 分钟了（L.M. Ascher and J. Efran, "Use of paradoxical intention in a behavioral program for sleep onset insomnia", *Journal of Consulting and Clinical Psychology*, 1978, 46, 547—550）。"与安慰剂和等待名单对照组相比，矛盾意向显著减少了对失眠的抱怨。"（Ralph M. Turner and L. Michael Ascher, "Controlled Comparison of Progressive

Relaxation, Stimulus Control, and Paradoxical Intention Therapies for Insomnia", *Journal of Consulting and Clinical Psychology*, Vol.47, No.3, 1979, 500—508) 参见 Heinz Gall, "Behandlung neurotischer Schlafstörungen mit Hilfe der Logotherapie V.E. Frankls", *Psychiatrie, Neurologie und medizinische Psychologie* (Leipzig) 31, 369, 1979.

75 *Zeitschrift für Psychotherapie und medizinische Psychologie* 3, 1, 1953.

76 *Zeitschrift für Psychotherapie und medizinische Psychologie* 5, 215, 1955.

77 *Psychosomatische Gynäkologie*, Urban & Schwarzenberg, München und Berlin 1964, S.160.

78 V.E. Frankl, "Psychagogische Betreuung endogen Depressiver", *Handbuch der Neurosenlehre und Psychotherapie*, herausgegeben von Viktor E. Frankl, Victor E. Frhr. v. Gebsattel und J.H. Schultz, 4. Band, Urban & Schwarzenberg, München und Berlin 1959.

III 从世俗忏悔到医者心灵关怀

在第一章中，我们试图指出，现有的心理治疗从根本上说需要补充以及在多大程度上需要补充，也就是将精神维度包含到心理治疗领域之中。接下来我们将讨论这种补充的"可能性"。

在第一章中我们讲述了基础的意义疗法。在某种程度上，意义疗法已经转变成了存在主义分析。现在的问题是，心理治疗师是否应该或者说允许超越这一点。

忏悔的心理治疗意义已被各方反复认可。事实一再表明，仅仅是倾诉就已经有了明显的治疗效果。前面几节所说的将症状客观化和让病人与疾病拉开距离的方法，对于一般的心灵困扰都适用。**痛苦越"分"越少嘛。**

心理治疗，特别是精神分析，想做到的是世俗的忏悔；意义治疗，特别是存在主义分析，想做到的则是医者心灵关怀。

这句话绝不能被误解。**医者心灵关怀并不是要取代宗教**；它甚至不想成为心理治疗的替代品，而是如前所述，仅仅作为心理治疗的补充。对于那些知道自己被庇护在隐秘的形而上学中的宗教信徒们，[1]我们没有什么可说的，也没有什么可给予的。问题是，当没有宗教信仰的人求助于医生，渴求那些深刻触动他们的问题的答案时，该怎么办呢？如果医者心灵关怀被怀疑想成为宗教的替代品，那么我们只能说，没有什么比这更荒谬的了。即使在意义疗法或存在主义分析中，我们仍然是医生，并想要保持这种身份。我们没有想要与牧师竞争。我们只是想扩大医学治疗的范围，充分利用医学治疗的可能性。

医者和牧师的心灵关怀

医者心灵关怀当然无法替代真正的、来自牧师的心灵关怀;然而,当下紧迫的形势向医生提出了医者心灵关怀的要求。"是病人将我们推到了这个任务面前"(古斯塔夫·巴利),"很多时候,心理治疗太需要与心灵关怀结合了"(W.舒尔特),因为"心理治疗……不可避免地,即使在它既不知道也不想知道的地方,也总是以某种方式进行心灵关怀……一般情况下,它必须明确地进行心灵关怀……干预"(A.格雷斯)。[2]

"不管主观上是否愿意,除了治病救人,医生在今天更多地扮演了心灵关怀者的角色",今天的人们在性命攸关的情况下,往往不是去找牧师,而是向医生求助,这是无法改变的事实"(H.J.魏特布雷希特);维克多·格布萨特尔提出的"西方人从牧师转向神经学医生"的说法,是牧师不能忽视的事实,也是神经学医生不能拒绝的要求。当病人不找牧师时,医生并没有伪善地幸灾乐祸。面对一个陷入心灵痛苦的不信神的人,一个伪善的医生会幸灾乐祸地想:但凡这人是信徒,他就能在牧师那里找到避难之所。

原则上,对于意义疗法来说,宗教和非宗教的存在是共存的现象,换句话说,意义疗法必然对它们采取中立的态度,因为意义疗法是心理治疗的一个方向,而且——至少根据奥地利的医疗法——心理治疗只能由医生施行。如果没有其他原因,根据医生的希波克拉底誓言,意义治疗师必须确保他的治疗方法和技术适用于**每个**病人(无论他是信徒还是非信徒),并且适用于**每个**医生(无论他的个人世界观如何)。宗教是人身上的一种现象,是病人身上的一种现象,是意义疗法所遇到的现象中的一种。对于意义疗法来说,宗教是而且只能是一个对象,而不是一种立足点。

在确定了意义疗法在医学中的地位之后,我们现在来谈谈它与神学的区别,我们将其概述如下:[3] 心理治疗的目标是精神疗救,而宗教的目标是灵魂救赎。这两个目标的区别可以从以下事实中看出:牧师可能会为了拯救信徒的灵魂而冒着让其陷入更大的情绪张力之中的风险——牧师无法回避这样的事,因为最主要和最初的心理卫生动机不是牧师所具备的。虽然宗教的主要意图不是像心理健康或疾病预防这样的事情，但是我们要看效果，而不是看意图！心理卫生学或心理治疗学为人类提供了一种其他地方找不到的无与伦比的安全感和安定感，一种在超越性和绝对性中的安全感和安定感。现在，我们可以看到心理治疗的一个类似的、被忽视的副作用，也就是我们在单独的、令人愉快的案例中看到的，在心理治疗的过程中，病人如何找到埋藏已久的原始的、无意识的、被压抑的信仰。[4] 但不管何时发生这样的事情，它都不可能在医生的合法意图范围内，除非医生与他的病人共同忏悔，然后出于一种个人化的结合而采取行动——但那样的话，他从一开始就没有以医生的身份来对待他的病人。[5]

当然，这并不是说心理治疗和宗教的目标处于同一层次，具有相同的价值水平。相反，心理健康与灵魂救赎的层次不同。宗教信徒所进入的维度是一个更高的、比心理治疗更全面的维度。然而，对更高维度的突破并不是发生在认识中，而是发生在信仰中。

就经由信仰进入神性，即超人类维度而言，这一过程不能被强迫完成，尤其是通过心理治疗来强迫完成。如果通向超人类的大门没有被还原主义阻挡，我们就很高兴了。

还原主义紧跟在被误解和被庸俗化的精神分析之后，并和后者一起出现在病人面前。当上帝不再被视为"不过是"潜意识中的父亲式偶像，宗教不再被视为"不过是"人类的神经症等被病人看轻的东西时，我们就很高兴了。

即使现在宗教"只是"意义疗法的一个对象，正如一开始所说的那样，它至少与意义疗法的核心非常接近，原因很简单：在意义疗法的背景下，"逻各斯"意味着精神，以及意义。只要我们能把人定义为负责任的存在，人就要对某种意义的实现负责。与"为什么"的问题相比，在心理治疗中，我们必须暂时搁置"对什么"负责的问题。必须由病人来决定他是对社会、对人类、对良知负责，还是根本不对这些东西，而只对某个特定的人、对神灵负责。[6]

可能有人会反对说，不需要搁置病人对什么负责的问题。答案早已通过启示的形式给出，只是缺乏证明。这触及了一个原则性的问题。我认为，启示总是以信仰为前提。因此，向一个没有信仰的人指出某种启示是行不通的；如果行得通的话，他早就是一个宗教信徒了。

因此，心理治疗必须在相信启示的前提下进行，并在有神论世界观和无神论世界观的交汇处回答意义的问题。如果它不将这种信仰现象理解为对上帝的信仰，而是理解为对意义的更全面的信仰,那么它研究信仰现象就是完全合理的。这正好与阿尔伯特·爱因斯坦的观点相符合,爱因斯坦认为,有关生命意义的问题是宗教层面的问题。

意义是一堵墙,在它面前我们无法再退后一步,我们不得不接受它。我们必须接受这个终极意义,因为我们无法在其背后提出问题,因为在试图回答存在意义的问题时,意义的存在总是被预设。简而言之,在康德的意义上,人对意义的信仰是一个先验的范畴。正如我们在康德那里知道的,超越空间和时间等范畴的思考在某种程度上是没有意义的,因为我们在没有空间和时间前提的情况下无法思考,也无法提问。人类一直是追寻意义的存在,尽管可能对这种意义知之甚少:存在某种对意义的预知,这种对意义的预知是意义疗法所谓的"追寻意义的意志"的基础。无论是否愿意,无论是否意识到这一点,只要人还在呼吸,他就相信一种意义。即使是自杀者也相信一种意义,如果不是生命的意义和活下去的意义的话,那么至少是死亡的意义。如果他真的不相信任何意义,那么他连一根手指都不会动,更不会自杀。[7]

我见识过彻底的无神论者的死亡,他们一辈子拒绝相信"更高的存在"或更高维度上的生命意义;这些人几十年来从未给任何人做出榜样,但在他们临终前,"在他们行将就木的时刻"却向见证者展示了一种安全感,这使他们的世界观不仅受到嘲弄,并且无法再被理性化和合理化。某些东西"从心底"突然显现出来,某些东西得以实现,出现了一种毫无保留的信任,它不知道该信任谁,也不知道信任什么,却藐视不利的预言。[8]

被操纵的关系和对抗性相遇

唐纳德·F. 特威迪（Donald F. Tweedie）[9]在他关于意义疗法的书中用一句话描述了精神分析和意义疗法的区别："在精神分析中，病人躺在沙发上，不得不告诉分析师一些不愉快的事，而在意义治疗中，病人则要坐在椅子上，听医生说那些自己不愿意说的事。"当然，特威迪认为，这是对真实情况漫画式的描述；但他又说，这表明意义治疗师能够发挥更积极的作用。我们认为，在上述对比中，"说"和"听"是相互补充的，也只有在这种相互补充之后，才能建构起作为医患相遇基础的相互性。

在这种情况下，我们自问，自舍勒和海德格尔以来，以人格或存在为导向的心理治疗的步骤是什么？根据其超越弗洛伊德的"人类学意图"，[10]我们必须从弗洛伊德对心理治疗的基本贡献出发，从精神分析的实际成就出发，在对神经症的"思考"中看待它。自弗洛伊德以来，神经症以这种或那种方式被解释为有意义的东西；但在精神分析对意义的探索没有推进到发现意义的时候，它只满足于赋予意义，在这方面它走得很远，以至于用博斯[11]的话说，它构建了"一个自我或本我权威、一个无意识和超我权威"的假设，主要使用了童话的古老技巧。因为童话技巧往往习惯于把孩子们所渴望的、想要的母亲的行为从她的其他可能性中分离出来，将其变成一个独立的权威，拟人化为一个好的仙女；而那些不愉快的、孩子不想知道的、让他们害怕的东西则被人格化为一个巫婆。然而，正如对童话人物的信仰无法永远维持一样，心理学的权威观念估计也不可能维持到久远的将来。此外，可以说精神分析在某种程度上通过所谓的"权威人格化"将病人非人格化，最终在这样一种人的图像框架内将人重塑。

人被重塑了，正如威廉·斯特恩（William Stern）的最人格化的反命题[12]所展现的，"人"变成了一个"物"，这只是一个过程的一个方面，而这个过程的另一个方面则可以表述如下：人是被操纵的，换句话说，他不仅被变成了一个物，而且被变成了一种单纯的手段。

精神分析中根深蒂固的"重塑"倾向，尤其是对与人性相关的一切的操纵倾向是如何影响医患关系的呢？众所周知，这是一种"移情"；然而，它总是被"操纵"。例如，在罗伯特·W. 怀特（Robert W. White）[13]那里，我们可以发现诸如"操纵移情关系"和"对移情的操纵"等表述。鲁道夫·德瑞克斯[14]则警告我们要反对移情理论，他指出："移情的假设作为治疗原动力，使治疗师处于优势地位，并根据他的训练和治疗方案操纵病人。"但博斯[15]也声称，从事"存在分析"的治疗师"将不能遵循弗洛伊德对'移情'的处理。存在分析的治疗师更多地将这种移情的爱视为一种真正的、直接的、包括分析师在内的人际关系"。

如果精神分析破坏了它所建立的"人际关系"，因为它通过移情操纵了这种关系，那么"存在主义分析"（宾斯万格）的功劳就是，把心理治疗关系的相遇特征恢复到了它应有的位置。这样一来，相遇的存在性就得到了保留，而存在性意味着适合人的存在。然而，心理治疗关系还不包括下一个更高的维度，在这个维度中，人类的存在被超越，走向一种意义；在这个维度中，存在与意义正面交锋。

自卡尔-比勒[16]以来，我们就知道对象参照对人类语言的重要性。人类的语言可以从以下三个方面进行探讨：从说话者的角度来看，它是表达；从被交谈者的角度来看，它是一种呼吁；从被谈论对象的角度来看，它是一种展现。在任何情况下，如果没有对象的关联性，人类语言本身是无法想象的。与此类似，心理治疗关系并不是单纯的主体间对话，也不是单纯的主体内独白。没有朝向某种意义"敞开"的心理治疗对话，仍然是一个**没有意义的对话**。

在从意义疗法到存在主义分析再到医者心灵关怀的道路上，我们越来越多地面临着所有心理疗法中所固有的精神问题；这就不可避免地产生了跨越边界的问题和危险。在第一章处理这个问题时，面对心理主义的危险，我们只是努力维护精神本身固有的规律性，而现在要维护的则是具体的精神、人格精神的自主性。因此，我们的问题必须是，在保障措施方面，我们对意义疗法、存在分析以及医者心灵关怀有什么要求？与康德对形而上学的历史表述相似，我们也可以用另外的方式来说明我们的问题：我们问的是，心理治疗是否以及如何有可能作为一种评价性的东西？或者我们可以改变康德的标题，宣布我们正致力于拉开"一种能够作为评价性的东西出现的未来心理治疗的序幕"。

在这一切中，我们必须始终牢记**法理**（quaestio iuris），而不是滑入**事实**（quaestio facti）。因为实际上每个医生都在评价，而不仅仅是心理医生在这样做。健康价值或康复价值是所有医疗活动的先决条件。正如我们前面已经说过的，医疗行动的精神和价值问题只有在涉及安乐死、拯救自杀者或特别危险的手术建议时才会出现，因为这关乎人性；从来就不存在没有价值的医疗实践。

尤其是，心理治疗一直在实践上推动意义治疗以及医疗心理关怀，其中心理治疗师可以将我们在第一章中关注的那些单个领域整合在一起（为了避免心理主义）。

但摆在我们面前的是价值评估的基本理由问题，是"以谁的权威和名义"（普林茨霍恩）向世界观、精神、价值领域推进的问题。这个问题是一个世界观的公平性和方法论的纯粹性的问题。对一个具有认识论批判性的医生来说，显而易见，医者心灵关怀的成败取决于我们能否给出所提出的问题的答案。

如果希波克拉底认为医生同时是哲学家，与诸神平等，那么我们想做的是努力将价值问题引入医疗实践，而不是去效仿牧师的做法。我们只想把作为一名医生的可能性发挥到极致。我们必须敢于这样做——冒着那种被称为普罗米修斯式开端的风险。因为医生在问诊过程中时刻都要面对病人做出的决定；我们不能悄悄地忽视它们——我们总是一再被迫表明立场。

医生是否被授权或甚至被要求表明立场？他是否不被允许或者甚至被禁止选择其他的立场？他是否可以干预病人的决定？他是否涉嫌干涉私人或个体的思想领域？他是否会不假思索地把他的个人世界观转移到病人身上？希波克拉底说："我们必须把哲学带入医学，把医学带入哲学。"我们难道不该问，医生是不是也把一些不属于医学领域的东西带入医学治疗了？只要他与信任自己的病人讨论世界观问题，他不就涉嫌将自己的世界观强加给病人吗？

牧师具有讨论世界观问题的合法性，不必担心"强加"的问题，与此同时，有些医生也可以通过与宗教信徒的"人格联合"，[17] 与信教的病人讨论世界观或价值问题。然而，其他医生在这里却面临着两难的境地，尤其是心理治疗师：一方面，他在心理治疗中需要对病人的情况进行评估；另一方面，作为治疗师，他还需要避免干预病人的世界观。

这个困境有一个解决方案——只有一个，一个特定的解决方案。让我们回到那个我们一开始就坚持的人类存在的人类学基本事实。我们说，人之为人意味着有意识并承担责任。存在主义分析的目的不外乎是**引导人们认识到自己的责任**。它想让人们体验这种责任,体验他们存在的责任,让人类深刻理解自己的存在是一种负责任的存在,在这一点上,**既不可能也没有必要对人类进行进一步引导。**

责任是一个伦理上的形式概念:它还不包含任何与内容有关的确定性。此外,责任是一个伦理上的中性概念,因而也是一个伦理上的界限概念,因为**它没有说到"对什么"和"为什么"负责的问题。**在这个意义上,存在主义分析在以下问题上也保持中立:一是人"对什么"负责的问题,无论是对他的上帝、他的良心、社会或任何权威。二是人"为什么"负责的问题,无论是为了实现某些价值,为了完成某些个人任务,还是为了生活的某些具体意义。

存在主义分析不会对那些适用于价值尺度或价值排序问题的回答施加任何影响。存在主义分析以及所有的医者心灵关怀能够满足并且必须满足以下条件,即引导病人从根本上体验到他们自己的责任。除此之外的后续治疗,例如进入具体决定的个人领域,仍然如之前所说是不被允许的。因此,医生绝**不能把责任从病人转移给自己,不能抢先做决定或把自己的决定强加给病人**。相反,存在主义分析的任务恰恰是引导病人独立地意识到自己的责任和任务,进而找到那个独一无二的生命意义。一旦病人被带到这一步,他就会对存在的意义问题给出一个具体的、创造性的答案,如同我们之前讨论过的哥白尼式转向。因为那时对他来说,"回答本身就是唤起责任"(迪尔克)。

引导病人权衡利弊的存在主义分析技术

由于价值在某种程度上是不可测量的,而且人总是根据某种偏好来做出决定(舍勒),所以我们可能有必要在这方面帮助病人。下面,我通过一个案例来解释这种帮助的必要性和可能性。一个年轻人来到诊所,针对自己面临的一个难题征求医生的意见。他新婚妻子的朋友撺掇他尝试一下一夜情,这个年轻人不知该如何决定,是欺骗他所爱和所尊敬的新娘,还是对别人的建议置之不理,在感情上保持对妻子的忠贞?医生当然拒绝对这个年轻人的决定做任何干预。不过,他试图帮助病人搞清楚,他真正想要的是什么——他在某种情况下的最终意图是什么。一方面,这个年轻人有机会获得一次独特的性享受;另一方面,他同样有机会为了爱情而放弃享受,从而在自己的良心面前获得"嘉奖"(不是在他的妻子面前,她根本就不该获知整个事件)。这个年轻人把性享受当作炫耀的手段,正如他所说,"他不想错过任何东西"。

他所获得的享受可能是成问题的;毕竟,这个病人曾因阳痿问题接受过治疗。因此,医生不得不假设,病人的内疚感会以勃起功能障碍的形式打乱病人的计划。除了这种可以理解的功利性权衡,医生现在试图让病人明白自己的处境。这就像"布里丹驴子"一样,根据著名的经院哲学理论,它不得不挨饿,因为它无法在两个距离相等且有相同分量燕麦的马槽之间做出决定。医生现在试图找出这两种决定的可能性的共同点。两种可能性都是"独一无二的机会",在其中,病人都会"错过一些东西";前者是一种值得怀疑的享受,后者则是他对新娘深深的感激,这种感激应该是永远无法用语言表达的。现在,默默放弃这次冒险可以成为表达这种感激的方式。这个年轻人不仅明白,自己在这两种情况下都"错过了一些东西",而且明白在一种情况下他错过的相对较少,而在另一种情况下特别多。不用别人指路,病人就知道该走哪条路;现在他做出了决定,而且是独立做出了决定——正是这次谈话才让他独立做出了决定。

这一权衡利弊的过程不再是一个有关价值偏好的问题,而是一种"财富"对比的问题。一个脑血栓后半身不遂的年轻男子向医生说，他对自己的身体状况感到非常绝望，他发现自己的身体完全没有任何明显改善的征兆。于是，医生就帮助这个病人进行了盘点梳理：在幸福的婚姻和健康的孩子面前，疾病成了一种能够赋予生命以意义的宝贵财富。对病人来说，右半边身体受到限制无法自由活动，对于已经领取养老金的他来说并不是特别重要。他承认，像他这样的瘫痪最多只能毁掉一个职业拳击手的职业生涯，而不足以泯灭一个人全部生活的意义。病人通过这种方式达到了哲学上的超脱、斯多葛式的平静和智慧的愉悦。医生告诉他，由于中风造成了语言障碍，他必须做阅读练习。病人进行阅读练习的书是塞涅卡的《论幸福生活》。

我们不能忽视的是，总有一些案例或情况，在这些情况中，紧急的，甚至是拯救生命的心理治疗不会放弃对病人的决定进行有意识的干预。医生不会抛弃一个处于极度绝望中的人，使他成为某种原则的牺牲品；在这一点上医生与登山引导员很像。为了让登山者自己攀登，引导员只把绳子松垮地拖在登山者身上。但如果登山者有坠落的危险，"引导员"就会毫不犹豫地提供"绳索援助"，拉住绳子，把濒临危险的人拉到自己身边。在意义治疗和医者心灵关怀领域也有类似的重要指示——例如在病人濒临自杀的情况下，医生要及时施救。但这种特殊情况只能证实医生在病人的价值问题上采取的常规谨慎态度。原则上，医生一般还是应遵守边界。

尽管心理治疗可能涉及很多技术和科学，但在某种程度上，它的最终基础不是技术而是艺术，不是科学而是智慧。医者心灵关怀从一开始就不是单纯的神经症治疗。它是每个医生的事！外科医生、神经科医生、精神病医生和心理治疗师一样需要它。唯一的区别是，心灵关怀的目的与外科医生的目的不同。外科医生在做完截肢手术后，摘下手术手套，似乎完成了他的医疗职责。但是，如果病人后来自杀了，因为残疾不想活了，那么外科手术治疗的真正效果还剩下什么呢？针对病人面对手术的痛苦或手术造成的缺陷的态度，医生做点什么，这难道不在医疗行为的框架之内吗？难道他没有权利甚至义务来为病人对疾病的态度——一种代表世界观的态度（即使没有用言语表达出来）——做点什么吗？当外科医生无法施展自己的专业技能，或者说他无法在病患身上进行外科手术时，就该轮到医者心灵关怀发挥作用了！

有一位著名的律师因动脉硬化性坏疽必须截肢。当手术后第一次下床尝试用一条腿走路时，他泪流满面。医生问他,是否渴望成为一名长跑运动员,因为在那种情况下,也只有在那种情况下,他的绝望才会被理解。这个问题立刻让满脸泪水的病人笑了起来。他随即认识到了一个平凡的事实,那就是即使对一个长跑运动员来说,生命的意义也不完全在于跑得越快越好,生命的价值可能性不会贫乏到因为失去一条腿就变得毫无意义。

还有一位病人因患骨结核需要截肢,在手术前她给朋友写了一封信,在其中暗示自己想自杀。幸好这封信被及时截住,并转到了病人所在的外科病房的一名医生手中。医生随即与她进行了交流,他告诉这位病人,如果人的存在真的因为失去一条腿就失去所有意义和内容的话,那就太可怜了。这种情况充其量只能让一只蚂蚁失去目标,它无法实现蚁群给它设定的目标,成为一只用六条腿爬行的有用的蚂蚁;但对于人来说,情况则完全不同。年轻医生与病人之间的这番**苏格拉底式的**谈话并没有白费力气。第二天,医生的上司为这个病人进行了截肢手术,结果很成功,但对于这位病人为何如此从容地接受手术,这位上司至今一无所知。[18]

存在主义分析必须敢于采取革命性的、独辟蹊径的手段,不仅要把人追求成功或享受的能力作为目标,还要从人忍受痛苦的能力中看到一个根本上可能的、实际上必要的任务。这因此也变成了所有医生的任务，不仅仅是神经科医生、精神病医生或心理治疗师的任务；它首先变成了内科医生、骨科医生和皮肤科医生的任务，这些医生的任务甚至比前面提到的某一类专家的任务还要多。内科医生要处理慢性病和不治之症，骨科医生要与终身残废的病人打交道，而皮肤科医生则必须面对终身毁容的病人。他们都必须面对那些不得不承受命运的人，对于这些人来说，命运已经无法重塑，只能以隐忍的姿态去战胜它。[19]

最后的援助

有人反对说心理治疗没有必要抚慰病人，即使在它（或一般的医学）不能再治愈的情况下。这种反对意见是无效的。维也纳总医院睿智的创始人约瑟夫二世皇帝在大门上方挂了一块牌子，上面写着：治愈和抚慰受苦之人（Saluti et solatio aegrorum），这不是巧合。因为后者也属于医生的职责范围，这一点至少可以参考美国医疗学会给出的建议："医生也必须抚慰患者的灵魂。这绝不是精神病学家一个人的任务，这是每一个执业医生的任务。"我相信几千年前《以赛亚书》中的话："神说，抚慰我的子民。"这句话在今天仍然适用，而且正是对医生的忠告。

当我在真正的痛苦中使人看到寻找最后的和最高的意义可能性的时候，我不是在提供急救，而是在提供最后的援助。下面的磁带展示了实施援助的过程，我复制了其中的一个片段。这盘磁带记录了一位病人和我之间的对话，是在我的一次临床讲座中录制的。我在我的听众——医学、哲学和神学专业的学生——面前与这位病人交谈。不言而喻，这次谈话自始至终都是即兴的。病人已经80岁了，患有癌症，且无法再进行手术——当然，这位老妇人用的是匿名。我用了一个小说人物的名字——韦弗尔的《被挪用的天堂》(*Veruntreutem Himmel*)中的泰塔·利内克（Teta Linek）来称呼她，我觉得病人的情况与她极为相似。

弗兰克："好吧，亲爱的利内克夫人，当您今天回顾您漫长的一生时，您会怎么想？那是一段美好的生活吗？"

病人："哦，教授，我真的不得不说这是一种好的生活。生活是如此美丽。我必须感谢上帝所赠予我的一切。我曾去过剧院。我听过音乐会。你知道，我在布拉格服务的那个家庭——几十年了——有时会带我去听音乐会。为了这一切，我必须感谢上帝。"

但我必须让她意识到她的无意识的、被压抑的、存在性的绝望。她应该与之搏斗，就像雅各与天使搏斗一样，直到天使为他祝福。我必须引导她，直到她最终可以祝福自己的生活，她可以对她不可改变的命运说"是"。我不得不让她——这听起来很矛盾——一开始就怀疑自己生命的意义，而不是像她所做的那样，抑制自己的疑虑。

弗兰克:"您说到美好的经历,利内克夫人。但现在这一切会停止吗?"

病人(沉思):"是的,现在这一切都将停止。"

弗兰克:"现在,利内克夫人,您认为您所经历的所有美好事物都消失无踪了吗?它们都已经被毁掉了吗?"

病人(仍在思考):"我所经历的那些美好的事情……"

弗兰克:"告诉我,利内克夫人,有人能抹去您所经历的幸福吗?谁能抹去它?"

病人:"您是对的,教授,没有人可以抹去。"

弗兰克:"或者说,什么人能抹去您在生活中遇到的善意?"

病人:"不,也没有人能做到这一点。"

弗兰克:"有人能抹去您所取得的成绩吗?"

病人:"您是对的,教授,没有人能够抹去这一点。"

弗兰克:"或者说,有人可以抹去您坚强勇敢地挺过的一切吗?有人能把这些从您的过去中,从那个您获得救赎、收获和积累的过去中消除吗?"

病人(感动地哭泣):"没有人可以。没有人!"(过了一会儿)"当然,我吃了很多苦。但我也曾试图承受生活给我带来的打击。您知道,教授,我相信痛苦是一种惩罚。

因为我相信上帝。"

当然，我永远没有权利在任何宗教意义上阐明意义，并让病人来评判；只有牧师有这种可能性——医生本身既没有义务也没有权利这样做。但是，一旦我们发现病人的积极宗教态度，就必须将其作为既定事实纳入心理治疗。

弗兰克："告诉我，利内克夫人，难道痛苦不也是一种考验吗？难道这不是上帝想看看您能怎样承受痛苦吗？最后他可能不得不承认，您勇敢地承受了这一切。现在告诉我，您是怎么想的，有人能抹去这样的成绩吗？"

病人："不，没有人可以。"

弗兰克："它会永远被保留在那里，不是吗？"

病人："当然，它会永远被保留在那里！"

弗兰克："您知道吗，利内克夫人，您不仅在生活中收获颇丰，而且在与痛苦的斗争中也硕果累累！在这方面，您是病人们的榜样。我祝贺您的病友，他们能以您为榜样！"

那一刻，150名听众自发地鼓起了掌！我回头对老妇人说："您看，利内克夫人，这掌声是给您的。这是为您的生活，它本身就已经是独一无二的伟大成就。您可以为这种生活感到骄傲。能够为自己的生活感到自豪的人真是屈指可数啊！我想说，利内克夫人，您的生命是一座不朽的丰碑。"

老妇人缓慢地走出了讲堂。一个星期后,她去世了。她像约伯一样死去,满怀岁月的沧桑。在生命的最后一个星期,她不再沮丧。相反,她非常骄傲,也很有信心。我已经向她表明,她的生命之路即便坎坷,但有意义。之前,这位老妇人一直为自己碌碌无为的生活而郁郁寡欢。然而,根据病例记录,她最后所说的话是:"教授告诉我,我的生命是一座丰碑,他对讲堂上的学生们这么说。我没有白活……"

通过意义疗法以及存在主义分析,我们踏入了医学和哲学之间的一个交叉区域。医者心灵关怀处在医学和宗教的边界之上。在这个边界行走的人必须知晓,边界两边的人正用怀疑的目光注视着他们。医者心灵关怀也必须考虑到自身所遭受的怀疑;我们必须接受这一事实。

有人会指责我们,心灵关怀的方式是"用石头代替面包"。好吧,那些更了解这一领域的人会给出公正的评价,我们给的是面包——当然不是吗哪[i]。

心灵关怀是一个交叉领域,虽然是一个无人区,却是一片充满希望的土地。

---

[i] 《圣经》中记载的以色列人经过旷野时获得的神赐食物。

注 释

1 宗教性最终和本质上也许是对人类自身在一种被描述或者被衡量为"绝对性"的背景之下的碎片性和相对性的体验。那么这种碎片性和相对性的体验是什么呢？这其实就是一种安全感。宗教信徒的这种安全感隐藏在超越之中。虽然他们的追寻不会得到具体的结果——这些结果总是更多地存在于超越当中——但对于追寻者来说，总有某种寄托！对于追寻者来说，这种寄托是"被给予的"，不是以其"所是"（Was-heit），而是以纯粹的"所在"（Daß-heit）给出的。由此，意向性挣脱了内在性，但仍先于超越性。对于宗教信徒来说，上帝总是超越的，但也总是人们内心所向往的，因此上帝对于宗教信徒来说总是沉默的，但也总是内心所呼唤的。上帝对于宗教信徒来说总是无法言说，却是深入其内心的。

2 *Jahrbuch für Psychologie und Psychotherapie* 6, 200, 1958.

3 V.E. Frankl, *Das Menschenbild der Seelenheilkunde*, Stuttgart 1959.

4 V.E. Frankl, *Die Psychotherapie in der Praxis*, 5. Auflage, Wien 1986.

5 R.C. Leslie, *Jesus and Logotherapy: The Ministry of Jesus as Interpreted Through the Psychotherapy of Viktor Frankl*, New York,

1965; D.F. Tweedie, *Logotherapy and the Christian Faith: An Evaluation of Frankl's Existential Approach to Psychotherapy*, Grand Rapids, 1961; *An Introduction to Christian Logotherapy*, Grand Rapids, 1963.

6 这里的问题是，是在内心听从上帝的召唤还是只谈论上帝。维特根斯坦有言："对于无法言说的东西，必须保持沉默。"我们不仅可以把英语翻译成德语，也可以从不可知论者的角度转换到有神论者的角度，那就是："对于从不可言说的东西，我们就必须进行祈祷。"

7 自尼采以来，"上帝已死"的说法一直存在。现在，"上帝已死"的运动已经不了了之。是的。不只如此，甚至连价值也不复存在了。事实上，当今天的人们拷问自己为什么要实现价值，实现价值的意义是什么的时候，价值就已经不复存在。但我们已经看到，意义总是存在的，而且无处不在，只是在特定的意义上，我们能够凭借我们的"追求意义的意志"和我们的"意义-器官"（即良知）去发现它。就这种"追求意义的意志"而言，它是不可或缺的，我们只能是"想要意义"。"追求意义的意志"在这里是某种先验的、超验的东西（康德）或存在论的东西（海德格尔），它深深扎根于人的境遇之中，以至于我们根本无法绕开"对于意义的追寻"，直到我们相信我们已经找到了它。现在，终极意义上的问题，或者说元问题（Meta-frage）出现了，其中也包括为什么人类的境遇当中含有"追求意义的意志"的问题。歌德有言："所有的想要只是因为我们应该如此。"这句话乍一看好像很有道理，但我们不能如此简单地把所有的应该（价值或意义）都追溯到一种意志（追求意义的意志），然后再把意志追溯为一种应该：这只会让我们陷入一个怪圈。我认为我们应该坚持以下说法：我们不能质疑"天意"（在这种情况下，伦理学家可能会说"进化"，而神学家会一如既往地说"上帝"）。我们别无选择，只能认命于这样一个事实：我们不可能获知天意——或什么人——把对意义的需求植入我们体内的目的：其中的原因或者可能具有的意义，对我们来说必定是深不可测的。这种意义是一种"超意义"，我们只能相信它，却无法更多地了解它。当然，这是一个显而易见的，甚至是强加给我们的信念。毕竟，我们不能接受一个无意义的世界，不能不追寻意义，我们只能认为，"天意"在让我们寻找意义的时候，一定有其目的，换句话说，它自己一定是在追求一种意义，不管我们对它有多大的质疑。在任何情况下，意义的赋予本身也必须有"意义"。这类似于《诗篇》的作者所期待的问题的答案："创造了眼睛的，他不该看吗？创造了耳朵的，他不该听吗？"

8 W.V. 拜尔采取了同样的思路，他写道："我们坚持帕吕格（Plügge）所表达的意见和想法。客观来说已经不存在希望。头脑清醒的病人早就应该觉察到自己已经放弃。但直到最后他仍然会怀有希望。希望什么呢？这种病人的希望从表面上看可能是一种指向治愈的虚幻的希望，但其中暗含了一种超越性的意义内容，它根植于不能没有希望的人性当中，指向一种未来的实现，它相信，人即使没有信条也可以很好地生存。"（W.V. Baeyer, *Health Care-Health Policy* 7, 197, 1958）

9 *Logotherapy and the Christian Faith: An Evaluation of Frankl's*

356

Existential Approach to Psychotherapy, Baker Book House, Grand Rapids, Michigan 1961.

10 Paul Polak, "Existenz und Liebe: Ein kritischer Beitrag zur ontologischen Grundlegung der medizinischen Antropologie durch die 'Daseinsanalyse' Binswangers und die 'Existenzanalyse' Frankls", *Jahrbuch für Psychologie und Psychotherapie* 1, 355, 1953.

11 *Schweizerische Zeitschrift für Psychologie und ihre Anwendungen* 19, 299, 1960.

12 *Allgemeine Psychologie auf personalistischer Grundlage*, 2. Auflage, Nijhoff, Haag 1950.

13 *The Abnormal Personality*, Second Edition, Ronald Press, New York 1956.

14 "The Current Dilemma in Psychotherapy", *Journal of Existential Psychiatry* 1, 187, 1960.

15 "Die Bedeutung der Daseinsanalyse für die psychoanalytische Praxis", *Zeitschrift für Psycho-somatische Medizin* 7, 162, 1961.

16 *Sprachtheorie: Die Darstellungsfunktion der Sprache*, 1934.

17 存在主义分析必须尽可能布置和填充"内在性"这个"房间",同时注意不要堵住通往超越性的大门。前者是存在主义分析的终点,我们不要指望从它那里获得比后者还多的东西。我们可以说存在主义分析奉行的是一种"开门政策",通过这扇开着的门,宗教信徒可以不受阻碍地走出去,或者说,真正的宗教性精神可以不受阻碍地进入:真正的宗教性精神……源自这种自发性。

18 如果一个外科医生想放弃任何医者心灵关怀,那么,他的病人很可能就不会躺在手术台上等着手术,而是自杀后躺在解剖台上等着被解剖。他最后能做的就只是解剖自己的病人。

19 护士也一样。实际上我们可以编写一本基于意义疗法的教科书。纽约的乔伊斯·特里维比(Joyce Travelbee)教授在她的一本书(*Interpersonal Aspects of Nursing*, F.A. Davis Company, Philadelphia, 1966)中提到"这项工作的依据是弗兰克的意义疗法"(第164页),并强调"护士并不会为病人提供意义,而是协助病人获得意义"(第176页)。特里维比教授系统地介绍了帮助病人摆脱存在危机的治疗方法和技术。她详细描述了一种方法:"寓言法似乎特别适合某些病人。'芥菜籽寓言'就特别有用。故事是这样的,哥达尼生了一个儿子,但孩子后来死了。老师让她到城里去找一个不受苦或不死人的人家,然后从那里要一粒芥菜籽。哥达尼挨家挨户地寻找,但根本找不到一个完全不遭受苦难的家庭。她这才意识到她的儿子不是唯一受苦的人,苦难是人类共同的法则。"(第176页)

结　语[1]

哈佛大学教授戈登·W. 奥尔波特在他为一本意义疗法著作所写的序言中称，意义疗法在美国是"存在主义精神病学"下的一个方向。然而，罗伯特·C. 莱斯利（Robert C. Leslie）教授声称，意义疗法恰恰在这方面具有"显著的特殊地位"。与其他存在主义精神病学方向不同，意义疗法自身能够产生一种适当的技术。类似的提法在特威迪、温格斯玛（Ungersma）、卡扎诺夫斯基（Kaczanowski）和克伦博的相关文献中也可以找到。事实上，与存在主义分析相比，意义疗法**不仅仅**是单纯的分析，正如"意义疗法"这个名字一样，它首先是一种治疗。此外，意义疗法与其说是关注存在，不如说更关注意义，关注逻各斯。正如意义疗法所说的那样，"追求意义的意志"在这个系统中具有特殊意义。这种对意义的追求无非是一个可以通过现象学分析来确定的事实，即从根本上说，人类是在他们的生活中努力寻找意义或实现意义。

诚然,现如今这种追求意义的意志常常受到挫折。在意义疗法中,我们将这种情况称为存在性挫折。病人往往抱怨有一种无意义或内心空虚的感觉,用意义疗法的术语来说就是"存在的真空"。[2] 顺便提一下,一位捷克斯洛伐克的精神病学家最近指出,这种存在性挫折的情况绝非只在所谓的资本主义国家出现。[3]

当存在性挫折表现为神经症症状时,我们就会遇到一种新型的神经症,我们引入了一个意义治疗的术语,即心灵性神经症。美国一个研究中心的主任克伦博和马霍利克专门设计了一个测试,[4] 他们对1151名受试者进行了试验,以从经验角度验证心灵性神经症。最后,两人在发表于《临床心理学杂志》的论文中指出,他们的研究结果一致证实了弗兰克的假设,即除精神性神经症之外,又出现了一种新的神经症——心灵性神经症。事实证明,这的确是一种新的综合征。就心灵性神经症的发病频率而言,可以参考诸如伦敦的沃纳(Werner)、图宾根的兰根(Langen)和沃尔哈德(Volhard)、维尔茨堡的普里尔、维也纳的尼鲍尔、美国马萨诸塞州伍斯特的弗兰克·巴克利(Frank M. Buckley)、美国康涅狄格州米德尔敦的尼娜·托尔（Nina Toll）、慕尼黑的伊丽莎白·卢卡斯、卢布林的卡齐米日·波皮尔斯基（Kazimierz Popielski）、美国明尼阿波利斯的埃里克·克林格（Eric Klinger）和维也纳的杰拉尔德·科瓦契奇（Gerald Kovacic）等人的研究成果。这些研究结果一致认为，在已经出现的神经症中，大约20%是心灵性的。

不言而喻，诸如生命意义之类的问题其实不属于医疗的范围。赋予病人的生命以意义并不是医生的任务；但通过存在主义分析，使病人能够找到生命的意义，这很可能就是医生的任务了，我认为意义是被寻找到的，它不能被任意地置于某种东西之中。据我所知，是克伦博和马霍利克首先提请人们注意这样一个事实，即从一个特定的情境中提取意义就如同把握一个形象。当谈到各自境况中固有的需求特性，也就是这种需求的客观特性时，连韦特海默也持同样的观点。[5]

生活中没有任何境况是真正无意义的。这是因为，人类生存中明显的消极面，特别是痛苦、罪责和死亡的悲剧性三重奏，可以转化为积极的东西，转化为一种成就，只要我们以正确的立场和态度来对待它们。[6]不言而喻，只有不可避免和不可改变的痛苦才具有意义的可能性，否则就不是英雄主义，而是单纯的逆来顺受了。[7]如今，许多不可避免的痛苦存在于人类状态的实质之中，医生应注意不要对病人的逃避倾向听之任之。

追求意义的意志可以与追求权力的意志以及追求快乐的意志并列，后者是指快乐原则。然而，追求快乐的意志最终被证明是一个矛盾的说法。我们越是追寻快乐，就越是要把它赶走。我们越是把快乐作为目标，就越是不能实现它。这是性神经症的最常见原因之一。当我们过度关注勃起和性高潮或将它们作为目的时，反而会使它们受到干扰。在意义疗法中，我们说的是过度意图（Hyperintention）或过度反应（Hyperreflexion）。前者体现在阳痿中，在这种情况下，病人往往将交媾视为一种要求。为了消除这种要求的特征，意义疗法准备了一种特殊技术。从根本上说，这是一种逆向反应（Dereflexion）。[8]如果治疗性障碍的医生在理论考虑方面倾向于意义治疗，那么根据这一原则来治疗性障碍也是可能的。在维也纳神经学门诊部，一位纯精神分析取向的同事受委托治疗性神经症的病例，他就是将意义治疗技术作为这种情况下唯一可能的短期治疗方案。

逆向反应主要针对性神经症的病例，而另一种意义治疗技术则适合于对焦虑和强迫性神经症患者的短期治疗。这就是所谓的矛盾意向法,我早在1929年就开始对这一方法进行了实验,但直到1939年我才开始描述这一方法,1947年出版了相关著作。[9] 那么,在应用矛盾意向法时,到底会发生什么?为了理解这一点,让我们从所谓的预期焦虑现象入手,它指的是对某一事件可能重复发生的焦虑。这种焦虑的本质在于,它唤起了人们所恐惧的东西。症状引发了恐惧,恐惧反过来又强化了症状,而由此强化的症状进而又强化了病人的恐惧。那么,怎样才能打破这种恶性循环呢?我们可以通过心理治疗和药物治疗的措施实现。就药物治疗而言,可以参考我所描述的毒性弥漫性甲状腺肿广场恐惧症和强直性幽闭恐惧症,它们或多或少都可以采用特定的药物治疗法。巧合的是,欧洲大陆有史以来开发的第一种镇静剂已经证明了它在对强直性幽闭恐惧症进行药物治疗方面的价值。这是一种肌肉松弛剂,其抗焦虑的副作用是我首先发现的。不言而喻,在毒性弥漫性甲状腺肿和强直性病例中,各自的躯体基础产生的仅仅是一种焦虑准前兆,还不是明显的、全面的焦虑性神经症。焦虑前兆只有在碰到预期焦虑时,才会发展成焦虑性神经症。因此,最好的做法是解决预期焦虑所带来的循环机制,这可能涉及心理和身体两方面的问题。心理治疗可以通过矛盾意向来实现，也就是病人要尽可能多地希望并设想他所害怕的东西。简而言之，要消除预期焦虑产生的动力。

焦虑性神经症病例中的预期焦虑与强迫症病例中的另一个循环机制相对应。病人无法摆脱可能伤害自己或他人的念头，这些折磨自己的荒唐想法可能指向精神症。因此病人要对抗所有这些强迫的念头；但压力只会产生反作用力，这种反作用力又会增加压力。相反，如果我们成功地让病人通过矛盾意向放弃这种斗争，那么症状就会逐渐消退，最终陷入一种不活跃的萎缩状态。

所有与矛盾意向法打交道的临床医生都一致认为，它是一种特别的短期治疗，这种治疗只产生短暂的效果，用《美国心理治疗杂志》已故编辑古特海尔（Gutheil）博士的话说，这是一种"弗洛伊德式的正统幻觉"。J.H.舒尔茨教授的观点更加直接，他说："人们担心，这些病例的症状消除后必然会形成替代症状，这是完全没有根据的说法。"[10]美国精神分析学家伊迪丝·乔尔森教授在她的一部关于意义疗法的著作中说："以精神分析为导向的治疗师会声称，通过意义疗法等方法无法实现真正的改善，因为'更深层'的病理学问题没有得到解决，治疗师反而转向了防御机制的巩固。这样的结论并非没有危险。它们可能会分散我们对心理治疗的基本可能性的注意力，仅仅是因为这些可能性恰好不符合我们的神经症理论。最重要的是，我们不应忘记，在'防御机制''更深层''神经症在这些深层中的存续'这些说法中，我们处理的是纯粹的理论建构，而根本不是经验性的观察。"

矛盾意向甚至也适合于治疗慢性病例。例如，在《神经症与心理治疗手册》中，有一位65岁病人的自述，他患有严重的洗手强迫症，时间不少于60年，但我的一个助手成功地治好了他的病。

雅斯贝尔斯说过，在哲学中，"新"与"真"总是对立的，这句话似乎也可以适用于心理治疗。特别是就矛盾意向法而言，我相信，即使仍然没有方法论的意识，没有系统的关联性，它也一直被实践。

在行为治疗师中，阿诺德·拉扎勒斯注意到"弗兰克的矛盾意向方法中的一个不可或缺的元素：故意唤起幽默感。一个担心自己会出汗的病人被要求向他的听众展示自己出汗时的真实状态，这种汗流浃背将滋润触手可及的一切"。事实上，在每一种情况下，都应该尽可能幽默地表述矛盾意向。毕竟，幽默是一种最根本的人类现象，它能使人与周围的人和事保持距离，也与自己保持距离，从而更好地掌控一切。每当我们运用矛盾意向法时，如何成功调动这种人类本质性的疏离能力是我们真正关心的问题。如果能做到这一点，就足以超越康拉德·洛伦茨那句"我们还没有足够认真地对待幽默"的警告了。

格尔茨和特威迪证明了意义疗法与劝说不尽相同，尤其是矛盾意向不能仅仅归因于其暗示性效果。相反，病人们一再对这种疗法表现出明显的怀疑态度，特别是当他们按照我的同事的指导在诊所以外练习矛盾意向时；焦虑消除后，治疗效果就会显现，尽管他们还有预期焦虑。也就是说，尽管有消极的自我暗示，还是会有治疗效果，而这并不是因为某种暗示疗法。[11] 另外，我们必须承认，在有些情况下，如果没有经过适当的说服程序的准备，就不能启动矛盾意向法。对亵渎性强迫症尤其如此，对这一病症的治疗需要一种特殊的意义治疗技术[12]。

虽然有形形色色的成功治疗案例，但我们不应因此就相信意义疗法是一剂万能药。它并不适用于所有病例，也不是每一个医生都有能力驾驭它。仅仅这一点就足以让我们在必要时将其与其他方法结合起来，如伦敦的莱德曼

（Ledermann）博士将催眠与意义疗法相结合，罗马的巴兹（Bazzi）教授结合了舒尔茨放松训练，挪威的科维尔豪格结合了沃尔普技术，美国的格尔茨博士结合了药物治疗。

我们正在对意义疗法的适应症进行澄清。我认为，更重要的是要研究矛盾意向的禁忌症。在内源性抑郁症中，将矛盾意向应用于阻止自杀意念的做法几乎等同于医疗事故。对于内源性抑郁症病例来说，有一种特殊的意义治疗技术，[13]通过这种技术我们可以减轻病人的各种自我指责倾向。在我看来，把与这种倾向相关的罪责感歪曲成存在意义上真正的罪责感，是对存在主义分析的误解，不仅混淆了结果和原因，而且很有可能在某种情况下把病人推向自杀的深渊。

我想借此机会提及一种特殊的意义治疗技术（本书第72页），这种技术使我们能够评估具体病例中的自杀风险。美国一家监狱的心理学实验室主任华莱士（Wallace）博士和安大略省医院的临床主任卡扎诺夫斯基博士都报告了这一点。卡扎诺夫斯基还是一名年轻的医生时，曾在一次员工大会上反对让一名抑郁症患者出院，他曾在这名患者身上使用过由我引入的测试，该测试显示出不良结果。但他的警告没有得到重视，测试本身也遭到怀疑和讽刺。病人出院一天后就自杀了。

不言而喻，在精神分裂症病例中，意义疗法不亚于一种特殊的治疗方法。然而，我们偶尔也应该使用前面提到的逆向反应技术。亚瑟·伯顿（Arthur Burton）的《现代心理治疗实践》选集收录了对精神分裂症患者进行磁共振治疗的记录，以展示逆向反应技术。

就在最近，亚瑟·伯顿指出："过去50年的精神病治疗已经把挖掘病人的深度心理学病史当成了一种癖好。弗洛伊德在歇斯底里案例中取得的惊人成功，导致我们在所有其他案例中也寻找类似的创伤经历，并期望通过对创伤的洞察实现治愈。直到现在，精神病学才从这个错误中觉醒。"但是，即使我们假设要在各种心理动力学假说的意义上对神经症或者精神病进行解释，意义疗法仍然在非特定的治疗意义上具有疗效。我们必须牢记，即使是一种本身不是心灵的症状也会在存在真空中茁壮成长。这可能就是克伦博所说的"意义治疗超出了大多数其他治疗方法，特别是分析性方法的终点。我们认为，如果意义问题得不到澄清，治疗就是徒劳的，因为病因仍然存在，症状还会复发"。

如果像常说的那样，意义疗法开辟了一个新的维度，即真实的人性维度,那么,由于我们贡献了这一维度的特征,伟大先驱们的发现并没有被意义疗法否定,而是被抬高了。意义疗法不是心理治疗的替代品,但它很有可能有助于心理治疗的重新人性化。

注 释

1 作者在第六届国际心理治疗大会的"意义疗法研讨会"上发表的主题演讲(伦敦,1964年)。

2 我们生活在一个工业化和消费化的社会,这个社会旨在满足人类的所有需求,或者首先创造出种种需求。但有一个例外:所有人类需求中最人性的对意义的需求,却在目前的社会条件下不断受挫。

3 关于"存在真空"的病因学,精神病学家沃尔夫冈·G. 伊列克和露易丝·伊列克-阿尔(加拿大温哥华不列颠哥伦比亚大学)在意义治疗第一届世界大会上指出(圣地亚哥,1980年11月6—8日):"对于越来越多的北美印第安青少年来说,自杀是看似毫无意义的生活中唯一有意义的行为。对他们来说,生活中的一切显得毫无意义。四年中,加拿大印第安人的自杀人数已经翻了一番(Department of National Health and Welfare,1979)。在安大略省的一个保留地,自杀率上升到以前的八倍(Ward and Fox,1976)。我们发现的潜在冲突与精神分析理论中的性心理情结相去甚远。我们开始认识到,从第一次世界大战前的欧洲中上层阶级客户的自由联想中推断出的心理动力学理论的有限的有效性。"相反,他们所研究的印第安人的自杀行为的根源——正如上述研究人员所发现的——更多是传统的衰败:"大多数传统本土文化的结构瓦解了。"

4 目前有十个意义治疗测试，即詹姆斯·C. 克伦博和伦纳德·T. 马霍利克的 PIL 测试（生命的目的）("Eine experimentelle Untersuchung im Bereich der Existenzanalyse. Ein psychometrischer Ansatz zu Viktor Frankls Konzept der 'noogenen Neurose' ", in: *Die Sinnfrage in der Psychotherapie*. Hrsg. von Nikolaus Petrilowitsch. Wissenschaftliche Buchgesellschaft, Darmstadt, 1972), SONG 测试（寻求理智的目的）和詹姆斯·C. 克伦博的 MILE 测试（生命意义的评估）("Seeking of Noetic Goals Test", *Journal of Clinical Psychology*, July 1977, Vol.33, No.3, 900—907), 伯纳德·丹萨特的态度价值量表测试（ "Development of a Scale to Measure Attitudinal Values as Defined by Viktor Frankl". Dissertation, Northern Illinois University, 1974), R.R. 赫泽尔和鲁斯·哈布拉斯的生活目的问卷测试（Vortrag, gehalten auf dem First World Congress of Logotherapy in San Diego, Kalifornien), 伊丽莎白·S. 卢卡斯的意义测试，沃尔特-伯克曼的 S.E.E. 测试（ "Sinnorientierte Leistungsmotivation und Mitarbeiterführung. Ein Beitrag der Humanistischen Psychologie, insbesondere der Logotherapie nach Viktor E. Frankl, zum Sinn-Problem der Arbeit", Enke, Stuttgart 1980) 以及三个目前仍在制定阶段的测试，我们要感谢杰拉尔德·科瓦契奇（维也纳大学）、布鲁诺·乔治（都柏林大学）和帕特里夏·L. 斯塔克（阿拉巴马大学）。

5 意义感知与形象感知的区别在于，我们并不是简单感知一个在"背景"前跳入我们眼睛的"形象"，而是在现实背景下发现一种可能性，并且是改变现实的可能性。

6 除意志的自由和存在的意志之外，苦难的意义成为支撑意义疗法理论大厦的第三根支柱。多么令人欣慰的三重奏啊！人想要意义。但不仅有意义，还有实现意义的人的自由。

7 只要我能够找到痛苦的起因，那么唯一明智的做法就是消除痛苦本身。这些都同样适用于生物学、心理学和政治原因造成的痛苦。

8 我们用意义疗法的逆向反应来对抗过度反应，为了对抗阳痿患者的病态过度意向，有一个可以追溯到1947年的意义治疗技术（Viktor E. Frankl, *Die Psychotherapie in der Praxis*, Franz Deuticke, Wien）。我们建议病人"不要程式化地参与性行为，而是将其停留在零碎的温情上，例如在相互间的性前戏过程中"。我们还建议"病人向他的伴侣声明，他们要严禁同房，而在现实中，病人迟早会坚持不下去，而是从伴侣向他提出的性要求的压力中解脱出来，恰恰是表面上的同房禁令让他最终达到了目的"。威廉·萨哈基安和芭芭拉·杰奎琳·萨哈基安（William S. Sahakian and Barbara Jacquelyn Sahakian, "Logotherapy as a Personality Theory", *Israel Annals of Psychiatry* 10, 230, 1972）认为，马斯特斯和约翰逊的研究结果无疑证实了我们的研究。事实上，马斯特斯和约翰逊在1970年开发出的治疗方法和我们在1947年发表的治疗技术在许多方面都非常相似。

9 沃尔普在费城大学行为治疗诊所的助手 L. 迈克尔·阿舍尔教授发现，大多数心理治疗系统都开发了其他系统没有使用的方法，这很值得注意。然而，矛盾意向意义治疗技术是一个例外。来自不同学派的心理治疗师都可以将这种技术纳入他们自己的系统。"在过去的20 年里，矛盾意向已经日渐流行，成为被心理治疗师们认可的有效的技术手段。"("Paradoxical Intention", in *Handbook of Behavioral Interventions*, A. Goldstein und E.B. Foa, eds., New York, John Wiley, 1980)

阿舍尔甚至认为，已经开发出的行为治疗方法只是"将矛盾意向翻译成了学习理论"。这在被称为"内爆"和"饱和"的方法中尤其如此。斯坦福大学的欧文·亚隆（Irvin D. Yalom）教授再次指出，矛盾意向意义治疗技术先于米尔顿·艾瑞克森（Milton Erickson）、杰·海利（Jay Haley）、唐·杰克逊（Don Jackson）、保罗·沃茨拉维克（Paul Watzlawick）开发的被称为"症状处方"的疗法（*Existential Psychotherapy*, New York, Basic Books, 1980）。关于矛盾意向治疗的"有效性"，阿舍尔认为这会使这种技术非常"流行"，例如，我们提到一个"丧失正常生活能力的赤面恐惧症"的病例，患病长达 12 年的 Y. 拉蒙塔尼在四个疗程内被治愈（"Treatment of Erythrophobia by Paradoxical Intention", *The Journal of Nervous and Mental Disease* 166，4，1978，304—306）。

10 阿舍尔没有观察到使用矛盾意向后的任何替代症状（"Employing Paradoxical Intention in the Behavioral Treatment of Urinary Retention", *Scandinavian Journal of Behavior Therapy*, Vol.6,

Suppl. 4, 1977, 28), 这与 L. 索约姆、加尔萨-佩雷斯、莱德威奇、C. 索约姆的观察相一致。

11 沃尔普诊所的阿舍尔教授也反对将矛盾意向还原为一种意志移植:"矛盾意向法是有效的,尽管病人的期望被认为与该技术的运作相悖。"("A review of literature on the treatment of insomnia with paradoxical intention", unpublished paper)。

12 应对亵渎性强迫念头的最好办法是,在病人犯强迫症时,使他注意到,正在发生的恐惧让他亵渎神明;认为上帝是如此糟糕的诊断师,不具有区分亵渎和强迫想法的能力,这本身就是对神明的亵渎。在现实中,我们必须向病人保证,上帝当然不会把亵渎神明的强迫念头算在病人身上。在这方面,病人既没有自由也不负责任——重要的是他对待强迫念头的态度。他不断地与自己亵渎神明的想法作斗争,只会增加它们的"力量"和他自己的痛苦。停止与症状的斗争、消除动机才是这项技术的目的。

13 V.E. Frankl, *Die Psychotherapie in der Praxis*, 5. Auflage, Deuticke, Wien 1986, S.230ff., und *Theorie und Therapie der Neurosen*, 6. Auflage, München 1983, S.65ff.

关于人格的十个命题

每当谈到人格的时候,我们都会不由自主地联想到另一个与人格相重叠的概念,那就是"个体"。事实上,这也是我们在此提出的第一个命题。

1. 人格是个体,人格是不可分割的东西——它不能被进一步细分,更不能被分割,因为它是一个统一体。甚至在精神分裂症,即"分裂错乱存在"中,也没有真正发生人格的分裂。即使对于某些其他的病理状况,临床精神病学也不提人格分裂,现在甚至不提"双重意识",更多地只是说交替意识(alternierendem Bewußtsein)。然而,在布洛伊勒(Bleuler)提出精神分裂症的概念时,他也很难或者说根本没有想到人格的真正分裂,他所想到的更多的是某些联想复合体的分裂,这种可能性被认为是在当时联想心理学影响下的产物。

2. 人格不仅是个体的,而且是整体的;也就是说,它不仅是不可分割的，而且是不可融合的，它也不可能完全融合到更高的秩序中去，比如大众、阶级、种族，所有这些高于人格的"单位"或"整体"都不是人格实体，最多是伪人格。自以为融入其中的人，实际上只是沉沦在其中；在这一过程中，他实际上失去了自己的人格。

与人格相比，有机物是非常容易分割和融合的。这一点至少被著名的德里施（Driesch）实验所证明，他通过海胆卵实验证明了这一点。不仅如此，可分割性和可融合性甚至是繁殖现象的条件和前提。由此可见，人格本身是不能被复制的，只有有机体一直被复制，一直被亲代有机体创造出来；人格、个体精神、精神存在——所有这些东西人都无法继续传承下去。

3. 每个人格都是绝对独一无二的。人的体重可以测量，但精神却难以估量。新生儿身上也有精神，但父母的精神难道会因为孩子的诞生而变得贫乏吗？当一个可以对自己说"我"的新生命诞生后，父母的自我难道会因此有些许减少吗？我们知道，来到世界上的每一个人都是一个绝对的新事物，他们被置入存在，被带入现实。精神不可转移，无法由父母复制给孩子，就如同建筑材料可以复制，而建筑师却无法复制一样。

4. 人格是精神性的。因此，精神性的人格以启发式和任意选择的姿态与心理物理机体相对立。这个有机体是所有器官的总和，或者说所有工具的总和。有机体的功能——它必须完成为承载它以及由它承载的人格的任务——首先是工具性的，其次是表达性的：人格需要有机体，以便能够行动和表达自己。从工具意义上讲，有机体是达到目的的手段，因此它具有使用价值。与使用价值相反的概念是尊严；尊严只与人格相适宜，在人格面前，尊严本质上独立于所有至关重要的社会性功用。[1]

只有那些忽视和忘记这一点的人，才会认为安乐死是合理的。任何知道人格无条件的尊严的人都会无条件地尊重人格——他也会尊重病人，尊重无法治愈的病人以及无法治愈的精神病人。事实上，不存在所谓的"精神"疾病。因为"精神"，即精神性人格本身，是根本不可能生病的，精神人格一直隐藏于精神病背后，即使精神病学家也很难"看到"它。我将这种观念奉为精神病学的信条，即相信精神人格在精神病表面症状背后继续存在；如果不是这样的话，那么医生所做的"修复"有机体、使心理生理机体恢复正常的工作就没有意义了。那些只考虑到这个有机体而不同时关注其背后人格的医生，一定会在有机体不可修复时准备对病人实施安乐死,因为有机体此时失去了任何有用的价值。这种观点忽视了独立有机体的人格尊严。以这种方式思考的医生代表了一种技术性治疗的思维方式;这种思维暴露出这些医生只是将病人当作人形机器。

疾病只触及心理生理有机体而不触及精神人格,治疗也是一样。前额脑叶切除手术问题就是一个很好的例子。即使是神经外科医生——或者按今天的说法,精神外科医生——的手术刀也无法触及精神人格。前额脑叶切除手术唯一能做到的(或造成的后果)是影响病人的精神人格所处的心理生理条件,这种手术虽然广受质疑,但精神人格所处的生理心理条件今后也将不断改善。这种干预最终相当于在较小和较大的弊端之间进行权衡;只有当手术可能带来的危害小于疾病带来的危害时,手术干预才是合理的。最后,所有的医疗行动都不可避免地需要做出牺牲,也就是说,要付出较小的代价,换来一种可能的条件,在这种条件下,人格不再受精神病的限制和约束,能够达到自我实现。

我们有一位患有严重强迫症的病人,她不仅接受了多年的精神分析和个体心理治疗,而且使用了胰岛素、卡地阿唑和电击等疗法——所有这些都没有效果。[2] 在心理治疗尝试不成功后,我们对她实施了前额脑叶切除手术,取得了惊人的成功。用病人自己的话说:"我已经好多了;我又可以像健康时那样工作了;强迫念头还在,但我可以对付它们;比如说,以前因为强迫症我无法阅读;我必须把所有东西都读十遍;现在我不必再重复什么了。"很多人关心她的审美兴趣是否降低,病人的回答是:"我终于又对音乐非常感兴趣了。"那她的伦理兴趣呢?结果是这位患者表现出生动的同情心,出于这种同情心,她只表达了一个愿望:希望其他像她那样曾经受苦的人也能得到同样的帮助!现在我们问她是否觉得有什么变化,她说:"我现在生活在另一个世界里;真的无法用语言来表达;以前我过的根本不叫日子;我饱受折磨;现在一切都过去了;仅有的一点症状我自己可以克服。"(你还是"你自己"吗?)"我已经变得不同了。"(在哪些方面呢?)"现在是一种真正的生活。"(你什么时候变成了"你自己"?)"现在,手术后;一切都比过去自然多了;过去的一切是强迫性的;一切存在对我来说都是强迫性的;现在一切都更像是它本应该的样子;我又重新找回了它们;在手术前我根本算不上是一个人,对人类和我自己来说我就是一个恶魔;现在别人告诉我,我已经完全不同了。"关于她是否失去自我这个直接的问题,她的回答如下:"我曾经失去过;通过手术,我又回到了我自己,回到了我的人格。"(她之前一直都刻意避免这种表达方式!)这个人通过手术成为一个真正的人——成为"她自己"。[3]

如上所述,不仅生理学无法接近人格,心理学也不能——尤其是当它陷入心理主义的窠臼时;为了意识到人格或者至少公正地对待它,需要一种心灵学(noologie)。

众所周知,曾经有一种"没有心灵的心理学"。不过这种心理学早已消失了;然而今天的心理学也无法避免遭到"没有精神的心理学"这样的非议。这种没有精神的心理学不仅对人格尊严以及人格本身视而不见,而且对那些与人格存在息息相关的价值视而不见,对作为宇宙意义和价值的世界视而不见——对逻各斯视而不见。

心理主义将价值从精神空间投射到心理层面,在这个层面,它们变得模糊不清。在这个层面,无论是心理学还是病理学,都无法区分贝尔纳黛特的幻觉和任意一个女性癔症患者的幻觉。我通常这样向学生解释这一点,我告诉他们,不管是三维球体、圆锥体还是圆柱体,它们从某种角度看都是二维的圆形。在心理学投射中,良知成为"超我"或"父亲形象"的"内化",上帝则成为这个形象的

"投射",而实际上这种精神分析的解释本身就展示了一种投射,一种心理主义的投射。

5. 人格是存在性的;这意味着他不是实质性的,不属于事实性。人格层面的人,不是实质性的存在,而作为他自己的可能性而存在,他可以支持或反对他所决定的可能性。正如雅斯贝尔斯所描述的那样,人是一种能"自决"的存在:他总是能够决定自己下一刻将变成什么。作为自决的存在,它与精神分析所描述的"被欲望驱使的存在"截然相反。正如我自己反复描述的那样,人的存在就是最深刻的负责任的存在。这也表明,人的存在不仅仅是一种自由的存在:人在承担责任的过程中同时给出了人的自由的原因,即人可以决定自己支持什么或不支持什么。

与精神分析相反,存在主义分析意义上的人格不是由本能决定的,而是以意义为导向的;与精神分析相反,存在主义分析认为人格追求的不是快乐,而是价值。在精神分析的性欲驱动概念(力比多)和个体心理学的社会维系概念(集体感)中,我们只看到了"爱"这种更加原始的现象的缺陷模式。爱总是涉及一个"我"和一个"你"之间的关系——精神分析却认为,在这种关系中只剩下了"本我",也就是"性",而在个体心理学看来,这种关系中保留下来的是无处不在的社会性。

精神分析认为人的存在被追求快乐的意志支配，而个体心理学认为人的存在被"追求权力的意志"支配，存在主义分析则认为人的存在被追求意义的意志统辖。存在主义分析不仅知道"为存在而斗争"，还知道"相互帮助"[彼得·克鲁泡特金（Peter Kropotkin）]，为存在的意义而斗争，并在斗争中相互帮助。这种帮助的本质就是我们所说的心理治疗：它本质上是关于人格的医学[保罗·图尼埃（Paul Tournier）]。这清楚地表明，心理治疗最终不是情感动力学和欲望能量的转换，而是一种关乎生存的转变。

6. 人格是自我的，而不是本我的，它不受本我的支配——当弗洛伊德声称自我不是自己房子的主人时，他可能想到了这种支配。人格和自我，不仅在动力学，而且在基因学方面都绝不可能受制于本我或者说本能冲动："自我冲动"这个概念本身是矛盾的，因此也被拒绝。然而人格也是无意识的，而精神恰恰根植于此——恰恰在其发源之处，精神不仅是自决的，而且是不可或缺的无意识。从起源和本质上讲，精神是非反思性的、纯粹的无意识执行。我们必须非常准确地将精神无意识与本能无意识区分开，与本能无意识相关的只有精神分析。而无意识的信仰、无意识的宗教性则属于精神无意识——一种无意识的、常常被压抑的、与生俱来的人与超越的关系。C.G.荣格的功劳在于他对超越性进行了揭示；然而，他所犯的错误是，他将这种无意识的宗教性定位在无意识的性行为所在之处，定位在本能无意识和本我之中。我没有被驱使去相信上帝和上帝本身，而是必须决定是否信仰上帝，决定宗教性是自我的或者根本不是。

7. 人格不仅是统一的和整体的（参见第1点和第2点），而且是统一性和整体性的基础：它促成了身体—心理—精神的统一性和整体性，展现了"人"的本质。这种统一性和整体性只有通过人格才得以促成、确立和保证。精神人格只有在与心理—物理有机体共存的情况下才能被人类认识。因此，在人身上展现了身体、心理和精神三个存在层次的交叠。这些存在层次不能彼此清晰地分开（参见雅斯贝尔斯、N.哈特曼）。但是，如果说人是由身体、心理和精神"组成"的，那就错了。毕竟，人是一个统一的整体，但在这个整体中，人的精神与身体和心理"相互交织"，这就构成了我曾经提到过的心灵和心理的对抗[4]。心理和生理的并列是强制性的，而心灵和心理的对抗则是任意的、可选择性的：它始终只是一种可能性，一种单纯的力量。但这种力量可以被反复唤起，尤其是医生必须唤起它：必须反复唤起我所说的"精神的反抗力量"，以对抗表面上看起来强大的心理生理体（Psychophysis）。心理治疗尤其离不开这种呼唤，我把它称为心理治疗的第二个信条：相信人的精神具有一种能力，在任何情况下，它能以某种方式与心理生理体保持距离。如果根据第一个精神病学信条不能"修复"心理机体，如果不是一个患有各种疾病，但有完整精神的人格在等待这种修复，那么我们就不能根据第二个信条，用精神对抗心理生理体，也就不存在心灵—心理拮抗了。

8. 人格是动态的，正是因为它能够与心理生理保持距离，精神才会出现。人格是动态的，因此我们不能把精神性的人格物化，也不能把它认定为一种物质——至少不是传统意义上的物质。存在（Ex-sistieren）意味着走出自己，面对自己，而与自己面对面就是精神人格与心理生理有机体的对视。与作为心理生理有机体的自己拉开距离最终构成了精神人格。只有当人研究或思考自己时，精神和身体—心理才会分离。

9. 动物不是人，因为它无法超越自己，无法与自己面对面。这就是为什么动物没有与人格相关联的东西，它没有人类的世界（Welt），只有环境（Umwelt）。如果我们试图从"动物—人"或"环境—世界"的关系中推断，我们就会到达"超世界"。如果我们想确定（狭窄的）动物环境与（更广泛的）人类世界，以及人类世界和（包罗万象的）超世界的关系，我们可以使用黄金比例的比喻。根据这一定理，较小部分与较大部分的关系就如同较大部分与整体的关系一样。举个例子，为了获得血清，我们给一只猴子施行了痛苦的注射。猴子能理解自己为什么必须受苦吗？从猴子所处的环境来看，它无法理解那些让它参与实验的人的想法。因为人类世界是一个意义和价值的世界，这对它来说是无法接近的。它无法触及这个世界，它不在这个世界的维度之中；但是，我们难道不应该假设，人类世界本身，为一个人类现在无法接近的世界所超越，这个世界的超意义只有通过人类的痛苦才能得以实现吗？正如动物无法从自己的环境中了解人的总体世界一样，人也永远无法掌握超世界，除非是靠一种外延的预感，也就是信仰。被驯化的动物不知道人类圈养它的目的，人又如何能够知晓作为整体的世界有什么超意义？

10. 人格只有在自我超越的过程中才能理解自身。不仅如此，人在超越中理解自己，只有在这个意义上他才是一个人，也只有当他在超越过程中被人格化的时候，他才是自己：他被超越的呼唤所浸染。他在自己的良心中倾听超越的呼唤。

对于意义疗法来说，宗教是而且只能是一个对象，而不是一个立足点（Standort）。因此，意义疗法必须在相信启示的前提下进行，并在有神论世界观和无神论世界观的交汇处回答意义的问题。如果它不将这种信仰现象理解为对上帝的信仰，而是理解为对意义的更全面的信仰，那么它研究信仰现象就是完全合理的。这正好与阿尔伯特·爱因斯坦的观点相符合，爱因斯坦认为，有关生命意义的问题是宗教层面的问题。[5]

意义是一堵墙，在它面前我们无法再退后一步，我们不得不接受它。我们必须接受这个终极意义，因为我们无法在其背后提出问题，因为在试图回答存在意义的问题时，意义的存在总是被预设。简而言之，在康德的意义上，人对意义的信仰是一个先验的范畴。正如我们在康德那里知道的，超越空间和时间等范畴的思考在某种程度上是没有意义的，因为我们在没有空间和时间前提的情况下无法思考，也无法提问。人类一直是追寻意义的存在，尽管可能对这种意义知之甚少：存在某种对意义的预知，这种对意义的预知是意义疗法所谓的"追寻意义的意志"的基础。无论是否愿意，无论是否意识到这一点，只要人还在呼吸，他就相信一种意义。即使是自杀者也相信有一种意义，如果不是生命的意义和活下去的意义的话，那么至少是死亡的意义。如果他真的不相信任何意义，那么他连一根手指都不会动，更不会自杀。

注 释

1 尊严不是在一个人可能拥有的价值基础上,而是在他已经实现的价值基础上产生的。当然,他不可能失去这种尊严。正是这种已经实现的价值要求我们尊重老年人!当然并不是所有的人都会尊重老人。正因如此,老年人才往往倾向于表现得尽可能年轻,这让他们看起来很可笑。不幸的是,不尊重老人的年轻人,一旦自己变老,也不会知道自尊,到时候由于年老而产生的自卑感也将会折磨他。

2 "在遭受电击之后,我已经忘记一切,甚至连自己的地址都忘了——只剩下了强迫。"

3 参见贝林格:"在某些情况下,正是由于疾病症状的缓解或消除,原初不同的人格侧面会重新发展,责任和良知会再次起作用,这在罹患精神病期间是不可能的。根据我的经验,在进行脑白质切除手术后,病人所作出的个人决定有可能不是减少而是增加……一个自决的、有意识的自我主体,在精神病的影响下会被束缚住,无法行动,但当疾病症状有所缓解时,束缚就会被解除……这个人会再次获得自我实现,这是他在疾病的魔咒下不可能做到的。"(*Medizinische Klinik* 44, 854 bzw. 856, 1949)

4 就像我们说"层次"一样,我们在此处当然也可以说"维度"。只要精神维度属于人类,它就是人类存在的实际层面。如果人从他本质上"是"的精神空间被投射到单纯的心理或身体层面，那么这不仅是牺牲了一个维度，而且整个人的维度都被牺牲了。参见帕拉塞尔苏斯："只有拥有高度的人才是人。"

5 宗教，或者说对意义的信仰，可以说是一种激进化的"追求意义的意志"，因为它是一种"追求终极意义的意志"，一种"追求超意义的意志"。

编者说明

关于意义疗法的最新参考书目,请访问 www.viktor-frankl.org。

图书在版编目（CIP）数据

我们活着的理由：弗兰克尔论生命的意义 /（奥）维克多·弗兰克尔著；王琳琳译. — 长沙：岳麓书社，2024.4
ISBN 978-7-5538-1989-1

Ⅰ.①我… Ⅱ.①维…②王… Ⅲ.①心理学 Ⅳ.①B84

中国国家版本馆CIP数据核字（2023）第245718号

Published by agreement with Paul Zsolnay Verlag Ges.m.b.H. through the Chinese Connection Agency
© Deuticke in der Paul Zsolnay Verlags Ges.m.b.H 1982 and 2005.
Simplified Chinese Edition © 2024 Shanghai Insight Media Co.
All rights reserved.
著作权合同登记号：18-2021-292

WOMEN HUOZHE DE LIYOU: FULANKEER LUN SHENGMING DE YIYI
我们活着的理由：弗兰克尔论生命的意义

作　　者	［奥］维克多·弗兰克尔
译　　者	王琳琳
责任编辑	刘丽梅
装帧设计	祝小慧
责任印制	王　磊

岳麓书社出版发行

地　　址	湖南省长沙市爱民路47号
直销电话	0731-88804152　0731-88885616
邮　　编	410006

2024年10月第1版第2次印刷

开　　本	880 mm×1230 mm　1/32
印　　张	12.5
字　　数	200千字
书　　号	978-7-5538-1989-1
定　　价	69.00元
承　　印	深圳市福圣印刷有限公司

版权所有，未经本社许可，不得翻印。如有印装质量问题，请联系：8621-60455819

浦睿文化
INSIGHT MEDIA

出 品 人：陈　垦
策 划 人：余　西
出版统筹：胡　萍
监　　制：廖玉笛
编　　辑：何啸锋
装帧设计：祝小慧

欢迎出版合作，请邮件联系：insight@prshanghai.com
新浪微博@浦睿文化